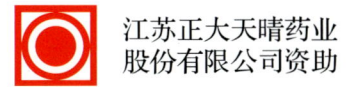

The Blue Book
on the China Malpractice Claim
and Medical Alert
2021-4·Obstetrics

中国医疗诉讼与医疗警戒蓝皮书 第四卷·产科

王 岳 蒋士浩 王伟国／主编

中国检察出版社

2021

图书在版编目（CIP）数据

中国医疗诉讼与医疗警戒蓝皮书．2021年．第四卷，产科／王岳，蒋士浩，王伟国主编．—北京：中国检察出版社，2021.7
ISBN 978－7－5102－2614－4

Ⅰ.①中… Ⅱ.①王… ②蒋…③王… Ⅲ.①医疗事故－民事诉讼－研究－中国②产科病－医疗事故－民事诉讼－研究－中国 Ⅳ.①D925.104②D922.164

中国版本图书馆CIP数据核字（2021）第137315号

中国医疗诉讼与医疗警戒蓝皮书

（2021年　第四卷·产科）

王　岳　蒋士浩　王伟国　主编

| 责任编辑：王伟雪 |
| 技术编辑：王英英 |
| 美术编辑：曹　晓 |

出版发行	中国检察出版社
社　　址	北京市石景山区香山南路109号　（100144）
网　　址	中国检察出版社（www.zgjccbs.com）
编辑电话	（010）86423707
发行电话	（010）86423726　86423727　86423728
	（010）86423730　86423732
经　　销	新华书店
印　　刷	保定市中画美凯印刷有限公司
开　　本	710 mm×960 mm　16开
印　　张	18.25　插页4
字　　数	207千字
版　　次	2021年7月第一版　2021年7月第一次印刷
书　　号	ISBN 978－7－5102－2614－4
定　　价	79.00元

检察版图书，版权所有，侵权必究
如遇图书印装质量问题本社负责调换

《中国医疗诉讼与医疗警戒蓝皮书》编委会

主　编

王　岳　蒋士浩　王伟国

编委会成员（以姓氏笔画为序）

王　岳　王　雨　王伟国　王　璐
史　燕　冯爱国　庄立军　宋红章
陈志华　张　坚　徐　筱　徐智慧
蒋士浩

《中国医疗诉讼与医疗警戒蓝皮书》编辑部

联系人：贾　静
电　话：18911387552
邮　箱：18911387552@163.com

王　岳（1975—）

法学博士，北京大学医学人文学院副院长，教授，博士生导师。中国医科大学医学学士，中国政法大学法律硕士，武汉大学法学博士。国家免疫规划专家咨询委员会委员，国家卫计委公立医院院长职业化能力建设专家委员会法律专委会副主任委员。中国人体健康科技促进会医学人文与医院管理专业会主任委员，中国卫生法学会学术委员会副主任委员，中国老年学和老年医学学会安宁疗护分会副主任委员。

蒋士浩（1963—）

卫生管理研究员，江苏省医学会医学鉴定中心主任，江苏省医疗损害鉴定专家库管理办公室主任，江苏省医学会医事法学分会主任委员，南京医科大学兼职教授，国家级继续教育卫生法规项目评审专家，江苏省医疗损害鉴定专家库专家，江苏省等级医院评审委员会委员。主要从事医学鉴定、医事法学、医院质量安全管理、医疗纠纷风险防范等方面的研究。

王伟国 （1977—）

北京明正司法鉴定中心主检法医师，北京市司法鉴定业协会法医临床、法医病理专业委员会委员。2003年毕业于中国医科大学法医系，获医学学士学位。2007年起开始从事医疗损害司法鉴定，至今完成医疗损害司法鉴定一千余例，其中以妇产科医疗纠纷为主，积累了较为丰富的医疗损害司法鉴定经验。先后在《中国司法鉴定》《中国法医学杂志》《中国卫生法制》及专业学术论坛发表学术论文十余篇，并任《实用颅脑创伤学》《中国医疗诉讼与医疗警戒蓝皮书》（第二卷、第三卷）编委，《司法鉴定经典案例汇编》副主编。

目　　录

No. 1　产后出血致席汉氏综合征一例　　·1·
No. 2　产前管理不规范致胎死宫内一例　　·6·
No. 3　产前检查不全面致脊髓脊柱裂新生儿
　　　　不利出生一例　　·9·
No. 4　剖宫产术后并发上矢状窦血栓形成一例　　·13·
No. 5　剖宫产术后颅内出血致植物人一例　　·18·
No. 6　新生儿脑梗塞一例　　·25·
No. 7　异位妊娠误诊误治致输卵管被切除一例　　·30·
No. 8　引产后大出血并发吉兰-巴雷综合征
　　　　一例　　·33·
No. 9　围产期心肌病致死亡一例　　·38·
No. 10　新生儿先天性左手掌缺如漏诊一例　　·48·
No. 11　21-三体综合征一例　　·55·
No. 12　宫外孕致右侧输卵管切除一例　　·60·
No. 13　产后大出血致死亡一例　　·65·
No. 14　胎儿宫内窘迫致新生儿缺氧缺血性脑病
　　　　一例　　·70·
No. 15　巨大胎儿肩难产致死亡一例　　·75·

No. 16 妊娠期糖尿病、妊娠合并巨大儿分娩过程中发生肩难产致新生儿右侧臂丛神经损伤一例 ·83·

No. 17 抗磷脂抗体综合征三次住院均未能明确诊断一例 ·88·

No. 18 产程活跃期长时间停滞实施剖宫产结束分娩致术中发生子宫大出血、DIC最终致子宫次全切除一例 ·100·

No. 19 胎盘早剥未能及时剖宫产终止妊娠致新生儿出生后重度窒息最终死亡一例 ·109·

No. 20 唐氏筛查结果接近高风险未能告知可行羊水穿刺以明确诊断致患有唐氏综合征胎儿出生一例 ·115·

No. 21 不典型羊水栓塞未能采取积极有效抢救措施致患者病情加重最终死亡一例 ·120·

No. 22 延误羊水栓塞救治时机致产妇死亡一例 ·133·

No. 23 未及时改变分娩方式致新生儿脑瘫一例 ·137·

No. 24 违反产科诊疗常规致新生儿脑瘫一例 ·141·

No. 25 产前检查未注意孕早期"感冒"病史致缺陷婴儿出生一例 ·145·

No. 26 产前诊断未检出苯丙酮尿症致缺陷儿出生一例 ·151·

No. 27 产前筛查未发现右手缺如一例 ·154·

No. 28 米索前列醇使用不当致产妇子宫破裂、死产一例 ·160·

No. 29	臀位单腿脱出、剖宫产后腹膜炎致产妇死亡一例	·168·
No. 30	违反无菌操作致新生儿死亡、产妇子宫全切除一例	·174·
No. 31	无脑儿足月分娩致产妇子宫破裂行全子宫+双侧附件切除一例	·182·
No. 32	产后大出血致产妇死亡一例	·186·
No. 33	产前检查不仔细致先心病儿（单腔心）不利出生一例	·190·
No. 34	产前评估不到位致新生儿臂丛神经损伤一例	·193·
No. 35	妊娠期糖尿病管理不规范致新生儿臂丛神经损伤一例	·197·
No. 36	肩难产处理不规范致新生儿臂丛神经损伤一例	·201·
No. 37	无指征剖宫产且娩胎头用力不当致新生儿颅骨骨折一例	·203·
No. 38	助产技术欠妥致新生儿肱骨骨折一例	·205·
No. 39	疤痕子宫剖宫产处理不当致新生儿颅脑损伤一例	·209·
No. 40	剖宫产术中臀位助产操作不当致新生儿股骨骨折一例	·212·
No. 41	产前产时评估不到位致新生儿臂丛神经损伤一例	·215·
No. 42	围产期管理不到位致新生儿病理性骨折未及时发现一例	·218·

No. 43	双胎胎儿窘迫手术室等台致一胎死亡一例	·221·
No. 44	经阴分娩子宫破裂母子双亡一例	·224·
No. 45	产后迟发型羊水栓塞死亡一例	·227·
No. 46	新生儿窒息致脑瘫一例	·229·
No. 47	产程观察不细致脑瘫一例	·231·
No. 48	胎盘早剥致胎死宫内、子宫切除一例	·234·
No. 49	产后迟发型羊水栓塞大出血死亡一例	·236·
No. 50	新生儿臂丛神经损伤一例	·238·
No. 51	剖宫产后出血致子宫切除一例	·241·
No. 52	胎儿宫内死亡一例	·244·
No. 53	脐带真结致宫内死胎一例	·246·
No. 54	产时管理及产后抢救不规范致脑瘫一例	·250·
No. 55	剖宫产麻醉药物致产妇神经损伤一例	·253·
No. 56	孕期服用阿司匹林不能排除致新生儿右耳畸形一例	·256·
No. 57	产前检查欠到位致臂丛神经损伤一例	·259·
No. 58	剖宫产术中管理不到位致产妇子宫全切除一例	·263·
No. 59	产前监护不到位致死胎一例	·266·
No. 60	剖宫产术中髂外静脉裂伤致植物人一例	·269·
No. 61	新生儿睾丸扭转延误诊治一例	·272·
No. 62	产前超声检查判断错误致畸形儿出生一例	·275·

No. 63	催产素使用不当造成患儿宫内缺氧、缺血性脑病一例	·279·
No. 64	产前诊断不明致右前臂缺如一例	·282·
No. 65	胎盘早剥致胎死宫内一例	·285·

No.1 产后出血致席汉氏综合征一例

案情介绍

患者×××，女性，25岁，2003年6月17日因孕39^{+2}周第一胎未见红未破水无宫缩入住××县人民医院住院分娩，6月19日23：10在该院行胎头吸引术娩出一活男婴，娩出胎盘时失血量40ml，产后1小时失血量200ml，产后1小时产妇状况：BP 96/55mmHg。6月20日1：30输入706代血浆1000ml、全血400ml；6月20日患者本人以经济困难、恐惧"非典"等理由拒绝输血，医方向患者及家属告知病情：出现产后大出血的各种并发症——席汉氏综合征，各脏器功能减退，体质差，切口愈合不良，产后感染，发烧，食欲下降等，后果自负，患者家属签字"不同意输血后果自负"；6月20日查血色素：82.4g/L；6月21日15：00输全血200ml；6月22日9：00输全血200ml；6月23日查血色素：58.6g/L；6月24日查血色素：68.0g/L，2003年6月24日患者家属签字"要求出院一切后果自负"，患者出院。其后该患者就诊于多家医院，经完善相关激素及影像学检查后诊断为席汉氏综合征。

争议焦点

现患者及家属对××县人民医院的诊疗行为提出异议，起诉至法院。医患双方的观点归纳如下：

患方观点：医方在病程记录中已经预见到产后大出血

可能得"席汉氏综合征"而不采取及时输血及足量输血的行为违反医师职业道德,医方从患者分娩完成到开始输血之间有长达两个多小时的时间中病历里没有任何记载,且医方对患者的输血量不足以达到治愈的效果;患者家属签署的"不同意输血后果自负"及"要求出院一切后果自负"的说明,不能成为医院免责的理由,患者当时是清醒状态,能够区分自己的决定对其病情的影响,这种情况下医方仅仅征求了患者家属的意见而放弃采取对患者关乎其生命的重要治疗措施是违反相关规章规定的;医方在该患者正常分娩的情况下造成产后大出血,后被他院诊断为"席汉氏综合征",医方诊疗行为存在过错,与该患者的损害后果之间存在因果关系,应当承担赔偿责任。

医方观点:该患者产后大出血在产后当时不成立,分娩记录单上明确记录:娩出胎盘时失血量为40ml,产后1小时失血量为200ml,产后诊断中有"孕足月,枕右横,产后""新生儿已娩""脐带绕颈一周""软产道裂伤",但是没有诊断产后大出血;根据病历记录孕妇产前有贫血(血色素86.0g/L),产后1小时观察血压为96/55mmHg,阴道出血量200ml,可以确定产后1小时内没有发生大出血,不符合产后大出血的诊断,所以出血集中在产后1小时内的推测没有依据,不成立;患者诉我院丧失最佳输血时机不成立,因为该患者分娩1小时内阴道失血量为200ml,不能诊断为产后出血,更不符合产后出血的处理标准,因此产后1小时内不需要输血,所以产后2小时20分输血丧失最佳时机不成立;6月20日1:30医生向家属交代病人需要输血,于是另建液路大量补液、补血;6月20日8:30根据病情需要,医生再次向家属交代病情,病人需要再次输血,却遭到家属拒绝,并告知了不输血的并发症(重点强调不输血极易导致"席汉氏综合征"），其家属在病历上签字不同意输血、后果自负，从而自动放弃了预防和治疗的最佳时机；患者所患"席汉氏综合征"不能排除其他发病原因；根据当时的妇产科教材，只有三个产程的分期，无第四产程的说法，第四产程之说没有医学理论依据。综述，××县人民医院对该患者的诊治过程中没有过错，其损害后果与我院的诊治过程无因果关系。

鉴定意见

××县人民医院在对该患者的诊治过程中，对于孕妇妊娠合并贫血未给予高度重视，产前未给予孕妇补充铁剂等治疗措施；产后未对出血原因及出血量作出正确评估和处置，存在过错，其过错与该患者所患席汉氏综合征存在一定因果关系，过错参与度为同等因果关系。

分析评论

（一）医方的医疗行为是否存在过错

1. 该孕妇于2003年6月17日入院后，医方行血常规检查示血红蛋白为63.6g/L，可以明确孕妇妊娠合并贫血，医方应当给予口服铁剂等预防产后出血措施，但根据病志中长期医嘱单和临时医嘱单所示，医方产前未给予孕妇补充铁剂等治疗措施，存在过错。

2. 该孕妇于2003年6月19日23：10分娩后，6月20日1：30医方给予1000ml 706代血浆及400ml全血输血治疗，但6月20日血红蛋白测定为82.4g/L，医方分娩记录表中所载"娩出胎盘时失血量40ml，产后1小时失血量200ml"不能对此作出合理解释，可以认定孕妇在分娩中至产后2小时内并发"产后出血"，医方病历中缺少孕妇失血过程中生命体征变化及相关化验检查结果，未对出血原因及出血量作出正确评估和处置，存在过错。

（二）过错与损害后果之间是否存在因果关系及过错参与度

该患者2003年6月24日从该院出院后再无月经来潮，周身乏力、头痛、畏寒，经相关医院对该患者的垂体前叶激素、性激素、皮质醇、甲状腺激素等进行测定，多项测定值明显低于参考值，根据其病史、临床症状和体征、结合激素测定结果，其所患席汉氏综合征诊断成立。

席汉氏综合征，是由一百多年前席汉氏（Sheehan）发现的一种综合征，当产后发生大出血，休克时间过长，就可造成脑垂体前叶功能减退的后遗症，表现为消瘦、乏力、脱发、畏寒、闭经、乳房萎缩等，严重者可致死。临床上称为席汉氏综合征。其诊断主要根据临床症状和体征，结合有关实验室检查结果［如血浆中垂体前叶激素：生长激素（GH）、泌乳素（PRL）、促甲状腺激素（TSH）、促肾上腺皮质激素（ACTH）、促卵泡刺激激素（FSH）以及性腺、甲状腺、肾上腺皮质激素等］。

××县人民医院在对该患者的诊治过程中，对于孕妇妊娠合并贫血未给予高度重视，产前未给予孕妇补充铁剂等治疗措施；产后未对出血原因及出血量作出正确评估和处置，存在过错，其过错在一定程度上影响了患者所患疾病的诊治效果，与该患者所患席汉氏综合征存在一定因果关系；另需考虑到患者家属在患者分娩后，需行输血治疗时签字不同意输血及在患者产后贫血尚未完全纠正时签字要求出院，其医从性较差，与该患者所患席汉氏综合征也存在一定因果关系。综合分析认为，该院的医疗过错参与度为同等因果关系。

产后出血的原因较为复杂，包括子宫收缩乏力、胎盘因素、软产道裂伤、凝血功能异常等，做好产前、产时、产后的预防工作非常重要，能有效降低产后出血发病率及相应并发症的发生。对于产前检查中发现的出血、贫血等异常情况要及时给予纠正，产后严密观察病情；对于出血量较大的患者要及时、足量给予输血治疗；对于医从性较差的患者，医务人员要耐心交流、沟通，充分交代相关诊治风险，争取患方的理解与配合，以免造成损害后果。

（王伟国）

No.2 产前管理不规范致胎死宫内一例

案情介绍

患者×××，26 岁，本次怀孕后于 2016 年 2 月 28 日在××县医院建立《孕产妇保健手册》，其后于 5 月 30 日、6 月 28 日、7 月 5 日多次去该院做产前检查。2016 年 7 月 11 日该患者再次来该院就诊，产科检查提示胎心未闻及，超声检查亦未探及胎心，当日即收住院，入院诊断：G_2P_0、宫内孕 37^{+1} 周、死胎、头位临产、羊水过少、子宫肌瘤、上呼吸道感染，入院后于 18：05 自然分娩一女性死胎，体重 2400g，医方建议行病理检查及尸检明确胎儿死亡原因，患者家属签字表示：要求医院处理，不做尸检及病理检查。

争议焦点

现患者及家属对××县医院的诊疗行为提出异议，起诉至法院。医患双方的争议焦点如下：

患方观点：医方在本案中严重违反诊疗规范，疏于履行产前检查注意与告知义务、指导义务，导致孕妇羊水过少并最终导致胎儿胎死腹中的严重后果，使患者遭受严重的精神打击，该院应当承担完全赔偿责任。

医方观点：医院在对该孕妇的产前检查过程中严格遵守诊疗规范，尽到了相应注意义务及告知义务，诊疗行为不存在过错。本例胎儿死亡后因患方不同意做尸检，导致其死因不明确，根据其病史，相关辅助检查结果分析，其死因可能为：妊娠期糖尿病、胎儿生长受限、羊水过少，上述因素为其自身疾病因素，非医院医疗行为所致，故医院不应对其胎儿死亡承担赔偿责任。

鉴定意见

××县医院在对该患者×××的诊治过程中存在产前管理不规范、胎心监护图不完整、NST评分不规范的医疗过错，该过错与该患者胎死宫内的损害后果之间存在一定的因果关系，过错参与度应为同等因果关系。

分析评论

该患者于2016年2月28日到××县医院建立《孕产妇保健手册》，当日在该院做了B超、血常规、尿常规、甲状腺激素、血生化等检查，其中血糖检查结果提示明显高于正常值，但医方未对该异常结果进行有效追踪、复查及告知相应注意事项，其产前管理不规范，存在过错。

2016年5月30日，患者第二次来该院进行产前检查，本次产科检查未见明显异常；2016年6月28日，患者第三次来该院进行产检，本次产科检查、B超检查未见明显异常，羊水指数处于正常值范围；2016年7月5日，患者第四次来院进行产前检查，本次检查中医方胎儿胎心监护图不完整，NST评分不规范，存在过错。

2016年7月11日，患者第五次来该院就诊，产科检查提示胎心未闻及，超声检查亦未探及胎心，收住院，入院诊断：G_2P_0、宫内孕37^{+1}周、死胎、头位临产、羊水过少、子宫肌瘤、上呼吸道感染，当日18：05自然分娩一女性死胎，体重2400g，医方建议行病理检查及尸检明确胎儿死亡原因，患者家属签字表示：要求医院处理，不做尸检及病理检查。因该胎儿死亡后未做尸检，故未取得其死亡的病理学诊断，依据其产前检查情况，结合相关辅助检查结果，考虑其死亡原因与其宫内发育因素有关，同时不除外脐带、胎盘因素。

综上所述，××县医院在对该患者×××的诊治过程中存在产前管理不规范、胎儿胎心监护图不完整、NST评分不规范的医疗过错，该过错与该患者胎死宫内的损害后果之间存在一定的因果关系；另需考虑到该患者产前检查在多家医院进行，非连续性在××县医院进行产前检查，客观上影响了医方对其产前有关情况的分析、判断，且2016年7月11日该患者再次去该院就诊时胎动已消失2天，存在院外不利因素，故综合分析认为，该院的过错参与度应为同等因果关系。

胎儿胎死宫内的原因比较复杂，包括染色体结构异常和遗传基因畸变、各种不利因素（如胎盘、脐带因素、胎儿因素、孕妇因素等）导致胎儿宫内缺氧。产前检查过程中若发现孕妇存在妊娠高危因素、胎儿胎心异常情况，一定要按照相关诊疗规范及时完善相关辅助检查并及时进行处置，以免造成严重损害后果。

（王伟国）

No.3 产前检查不全面致脊髓脊柱裂新生儿不利出生一例

案情介绍

患者×××,女性,37岁,2009年4月怀孕后分别于2009年9月28日、2009年11月16日、2009年12月10日、2010年1月18日于××市妇产医院行B超检查,均提示"脊柱连续"。2010年1月19日入住该院分娩,行剖宫产术顺取一女婴,新生儿娩出后其骶尾部见一2cm×2cm大小包块,疑脊柱裂,其后该患儿去多家医院就诊,被诊断为:脊柱裂并脊髓脊膜膨出、脂肪瘤。

争议焦点

现患者及家属对××市妇产医院的诊疗行为提出异议,起诉至法院。医患双方的争议焦点如下:

患方观点:从2009年6月1日到在该院行剖宫产术前一天(即2010年1月18日),孕妇在该院优生优育及专家门诊就诊至少21次,进行了医方所要求的所有检查和化验治疗等,检查结论都是胎儿正常,但胎儿出生后被他院诊断为:脊柱裂并脊髓脊膜膨出、脂肪瘤(即显性脊柱裂);医方没有按照《产前诊断技术管理条例》和《中华人民共和国母婴保健法实施办法》的要求进行产前诊断,未按照法律法规、诊疗常规及相关操作规范进行正确认真的检查,未履行告知义务,侵犯了患方的生育知情权和优生优育选择权，直接导致了该缺陷儿的出生。患儿作为一名先天性畸形婴儿的出生与该院的医疗过错和违法行为有直接因果关系。

医方观点：患儿所患畸形不是《卫生部产前诊断技术管理办法》规定的 6 种严重的致死性畸形，也不具有脊柱裂的不良预后，无证据证明此病例存在严重影响生命质量和生活质量的合并症存在，术前检查无神经系统阳性指标、无肛门括约肌松弛，无严重脊柱裂的所有体征和表现，产前超声要求必须诊断的脊柱裂是预后不良的。该孕妇 38 岁，高龄，患有严重糖尿病，本身就是多种畸形（包括脊柱裂）发生的高危因素，是自身因素导致，医院不存在导致畸形发生的因素。超声检查只是一种检查手段，不是唯一的检查手段，脊柱裂筛查方法包括母体血清甲胎蛋白测定、超声检查、羊膜腔穿刺术和以上三种方法的组合，孕妇单凭超声诊断来保障胎儿健康是没有道理的。脊柱裂不能达到 100% 的诊断，检查前已经履行告知义务，超声检查前有"孕妇须知或知情同意书"，已经将"超生不能检查出所有畸形"告知孕妇。

鉴定意见

××市妇产医院在对患者×××的诊治过程中存在产前诊断不规范、未尽到相应的注意义务的医疗过错，其过错与该患儿×××作为先天性畸形婴儿（脊柱裂、脊髓脊膜膨出）的不利出生之间存在主要因果关系，过错参与度为主要因果关系。

分析评论

患者×××于 2009 年 6 月 1 日起开始在××市妇产医

院行产前检查,并多次行 B 超检查。2009 年 9 月 28 日(孕 24 周左右)在该院做排畸筛查,B 超检查示胎儿脊柱连续,脊柱未见异常,其后分别于 2009 年 11 月 16 日、2009 年 12 月 10 日、2010 年 1 月 18 日行 B 超检查,B 超均报告脊柱连续;2010 年 1 月 19 日行剖宫产术,新生儿娩出后其骶尾部见一 2cm×2cm 大小包块,疑脊柱裂,经相关医院对被鉴定人×××行辅助检查(MRI 检查),结合后续治疗中手术所见,被鉴定人×××脊柱裂、脊髓脊膜膨出诊断成立。

××市妇产医院作为产前诊断单位,依据《卫生部产前诊断技术管理办法》及相关配套文件的规定,应对包括开放性脊柱裂在内的 6 种严重畸形做出产前诊断。B 超检查技术对于脊柱裂的检出率也较高,根据相关文献资料统计,其检出率通常可达 80% 以上。该孕妇怀孕时 38 岁,高龄初产,糖耐量异常,属于多种畸形的高危孕妇,医方产前检查时除应行超声检查外,应考虑行羊膜腔穿刺术,结合该检查结果以明确产前诊断,但根据目前病历记载,均未发现医方告知孕妇及家属该项检查的必要性,也未行该项检查,医方产前检查不规范,未尽到相应的注意义务,存在漏诊。

该患儿所患脊柱裂、脊髓脊膜膨出为自身发育所致,非医源性因素所致,与医方诊疗行为之间无因果关系,但其作为先天性畸形婴儿(脊柱裂、脊髓脊膜膨出)的出生,与××市妇产医院产前诊断不规范、未尽到相应的注意义务存在因果关系;同时,考虑到 B 超检查技术有其局限性及结果的不确定性,现有医学技术水平尚难以完全避免该风险的发生,与该患儿作为先天性畸形婴儿(脊柱裂、脊髓脊膜膨出)的出生亦存在一定的因果关系。故综合分析认为,该院的过错参与度为主要因果关系。

超声检查对于探测胎儿畸形（脑积水、无脑儿、脊柱裂）有着重要意义，检出率也较高，《卫生部产前诊断技术管理办法》及相关配套文件规定应对包括开放性脊柱裂在内的6种严重畸形做出产前诊断。超声医师在扫查脊柱时，应当注意脊柱的连续性及生理性弯曲，开放性脊柱裂可见两排串珠状回声，但不对称，或一排不整齐，或回声形状不规则、不清晰或中断，发现上述异常时应当复查或者请上级医师协助诊断，以免造成漏诊，导致先天性畸形婴儿的不利出生。

（王伟国）

No.4 剖宫产术后并发上矢状窦血栓形成一例

案情介绍

患者×××，女性，28岁，2016年3月25日以"停经39周，B超发现羊水过少"为主诉入住××医院，入院初步诊断为：（1）G_2P_0，宫内孕39周，头位，待产；（2）羊水过少；（3）妊娠期贫血（轻度）；（4）念珠菌性阴道炎，入院后给予完善相关检查及吸氧、监测胎心、向患方交代病情等处置。入院当日15：00医方在腰硬联合麻醉下对该患者行子宫下段剖宫产术，手术顺利，15：30娩出一女活婴，新生儿未见明显异常，术后给予观察子宫收缩、阴道出血等病情。术后第三天即3月28日诉右侧肩部疼痛、上举受限，医方考虑产后受凉引起肩部疼痛不适，给予物理磁疗，经治疗后疼痛缓解；3月29日患者诉右侧肩部仍疼痛、右上肢活动受限，医方继续给予物理磁疗并嘱患者保持心情愉快；3月30日2：50无明显诱因突然出现牙关紧闭、呼吸增快、双眼紧闭、呼之不语、左上肢不自主活动，医方考虑患者不排除精神因素及神经系统疾病引起的抽搐，给予镇静、心电监护，嘱其保持心情愉快；3月30日8：38患者再次出现牙关紧闭、呼吸增快、双眼紧闭、意识模糊、左上肢不自主活动，请外院医师会诊后考虑不排除脑部疾病，建议行脑部CT检查及转上一级医院进一步诊治，当日急转××市人民医院治疗，经该院完善相关检查后诊断为上矢状窦血栓、右额叶及左顶叶梗塞后出血、癫痫等。

争议焦点

现患者及家属对××医院的诊疗行为提出异议,起诉至法院。医患双方的观点归纳如下:

患方观点:由于医方手术前没有做全面细致的检查,术后对患者反映的病情又疏忽大意,误诊误治,耽误了患者4天的最佳治疗时间,致使患者病情日趋恶化,不得不去北京、太原等多家医院诊疗,给患者造成了难以承受的身体损伤,医方对此应承担赔偿责任。

医方观点:颅内上矢状窦血栓形成是孕产妇较少见的危重并发症,其发病隐袭,临床表现复杂多样,无特异性。医院对其采取的处理措施及时有效,转院及时,不存在延误患者病情、耽误治疗之说。由于此病系罕见病,患者经多次转院方得确诊,且该病治疗过程相对烦琐,医院技术水平有限,未能早期诊断、早期治疗,属于现有医疗技术水平难以防范的风险,不应对患者的损害后果承担赔偿责任。

鉴定意见

××医院对该患者×××的诊疗行为存在术后患者出现病情变化时对其病因分析不足、鉴别诊断不够、未完善相关辅助检查以明确诊断的医疗过错,上述过错与该患者所患上矢状窦血栓、右额叶及左顶叶梗塞后出血引起的相应损害后果之间存在一定的因果关系,过错原因力大小为次要因果关系。

分析评论

（一）××医院对该患者×××的诊疗行为是否存在医疗过错

患者×××2016年3月25日以"停经39周，B超发现羊水过少"为主诉入住××医院，入院后医方依据病史、症状和体征、辅助检查结果，初步诊断"（1）G_2P_0，宫内孕39周，头位，待产；（2）羊水过少；（3）妊娠期贫血（轻度）；（4）念珠菌性阴道炎"成立。入院后给予完善相关检查及吸氧、监测胎心、向患方交代病情等处置符合诊疗规范，当日所行凝血系列检查未见明显异常。

入院当日15：00医方在腰硬联合麻醉下对该患者行子宫下段剖宫产术，手术顺利，15：30娩出一女活婴，新生儿未见明显异常，术后给予观察子宫收缩、阴道出血等病情变化符合诊疗规范。

根据该院病程记录所载：该患者术后第三天即3月28日诉右侧肩部疼痛、上举受限，医方考虑产后受凉引起肩部疼痛不适，给予物理磁疗，经治疗后疼痛缓解；3月29日患者诉右侧肩部仍疼痛、右上肢活动受限，医方继续给予物理磁疗并嘱患者保持心情愉快；3月30日2：50无明显诱因突然出现牙关紧闭、呼吸增快、双眼紧闭、呼之不语、左上肢不自主活动，医方考虑患者不排除精神因素及神经系统疾病引起的抽搐，给予镇静、心电监护，嘱其保持心情愉快；3月30日8：38患者再次出现牙关紧闭、呼吸增快、双眼紧闭、意识模糊、左上肢不自主活动，请外院医师会诊后考虑不排除脑部疾病，建议行脑部CT检查及转上一级医院进一步诊治，当日急转××市人民医院治疗，经该院完善相关检查后诊断为上矢状窦血栓、右额叶及左顶叶梗塞后出血、癫痫等。

分析认为：该患者术后于 3 月 28 日、3 月 29 日出现右侧肩部疼痛、上举受限以及 3 月 30 日 2：50 无明显诱因突然出现牙关紧闭、呼吸增快、双眼紧闭、呼之不语、左上肢不自主活动时，医方对其病因分析不足，鉴别诊断不够，未完善相关辅助检查以明确诊断，其诊疗行为存在过错，在一定程度上延误了患者所患疾病的诊治时机，使其丧失了早期诊断、早期治疗的时机，与该患者所患上矢状窦血栓、右额叶及左顶叶梗塞后出血引起的相应损害后果之间存在一定的因果关系。

（二）医院的医疗过错与该患者的损害后果之间是否存在因果关系以及原因力大小

患者所患上矢状窦血栓、右额叶及左顶叶梗塞后出血经相关医院行抗凝、改善微循环、活血化瘀及静脉窦溶栓术、脱水、降颅压等治疗后，目前遗有肢体活动障碍等损害后果。

上矢状窦血栓形成是妇产科较少见的危重并发症，与孕妇妊娠期凝血增高等因素有关，其病情表现多样，发病较为隐匿，易与其他产后并发症混淆，临床早期诊断存在一定的难度，故该患者所患疾病的自身特点及诊治过程中本身所具有的高风险性与该患者损害后果的发生之间存在一定的因果关系；另外需考虑到该院为基层医院，受人员技术水平、设备条件所限，对疾病的认识存在一定的局限性，客观条件限制亦影响了患者所患疾病的诊治效果，与该患者损害后果的发生之间亦存在一定的因果关系。

××医院对患者×××的诊疗行为存在术后患者出现病情变化时对其病因分析不足、鉴别诊断不够、未完善相关辅助检查以明确诊断的医疗过错，上述过错在一定程度上延误了患者所患疾病的诊治时机，使其丧失了早期诊断、早期治疗的时机，与该患者所患上矢状窦血栓、右额叶及左顶叶梗塞后出血引起的相应损害后果之间存在一定的因果关系，过错原因力大小为次要因果关系。

孕妇产褥早期血液处于高凝状态，有利于胎盘剥离面形成血栓，减少产后出血量，但同时可并发血栓性疾病。上矢状窦血栓形成是妇产科较少见的危重并发症，与孕妇妊娠期凝血增高等因素有关，其病情表现多样，发病较为隐匿，易与其他产后并发症混淆，临床早期诊断存在一定的难度。医务人员应当在孕妇产后严密观察病情，发现病情变化时及时完善相关辅助检查，及时邀请相关科室会诊以便早期明确诊断、早期治疗，可在一定程度上避免不良后果的发生。

（王伟国）

No.5 剖宫产术后颅内出血致植物人一例

案情介绍

患者×××，女性，32岁，2015年6月24日以"停经 7^+ 月，阴道出血4小时"为主诉入住甲医院，初步诊断：G_2P_0，孕 29^{+6} 周，LOA，先兆早产，中央型前置胎盘伴出血，胎儿畸形可能，胎儿宫内生长受限可能。入院后完善相关检查，给予安宝保胎、哌拉西林钠他唑巴坦钠针防感染、营养支持、促肺成熟等治疗，经治疗后患者出现血色素、血小板下降，医方未给予特殊处理。6月28日该患者因"中央型前置胎盘伴出血，失血性贫血"在全麻下行"子宫下段剖宫产术"，术后出现血小板、血色素进一步下降并出现血压急剧升高、头痛等症状；6月29日凌晨突然出现意识不清、头痛等症状，急行头颅CT检查提示颅内出血，急诊行右额颞顶开颅脑内血肿清除去骨瓣减压术，术后转至CCU监护治疗，经治疗后患者生命体征平稳，但意识不清，于2015年9月7日出院。2015年9月8日该患者以"脑出血后意识不清71天"为主诉转入乙医院，入院后于9月29日行脊髓电刺激电极植入术+钛网颅骨修补术，术后给予相关对症治疗，2015年11月10日出院，其后在丙医院等医院行康复治疗，目前呈植物生存状态。

争议焦点

现患者及家属对甲医院的诊疗行为提出异议，起诉至法院。医患双方的观点归纳如下：

患方观点：医方针对患者入院时已经存在的高危因素，未进行高危因素等级评定，不符合浙江省地方卫生行政管理规定，存在过错；医方违反规定，未进行危重孕产妇积极的三级呼救，未请示本院市级危重孕产妇急救专家实施会诊或三级查房，导致患者未获得市级危重孕产妇急救专家或院内急救专家的救治，存在过错；医方无视低蛋白血症对妊娠结局的不良影响，放任其发展成为危险状态，导致患者早产和产前出血持续治疗无效，并发生产时、产后大出血，存在过错；医方过错使用保胎药物安宝（盐酸利托君）药物，同时使用阿托品，诱发患者极为严重的高血压、脑出血；医方过错使用缩宫素诱发患者极为严重的高血压、脑出血；医方过错使用欣母沛（卡前列素氨丁三醇）药物，导致患者极为严重的血压升高并诱发脑出血；医方错误使用安宝及头孢呋辛，导致患者发生药源性血小板减少并发脑出血；患者血小板急剧下降的过程中，在患者未发生脑出血之前，医方未对患者血小板急剧减少做进一步检查，未作出任何诊断和抢救性处理，未请血液科会诊，存在过错；医方输注血小板治疗有效，不支持"血栓性血小板减少性紫癜"的诊断；医方将患者药源性血小板减少误诊为血栓性血小板减少性紫癜，存在过错；医方在患者药源性血小板减少诱发因素、发生后诊断治疗抢救等问题上的过错，是导致患者目前脑出血性植物生存状态的最关键、最主要因素；医方对患者术后病情变化的处理及告知存在完全过错；因为医方的医疗过错行为诱发患者药源性高血压、血小板减少，因该两种疾病导致脑出血，又因为脑出血发展成植物生存状态至今，患者损害后果与患者本身原发疾病无任何因果关系，医方应对其过错医疗行为导致患者严重后果承担全部责任。

医方观点：该患者入院后医院已有相关副主任医师医生查房，有三级查房，患者入院时病情稳定，无须急救专家会诊；患者 UR 原始白蛋白 27g/L，非重度低蛋白血症，无须特殊处理，6 月 28 日复查白蛋白 20g/L，考虑系失血引起，并非孕晚期胎儿成长消耗过多所致，而出血原因是前置胎盘，并非低蛋白血症所引起，低蛋白血症不是导致产前出血的原因，且白蛋白是血制品，有严格的输注指征，不能乱用；医院对该孕妇使用安宝有适应症，没有禁忌症，用量符合规范，使用过程中进行了生命体征监测，没有导致高血压、脑出血，患者血压升高是欣母沛的不良反应，目前没有文献提到安宝和 TTP 的发生有关，药物说明书中的不良反应中也没有提到 TTP，患者在行开颅手术前没有 TTP 的典型表现，且 TTP 本身是很罕见的疾病，故未查 LDH（乳酸脱氢酶）；当开颅术后患者出现血小板减少，微血管病性溶血性贫血（LDH 升高，血片中见破碎红细胞），肾脏损害，此时 TTP 症状才典型，医院尚未开展 AD-AMTS13 金属蛋白酶的检测，故无法检查，但根据临床表现足以诊断 TTP；患者没有使用缩宫素的禁忌症，医院使用该药物符合规范，没有超剂量；患者产前及产后出血多，有使用头孢呋辛预防感染的指征，该药物也是按照规范使用，没有超剂量；患者 6 月 28 日术前查血小板是 $74 \times 10^9/L$，考虑产前出血引起，在剖腹产术前已经取血，输红细胞悬液，术中输血浆；术后查血小板 $32 \times 10^9/L$，考虑术中出血引起，予以输血浆，复查血常规，而当时无活动性出血，没有输血小板的指征；当血小板回报 $22 \times 10^9/L$，发现血小板急剧下降的原因不好解释时，立即查看患者情况，发现患者处于浅昏迷状态，瞳孔散大，立即请 CCU、麻醉科、神经内科、脑外科会诊，行急诊头颅 CT 检查后立即送手术室，请血液科会诊，其间均按照急救流程积极处理，此时患者没有 TTP 的典型表现，血小板 $22×10^9/L$，颅内出血的情况下，如不输注血小板，则无法行开颅手术，故予以输注血小板 10u；医院对患者处理过程中诊断明确，手术方式和时机正确，用药合理、监护到位、抢救及时，故不存在医疗过错。

鉴定意见

甲医院对该患者×××的诊疗行为存在未及时邀请血液科会诊明确病因，未及时停用安宝，术后在患者出现高血压、头痛等异常情况时未及时完善相关辅助检查明确诊断的医疗过错，其过错与该患者的损害后果之间存在因果关系，原因力大小为同等因果关系。

分析评论

（一）甲医院对患者×××的诊疗行为是否存在医疗过错

患者×××2015 年 6 月 24 日以"停经 7^+ 月，阴道出血 4 小时"入住甲医院，入院后医方依据其主诉、病史、产科查体结合相关辅助检查结果，初步诊断"G_2P_0，孕 29^{+6} 周，LOA，先兆早产；中央型前置胎盘伴出血；胎儿畸形可能；胎儿宫生长受限可能"成立，入院后给予完善相关辅助检查、观察胎心、胎动、宫缩等情况及给予地塞米松促胎肺成熟、复方氨基酸补液营养支持治疗等治疗符合诊疗规范，给予头孢呋辛预防感染亦存在用药指征。

根据入院时对患者的查体情况，该患者为阴道少量流血，血常规检查提示为轻度贫血，其虽存在前置胎盘的高危因素，但为阴道少量出血，病情稳定，不属于危重孕产妇，故没有邀请危重症急救专家参与治疗的指征，医方在其入院后也有上级医生查房记录，尽到了三级查房义务。

另根据患者的病史、入院诊断及入院后的辅助检查情况，患者虽存在前置胎盘的高危因素，但为阴道少量出血，没有活跃性出血，没有使用安宝的绝对禁忌症，医方给予安宝使用有用药指征，为促胎肺成熟赢得时间，符合患者病情所需，使用期间医方在体征表中有血压监测记录，患者在6月24日至6月27日血压监测提示正常。

根据医方病程记录及辅助检查结果所载：患者入院后用药后在6月27日出现血色素、血小板下降，不能完全用阴道出血来解释；6月28日血常规检查提示血色素、血小板进一步明显下降，医方对此未引起高度注意，未及时邀请血液科会诊明确病因，未考虑到药物相关性血小板减少症（头孢呋辛、安宝均有引起血小板减少的不良反应），在6月28日血常规检查结果出来后未及时停用安宝，与该患者术后血小板进一步下降以及引起的相应损害后果之间存在一定的因果关系。

医方剖宫产术中给予阿托品使用无原则性错误，术后因患者子宫收缩欠佳给予欣母沛、缩宫素使用亦存在用药指征，但当患者术后出现血压急剧升高，且出现头痛、精神疲软等症状时，医方对此未引起高度注意，未及时完善相关辅助检查明确颅内病变情况，在一定程度上使其丧失了早期诊断、早期治疗的时机，与其颅内出血及引起的相应损害后果之间存在一定的因果关系。

6月29日当该患者出现意识不清、头痛等症状后，医方请多科室会诊及完善颅内CT等检查，明确诊断为颅内出血，患者存在明确的手术指征，医方向患方告知病情并征得其签字同意后给予开颅血肿清除＋去骨瓣减压术及术后相关对症治疗，其诊疗行为符合诊疗规范。

关于其后在该院 CCU 及康复治疗的有关情况，经审阅送鉴病历资料，未发现医方存在医疗过错之处。

（二）医院的医疗过错与该患者的损害后果之间是否存在因果关系及原因力大小

患者剖宫产术后出现颅内出血，经行开颅血肿清除＋去骨瓣减压术及术后对症治疗、脊髓电刺激电极植入术＋钛网颅骨修补术及其他康复治疗后恢复不佳，呈持续性植物生存状态。

根据患者的入院诊断情况，医方给予头孢呋辛及安宝药物应用有用药指征，符合患者病情所需，上述两种药物应用过程中存在血小板减少的不良反应，属于诊治疾病用药中本身所具有的风险性，头孢呋辛、安宝使用中出现药物相关性血小板减少症也较为罕见，早期鉴别诊断存在一定的困难，临床诊治中存在一定的难度，故其所患疾病的特点及诊治本身的高风险性与其损害后果的发生之间存在一定的因果关系；另外该患者术后虽出现血压升高、头痛等情况，但经处置后血压下降、病情平稳，其病情发展、变化存在一定的隐匿性、复杂性，临床早期诊断亦存在一定的难度，与其损害后果的发生之间亦存在一定的因果关系。

甲医院对该患者的诊疗行为存在未及时邀请血液科会诊明确病因、未及时停用安宝、术后在患者出现高血压、头痛等异常情况时未及时完善相关辅助检查明确诊断的医疗过错，其过错与该患者颅内出血及引起的相应损害后果之间亦存在一定的因果关系。

综合该患者所患疾病的特点、诊治过程本身所具有的高风险性、临床诊治难度及医院的医疗过错因素,分析认为医院的医疗过错原因力大小应为同等因果关系。

  药物性血小板减少症在临床诊治过程中较为少见,早期诊断存在一定的难度。医疗机构在诊治过程中发现血小板持续下降,且不能用出血等因素做出合理解释时,一定要及时邀请血液科会诊协助诊断,及时完善相关辅助检查明确诊断,针对病因给予相关治疗,可在一定程度上避免不良后果的发生。

(王伟国)

No.6　新生儿脑梗塞一例

案情介绍

患者×××，女，29岁，2017年3月19日5：15以"停经39^{+6}周，阴道流水伴下腹部不规律疼痛2小时"为主诉入住××医院，入院诊断为：(1) G_2P_0，宫内妊娠39^{+6}周，ROT；(2) 胎膜早破；(3) 妊娠期甲状腺功能减退，入院后因持续性枕横位、胎头下降延缓。于3月19日20：25行剖宫产手术娩出一女活婴。2017年3月21日5：00该患儿以"四肢抖动6小时"为主诉经该院儿科会诊后转入该院新生儿科，入院诊断为：(1) 新生儿颅内出血；(2) 新生儿缺氧缺血性脑病；(3) 新生儿脓疱疮；(4) 新生儿宫内感染。经该院儿科给予对症治疗后于3月24日转入××市中心医院继续治疗，入院诊断：抽搐原因待查；新生儿缺氧缺血性脑病？电解质紊乱？新生儿脑梗塞？新生儿低血糖症？入院后经完善MR头颅成像常规平扫+DWI+脑血管动脉成像，明确诊断为：新生儿脑梗塞，新生儿缺氧缺血性脑病。

争议焦点

现患者及家属对××医院的诊疗行为提出异议，起诉至法院。医患双方的观点归纳如下：

患方观点：医方在本案中严重违反诊疗规范，术前检查不全面、不准确；病历记录混乱并存在擅自添加诊疗记录的行为；手术方案制定不恰当，手术过程违规；术后治疗、护理存在缺陷；因医方医疗措施、手术操作不当，术后治疗护理存在缺陷，延误了治疗时机，造成患儿被诊断为：新生儿脑梗塞，新生儿缺氧缺血性脑病，医方应当承担全部责任。

医方观点：医院对该孕妇诊断明确，行剖宫产手术符合医疗规范，没有过错；术后对产妇和新生儿按照规范护理，发现病情变化及时会诊并转科治疗，符合医疗常规。综上：我院对该产妇和新生儿的医疗行为符合医疗常规，不存在过错，新生儿病情发展与我院医疗行为没有存在因果关系。

鉴定意见

××医院在对该患者×××及其女的诊治过程中存在缩宫素使用不规范、待产观察不完善、新生儿管理不到位、病情处置不及时的医疗过错，其过错与该患者之女的损害后果之间存在一定的因果关系，医疗过错原因力大小为同等因果关系。

分析评论

（一）××医院的诊疗行为是否存在医疗过错

患者×××2017年3月19日5：15以"停经39^{+6}周，阴道流水伴下腹部不规律疼痛2小时"为主诉入住××医院，入院后该院依据其主诉、病史、入院检查及相关辅助检查结果，初步诊断"（1）G_2P_0，宫内妊娠39^{+6}周，ROT；（2）胎膜早破；（3）妊娠期甲状腺功能减退"成立，入院后给予观察胎心及宫缩情况、口服甲状腺素等治疗符合诊疗规范。

根据胎膜早破的处理原则，医方给予缩宫素静滴有适应症，但医方在使用缩宫素前未向患方履行缩宫素静滴的风险告知义务，缩宫素静滴过程中没有相应的剂量调整记录，其缩宫素使用不规范，存在过错；在患者临产后医方没有按照规范进行必要的胎心监护，不能提供评估患者宫缩情况、胎儿宫内情况的客观依据，存在过错。

本案例中，该患者存在胎膜早破、甲状腺功能减退、后羊水Ⅱ度污染，胎儿脐带绕颈两周且较紧，胎儿因持续性枕横位并胎头下降迟缓行剖宫产娩出，医方对该新生儿未纳入高危新生儿进行管理，未尽到相应的护理及病情观察义务，根据该院新生儿病程记录及新生儿会诊记录所载，该患儿曾于3月20日23：50出现四肢及眼皮抖动、哭声尖叫等异常情况，但医方对此未引起高度注意，未及时邀请儿科会诊指导诊治，直至3月21日4：28才有儿科的相关会诊记录及诊治意见，医方在此存在医疗过错，其过错在一定程度上延误了患儿疾病的诊治时机，影响了其疾病的诊治效果。

2017年3月21日05：00该患儿以"四肢抖动6小时"为主诉转入该院新生儿科，入科后医方根据其病史、查体、相关辅助检查结果，初步诊断"（1）新生儿颅内出血；（2）新生儿缺氧缺血性脑病；（3）新生儿脓疱疮；（4）新生儿宫内感染"成立，入科后给予完善相关检查并给予预防出血、抗感染、脱水降颅压、止惊、营养心肌等对症治疗符合诊疗规范，经治疗后患儿病情稳定，3月24日转外院继续治疗。该患儿在该院新生儿科住院期间，医方的诊疗行为未见明显医疗过错之处

（二）医院的医疗过错与患儿的损害后果之间是否存在因果关系及原因力大小

根据相关医院对该患儿的临床查体及颅脑影像学检查结果，该患儿脑干区及左侧大脑半球存在大面积急性脑梗

塞，并同时存在新生儿缺氧缺血性脑病，经行相关对症治疗后，目前仍遗有脑梗塞、缺氧缺血性脑病的相关后遗症。

新生儿脑梗死是指出生后至 28 天内新生儿的脑动脉及其一个或多个分支因种种原因发生梗塞，导致脑组织相应供血区域的缺血坏死，通常认为新生儿脑梗死的病因多源自颅内或颅外血管、心脏或是胎盘的血栓栓塞相关，新生儿脑血管发育畸形、脑血管痉挛、全脑血管功能不全也是新生儿发生脑梗死的病因之一，另外有一定比率的新生儿脑梗死病因不明。常见的产前高危因素包括先兆子痫、羊水减少、第二产程延长、绒毛膜羊膜炎、宫内生长受限，产时高危因素包括急症剖宫产、胎头吸引等，产后高危因素包括先天性心脏病、感染、脱水等因素。

本案例中，根据相关医院对该患儿脑动脉的影像学检查结果，提示其左侧大脑中动脉较右侧细，其分支显示稀疏，故不排除其存在脑血管发育畸形，而脑血管发育畸形是引起新生儿脑梗塞的因素之一；另根据××医院新生儿科对该患儿的查体及血常规检查情况，患儿存在新生儿脓疱疮、新生儿宫内感染，也是引起新生儿脑梗塞的因素之一，上述因素非医源性损伤所致，与患儿自身发育情况及孕母所患疾病有关。

××医院在对该患者×××及其女儿的诊治过程中存在缩宫素使用不规范、待产观察不完善、新生儿管理不到位、病情处置不及时的医疗过错，其过错与该患者之女的损害后果之间存在一定的因果关系，医疗过错原因力大小为同等因果关系。

新生儿发生脑梗死较为少见，发病原因比较复杂，通常认为新生儿脑梗死的病因多源自颅内或颅外血管、心脏或是胎盘的血栓栓塞相关，新生儿脑血管发育畸形、脑血管痉挛、全脑血管功能不全等。该疾病临床诊治难度高、风险大，医务人员发现患儿出现相关神经系统异常症状和体征时，应当引起高度注意，及时邀请相关科室会诊，完善辅助检查，早诊断、早治疗，以免延误病情，造成严重损害后果。

（王伟国）

No.7 异位妊娠误诊误治致输卵管被切除一例

案情介绍

患者×××，女性，2016年6月15日就诊于××医院门诊部，医方行超声检查后印象诊断为宫内早孕，给予米索前列醇药物流产，6月17日患者服用米索前列醇后出现下腹痛、头晕、乏力、晕厥等症状，当日被送入××医院，考虑异位妊娠，急诊行腹腔镜探查术，术中切除右侧输卵管，术后送病理，病理回示：右侧输卵管可见绒毛，符合异位妊娠，明确诊断为：右侧输卵管异位妊娠。

争议焦点

现患者及家属对××医院门诊部的诊疗行为提出异议，起诉至法院。医患双方的观点归纳如下：

患方观点：患者因怀孕到××医院门诊部做检查，医生行B超检查后系宫内孕40多天，给予患者米索前列醇药物流产，患者按照医生说的按时按量及方法用药后出现腹痛、腹泻、昏迷、休克等症状，在准备出门到医院时已经浑身无力、手脚冰冷，又一次出现休克，后被送入医院，重新B超检查后发现腹内全是血，证明患者是宫外孕，因该门诊部医生误诊误治加速孕囊破裂，导致患者腹腔内大出血，最后做了输卵管切除。

医方观点：医院门诊部与医生认为，在本次医疗纠纷事件中医务人员均按照诊疗规范进行检查、诊断和处理，医疗行为符合诊疗规范，不存在医疗过错；患者异位妊娠并致右侧输卵管被切除属于自身疾病所致，与医院诊疗行为之间无因果关系，医院不应承担任何责任。

鉴定意见

××医院门诊部在对该患者×××的诊治过程中存在辅助检查不完善、诊断错误、使用药物流产错误的医疗过错，该过错与该患者服用流产药物后出现右输卵管异位妊娠处破裂并致大出血、右输卵管被切除的损害后果之间存在因果关系，医疗过错原因力大小应为共同因果关系。

分析评论

（一）关于诊治经过

该患者×××2016年6月15日就诊于××医院门诊部，医方行超声检查印象为宫内早孕，并给予米索前列醇药物流产，患者6月17日服用米索前列醇后出现下腹痛、头晕、乏力、晕厥等症状，当日被送入××人民医院，经该院行腹腔镜探查及术后病理检查，明确诊断为：右侧输卵管异位妊娠，术中切除右侧输卵管。

（二）关于医疗过错及过错原因力大小的分析

××医院门诊部在对患者的诊治过程中，其辅助检查不完善，B超检查结果判读不准确，将宫外孕诊断为宫内早孕，并错误地给予药物流产，其诊疗行为存在过错，该过错与患者服用流产药物后出现右输卵管异位妊娠处破裂并致大出血、右输卵管被切除的损害后果之间存在一定的因果关系。

另考虑到患者所患右输卵管异位妊娠非医源性损害所致，属于患者自身因素所致，且该疾病本身存在破裂出血并行手术切除的诊治风险；考虑到该门诊部属于一级医院，其人员、技术水平有限，疾病诊治存在一定的难度，上述客观因素与该患者的损害后果之间亦存在一定的因果关系。

故综合以上因素分析认为，医方的医疗过错因果关系类型（过错参与度）应为共同因果关系。

异位妊娠近年来的发生率逐年上升，其中以输卵管妊娠最为常见。输卵管妊娠在未发生流产或破裂时，临床表现不明显，早期诊断较为困难，多需要采用 HCG 测定、超声检查方能确诊。输卵管妊娠未发生破裂或流产时可采用化学药物治疗，保存患者的生育能力，故早期诊断对于有生育要求的患者非常重要。本案例中，医方人员在对患者诊治过程中没有完善相关辅助检查，B 超检查结果又判读错误，误诊误治，导致患者右侧输卵管被切除，应当吸取经验教训，对于 B 超检查情况不能做出明确诊断意见时，应当邀请上级医师协助诊断，以免造成误诊。

（王伟国）

No.8　引产后大出血并发吉兰-巴雷综合征一例

案情介绍

患者××，女性，29岁，2016年6月5日以"停经 20^{+6} 周，不规律下腹痛15天，加重1天"为主诉入住××医学院附属医院，入院诊断：（1） G_3P_1，孕 20^{+6} 周，难免流产；（2）胎盘低置状态；（3）瘢痕子宫。入院当日因羊膜囊脱出于阴道口故给予青霉素预防感染治疗，入院后第1日给予米索前列醇引产、观察宫缩等情况，6月7日5：40引产分娩一女死婴，胎盘娩出后查胎盘完整，随即行清宫术，清宫术后患者子宫收缩好，无明显不适；5分钟后按摩子宫，有鲜红色血液流出，子宫收缩一般，医方给予宫颈安列克注射及缩宫素静滴治疗；其后患者阴道流出血量多，阴道有鲜红色血液流出，查看手臂原采血处有针眼渗血，患者血压降低，医方考虑产后大出血、慢性羊水栓塞，给予静脉注射地塞米松、备血、吸氧、开通静脉通道等治疗措施；经按摩子宫、胎盘剥离面缝扎止血+宫腔放置水囊等治疗后，患者阴道仍有迟缓性不凝血流出，医方考虑患者为慢性羊水栓塞、DIC（弥散性血管内凝血），凝血功能未测出，患者存在生命危险，医方经向患者家属告知病情及相应手术风险并征得患者签字同意后给予切除子宫，术后给予相关对症治疗，其后患者又相继转入××市医院、××医科大学总医院治疗，被诊断为腹腔积血合并感染、吉兰-巴雷综合征等。

争议焦点

现患者及家属对××医学院附属医院的诊疗行为提出异议,起诉至法院。医患双方的观点归纳如下:

患方观点:医方在医疗活动中违反了卫生管理法律法规、部门规章及病历书写规范、诊疗护理规范常规,未及时明确诊断,误诊误治,造成患者人身损害的严重后果。根据有关规定,应当认定医院的诊疗行为存在过错,应对患者承担全部的赔偿责任。

医方观点:医院对该患者入院后诊断正确,患者具备引产指征,术前充分知情告知,引产方案及操作正确无误;产后羊水栓塞诊断正确无误、抢救及时无误,切除子宫正确无误;患者自医院离开时神志清楚,一般情况尚可;患者目前状态是其自身疾病吉兰-巴雷综合征导致,并非医院诊疗行为导致。

鉴定意见

××医学院附属医院在对该患者××的诊治过程中存在抗羊水栓塞治疗措施不足的医疗过错,该医疗过错与该患者的损害后果(腹腔内渗血、积血及所患吉兰-巴雷综合征)之间存在因果关系,过错参与度应为次要因果关系。

分析评论

患者××2016年6月5日以"停经20^{+6}周,不规律下腹痛15天,加重1天"为主诉入住××医学院附属医院,入院后医方依据其主诉、查体、病史及辅助检查情况,初步诊断"(1)G_3P_1,孕20^{+6}周,难免流产;(2)胎盘低置状态;(3)瘢痕子宫"成立,入院后给予完善相关检查并根据检查情况给予抗生素预防感染治疗、米索前列醇引产、观察宫缩等情况符合诊疗规范，人工破膜及使用米索前列醇引产均向患者家属履行了告知义务并征得患者家属签字同意。

入院后患者于6月7日5：40分娩一女死婴，阴道出血约300ml，给予按摩子宫，子宫收缩好；胎盘娩出后查胎盘完整，胎膜不全，患者需行清宫术，医方随即行清宫术，清宫术后患者子宫收缩好，无明显不适；5分钟后按摩子宫，有鲜红色血液流出，子宫收缩一般，医方给予宫颈安列克注射及缩宫素静滴治疗；其后患者阴道流出血量多，阴道有鲜红色血液流出，查看手臂原采血处有针眼渗血，患者血压降低，医方考虑产后大出血、慢性羊水栓塞正确，给予静脉注射地塞米松、备血、吸氧、开通静脉通道等治疗措施符合诊疗规范；经按摩子宫、胎盘剥离面缝扎止血+宫腔放置水囊等治疗后，患者阴道仍有迟缓性不凝血流出，医方考虑患者为慢性羊水栓塞、DIC，凝血功能未测出，患者存在生命危险，医方经向患者家属告知病情及相应手术风险并征得患者签字同意后给予切除子宫符合诊疗规范。

关于羊水栓塞、DIC的治疗，最初阶段主要是抗休克、抗过敏、解除肺动脉高压、纠正缺氧及心衰等治疗，医方在最初阶段的治疗符合诊疗规范；DIC阶段应早期抗凝、补充凝血因子、晚期抗纤溶同时也补充凝血因子等治疗，医方在针对患者DIC的治疗上，其抗纤溶治疗措施不足，在一定程度上影响了患者疾病的救治效果，与其在后续医院手术探查中发现的腹腔内多处创面大量渗血、腹腔内积血之间存在一定的因果关系。

该患者在××医学院附属医院行子宫全切除术及术后

对症治疗后，经本院及他院医生会诊，考虑到本院条件有限，建议转××市医院继续治疗，6月7日20：43患者转入××市医院进一步治疗，入院后查血常规及凝血功能提示患者血色素、血小板低、凝血功能异常，经会诊后，决定行剖腹探查术及止血术，6月8日医方给予患者行剖腹探查术+止血术，术中发现患者腹腔内多处创面渗血、腹腔内积血，给予清除积血、缝扎止血、止血粉止血等治疗措施，患者在该院住院期间出现体温升高、意识障碍加重、呼吸弱、四肢肌力差等。因该院条件有限，于2016年6月22日转入××医科大学总医院治疗，经该院完善相关检查，诊断为吉兰-巴雷综合征等。

吉兰-巴雷综合征是以周围神经和神经根的脱髓鞘病变及小血管性炎性浸润为病理特点的自身免疫性周围神经病，其病因目前尚未完全明确，大部分患者具有前驱感染史，少数患者有手术史和疫苗接种史，巨细胞病毒感染、乙肝病毒及HIV感染与该病有关。

本案例中，该患者在××医学院附属医院住院期间，曾出现高热、寒颤等感染症状，医方给予抗感染等治疗措施；转入××市医院治疗后，患者仍有体征升高、血常规异常等感染症状；另根据该院6月14日对患者所行淋巴系统检查结果来看，其淋巴系统检查结果异常，提示患者自身免疫系统低下，是其发病的根本性原因，且该患者产后发生羊水栓塞、DIC、产后大出血可进一步降低其自身免疫系统，与其所患吉兰-巴雷综合征亦存在一定的因果关系。

综上所述，××医学院附属医院在对该患者的诊治过程中存在抗纤溶治疗措施不足的医疗过错，该过错与该患者后续医院手术探查中发现的腹腔内多处创面大量渗血、腹腔内积血之间存在一定的因果关系，而腹腔内大量渗血可进一步降低其自身免疫系统，与其所患吉兰－巴雷综合征亦存在一定的因果关系，故医方的医疗过错与该患者的损害后果（腹腔内渗血、积血及所患吉兰－巴雷综合征）均存在一定的因果关系，过错参与度应为次要因果关系。

羊水栓塞是较为凶险的妇产科分娩期并发症，死亡率高达70%—80%，其发病原因较为复杂，治疗难度大、风险高，治疗过程中易并发各种并发症，一旦出现羊水栓塞的临床表现，应当给予紧急处理，其治疗包括抗休克、抗过敏、解除肺动脉高压、纠正缺氧及心衰、抗凝、补充凝血因子、抗纤溶等，对于救治条件有限的医疗机构，应当及时请上级医院协助诊治，以免造成严重后果。吉兰－巴雷综合征虽与羊水栓塞没有直接因果关系，但因羊水栓塞导致的凝血功能障碍、大出血、休克可进一步降低患者的免疫力，对于吉兰－巴雷综合征的发生有一定的诱发作用，故医务人员在羊水栓塞的后续治疗中应当注意病情变化，及时诊断、处理相关并发症。

（王伟国）

No.9 围产期心肌病致死亡一例

案情介绍

产妇××,2010年12月21日以孕24^{+6}周第一次到某某市妇幼保健院产前检查,否认既往有高血压、心脏病史。查体:血压110/60mmHg,心肺正常。建议产前筛查,血、尿检查。先后6次在该院产检。

2011年3月4日因"咳嗽1月余,发热2天,咳血丝痰1天"入住××市人民医院,患者以干咳为主,无咳痰、咯血。予抗生素治疗病情无明显好转。入院诊断:急性支气管炎。给予抗感染、对症治疗。患者觉气紧,伴咳嗽,胃纳欠佳。3月10日出院。(现场调查家属诉:患者发病后一直咳嗽,住院前后主要表现为夜间咳嗽明显,尤其是凌晨1:00—2:00卧位睡眠时咳醒,坐起后可缓解,需半坐卧位,晨起后好转。出院后病情仍无改善。)

3月16日6:30,产妇因"停经37周,下腹痛5小时伴阴道流水40分钟"入住××市妇幼保健院。入院诊断:(1)G_1P_0,孕37周,左枕前临产;(2)高龄初产。7:48自然分娩一活男婴,Apgar评分10分,胎盘、胎膜娩出完整,产后宫缩硬,出血约180ml。18:00,产妇诉咳嗽、气紧,无发热。查体右肺呼吸音稍弱,左肺呼吸音粗,未闻及干湿性啰音,子宫收缩好。考虑支气管炎,给予静滴氨茶碱、抗感染治疗。17日8:00患者诉头晕、恶心,少许气紧,持续半坐卧位,吸氧,心电监护,予氨茶碱静滴。

内科会诊考虑：(1) 肺部感染；(2) 酮症酸中毒？建议：予胸片、心电图、血气分析、电解质检查；特级护理，吸氧心电监护，碳酸氢钠静滴，抗感染、对症等治疗。建议转上级医院。9：40 转××市人民医院进一步治疗。

3月17日10：35，患者转入××市人民医院妇产科，当时心率145次/分，呼吸30次/分，血压86/54mmHg，口唇发绀，四肢冰冷，双肺可闻及干湿罗音。立即转呼吸内科救治。10：50病历记录：患者一天前生产后，下午即出现气促，伴夜间平卧困难，头晕、心悸。休息时缓解不明显。入院查体：体温36.6℃，脉搏150次/分，呼吸30次/分，血压80/50mmHg，患者强迫体位，急性面容，表情淡漠，神志清，皮肤苍白，双侧瞳孔直径约3mm，对光反射灵敏；胸廓对称，触觉语颤无增强或减弱，双肺呼吸音粗未闻及罗音，心前区无隆起，心率150次/分，律齐，各瓣膜区未闻及杂音，双下肢中度水肿，四肢湿冷。入院诊断：(1) 休克查因：心源性？(2) 支气管炎；(3) 肺栓塞？(4) 产褥期；(5) 急性左心衰。11：00时医嘱予吸氧，心电、血压、血氧饱和度监护。15：15、15：30患者烦躁，予吗啡静注。心内科会诊认为目前患者存在心力衰竭，建议积极抗心衰治疗，进一步完善心脏彩超及胸部CT检查明确基础疾病。16：20患者出现神志模糊，四肢湿冷，呼之睁眼，查体不配合，血压测不到，血氧饱和度76%、脉搏150次/分，呼吸30次/分，点头呼吸，双肺可闻中量湿性罗音，双下肢中度水肿，脉搏细弱。立即停可达龙（即胺碘酮）、硝普钠静滴，予双管输液，多巴胺、阿拉明、参麦注射液等抢救治疗。血压仍测不到。16：30突然四肢抽搐、神志丧失，心率下降至50次/分，立即给予气管插管，呼吸机辅助呼吸，心肺复苏，肾上腺素、阿托品、多巴胺等药物，电除颤等积极抢救无效，患者于 3 月 17 日 17：30 临床死亡。死亡诊断：（1）心源性休克；（2）急性肺水肿；（3）双肺炎；（4）围产期心肌病？（5）产褥期肺栓塞？

死后未做尸检。

争议焦点

（一）患方认为

1. ××市人民医院

（1）患者第一次入院期间医方未做胸部 X 线、心电图等辅助检查，漏诊了围产期心肌病的诊断，延误了患者的治疗时机。

（2）患者转诊再次入院时，医方在患者出现心衰、心源性休克的情况下使用硝普钠药物治疗不正确，使用该药物加重患者的病情。

（3）医方未依法履行告知义务，导致未及时进行尸体解剖，以明确死因，造成患者死亡原因不明确。

2. ××市妇幼保健院

（1）围产期保健检查不健全，对高龄产妇未完善心电图等相关检查，漏诊了产妇围产期心肌病的诊断，延误了对该病的治疗时机。

（2）患者产后病情出现变化时，医方对病情观察不详尽，未做任何相关辅助检查，病案记录自相矛盾。再次漏诊围产期心肌病或其他疾病的诊断，亦未及时对症处理，再次延误了患者的治疗时机。

（二）医方认为

1. ××市人民医院

（1）我院对患者的整个诊疗过程符合医疗卫生管理法律、行政法规、部门章程和诊疗护理规范、常规，不存在医疗过失。

（2）患者病情发展迅速，其死亡的结果与我院医务人员的医疗行为无因果关系。

2.××市妇幼保健院

（1）医院对患者的整个诊疗护理过程，无违反医疗卫生管理法律、行政法规、部门章程及诊疗护理规范、常规的医疗过失。

（2）医院在患者围产期未对其行心电图检查，存在缺陷，但是患者孕期无心脏方面的主诉与不适，且此缺陷与患者的死亡无因果关系。

（3）患者出现咳嗽、气紧的症状后，医院给予氨茶碱等处理后，患者症状明显好转，生命体征平稳，病情稳定，并不存在患者家属所述的持续咳嗽、躺下气喘、恶心呕吐等症状。

（4）医院是基层的一级专科医院，医疗技术水平有限，已经尽了全力救治该患者，患者最终死亡系其自身疾病发展所致，与医院的医疗行为无因果关系。

鉴定意见

该案医患双方经医疗事故鉴定程序，最终鉴定意见为：两医方诊疗过程均存在一定过失，应共同承担次要责任。建议××市人民医院承担次要责任的60%，××市妇幼保健院承担次要责任的40%。

分析评论

（一）对患者疾病诊断及死因的分析

患者死后未做尸检，确切死因不明。临床考虑患者的原发疾病为围产期心肌病，不除外并发急性肺栓塞，死亡原因考虑为围产期心肌病①，心力衰竭、心源性休克，不除外并发急性肺栓塞死亡。

关于患者患有围产期心肌病的依据是：

1. 患者具有围产期心肌病的高危因素，为 38 岁高龄产妇，孕晚期有轻度贫血；

2. 孕晚期（30 周）后出现咳嗽、气促、咳血丝痰症状，夜间咳嗽、呼吸困难明显，常从睡眠中咳醒，取半坐位后改善，产后病情加重（分娩后子宫排空、腹压降低，致妊娠期全身潴留水分渐进入循环使心脏前后负荷加重）等心力衰竭的表现；

3. 第一次住院查体两肺有不固定湿啰音；

4. 胸片提示心脏明显扩大，心肌酶等相关指标增高；

5. 反复咳嗽、气促按支气管炎在门诊及住院长时间应用抗生素治疗无效；

6. 患者无先天性心脏病、风湿性心脏病、妊娠高血压等病史，不支持其他类型心脏病。因此，临床考虑"围产期心肌病"的诊断基本成立。

产妇产后病情突然加重，不除外并发急性肺栓塞的可能，依据是：

1. 由于围产期心肌病、心脏扩大，心脏内可有附壁血栓形成，脱落后可能导致肺栓塞；

---

① 围产期心肌病（围生期心肌病）是指发生于妊娠晚期至产后 6 个月内的扩张型心肌病。其特征为既往无心血管疾病病史的孕妇，出现心肌收缩功能障碍和充血性心力衰竭，确切病因不清，可能与感染、免疫、营养不良、遗传等因素有关。临床表现不尽相同，主要表现为呼吸困难、心悸、咳嗽、端坐呼吸等心力衰竭的症状，部分患者出现相应器官栓塞症状。本病患者一部分可因发生心力衰竭、肺梗死或心律失常而死亡。诊断主要依据病史、症状体征及辅助检查等。参见乐杰主编：《妇产科学》（第七版），人民卫生出版社 2008 年版，第十七章。

2. 孕产妇易并发肺栓塞；

3. 患者产后当日下午病情突然加重，出现呼吸困难，血氧饱和度低，血压下降等表现；

4. 胸片提示右心影亦增大、肺动脉段凸出表现；心电图提示电轴右偏、不完全右束支传导阻滞；

5. 化验检查 D-2 聚体异常升高。虽无尸检证实，但肺栓塞的诊断不能除外。

（二）对××市人民医院医疗行为的分析

患者 2011 年 3 月 4 日入住××市人民医院，诊断"急性支气管炎"，治疗 6 天出院。但鉴定会现场调查患者家属陈述与病历记录不符。2011 年 3 月 17 日 10 时 35 分，患者因产后病情加重再次转入该院救治。后不治身亡。××市人民医院在对患者两次住院期间的诊疗过程存在以下医疗过失行为：

1. 对围产期心肌病伴心力衰竭存在漏诊。患者第一次因"咳嗽 1 月余，发热 2 天，咳血丝痰 1 天"入住该院，住院前抗感染治疗半月余病情无改善；入院后以干咳为主，伴气促。住院期间仅一次体温 37.6°C，其余基本正常，听诊两肺有不固定湿罗音，血常规白细胞正常。现场调查家属述患者存在"夜间平卧困难"的心力衰竭表现。这些病情特点均难以单纯用"急性支气管炎"来解释。但医方对患者病情未予重视，未详细了解患者病史及发病情况，对上述心力衰竭的表现未进行认真分析和必要的鉴别诊断，未进行必要的胸片（患者已孕晚期，胸片检查对胎儿已无明显影响）、心电图等常规检查以排除心脏疾病的可能，更未行超声心动图检查，对孕晚期患者的围产期心肌病并发心力衰竭存在漏诊，延误治疗。

2. 对心力衰竭、心源性休克用药不当。

(1) 第二次入院后,在患者血压低、四肢湿冷、入院时已诊断休克的情况下使用可达龙、硝普钠是不当的。患者入院时血压 80/50mmHg,心率 150 次/分,考虑有心源性休克(后经治疗血压有所恢复)、急性左心衰。在听诊及心电图检查未提示患者有严重心律失常的情况下,医方未考虑到在患者心力衰竭、血压低的情况下,使用可达龙有进一步降低血压的风险。硝普钠有强烈的扩张血管、降低血压、改善心功能作用,对血压偏低的心力衰竭患者,应用时须同时加用心肌正性肌力药。医方同时给患者使用可达龙、硝普钠两种可引起血压降低的药物,尽管用药期间测血压在 98—121/60—68mmHg,但到 16∶20 血压测不到才停止使用,存在疏忽。由于未同时应用正性肌力药及升压药,对维持血压是不利的。

(2) 对有明显的心力衰竭患者,使用大量含盐液体静滴,有违心力衰竭的治疗原则。患者在该院抢救 6 个多小时后死亡,其间大量使用生理盐水、乳酸林格注射液静滴(医嘱记录二者总量约 2000ml)。尤其早期医嘱"快速静滴",使钠盐摄入过多,不利于心衰的纠正。

(3) 吗啡虽可以改善心衰,但大量使用可以抑制呼吸。在患者呼吸困难,呼吸频数、无呼吸机有效支持的情况下,此时使用吗啡不够慎重。

3. 患者死后,家属对治疗产生怀疑。在原发病诊断及死因均不明确的情况下,医方未书面或口头告知家属需尸检明确死因,违反了《医疗事故处理条例》第 18 条的相关规定。

(三) 对××市妇幼保健院医疗行为的分析

患者自孕 24^{+6} 周曾先后 6 次到该院行产前检查。2011 年 2 月因咳嗽先后 3 次在该院就诊,均按支气管炎抗感染治疗。3月16日晨在入院分娩后10小时突然出现"咳嗽、气紧"等不适表现,第二日病情加重转外院治疗。该院对患者诊疗过程中存在以下过失行为:

产前检查不规范。孕妇在妊娠中晚期多次来院行产前检查,医方均未对患者实施常规心电图检查。至孕37周入院分娩,医方在收入院前后,仍未查心电图。心电图为无创性检查措施,是产前检查的常规项目,尤其是高龄妊娠者产前心电图对了解和排除心脏疾患极为重要。由于孕期从未行心电图检查,未能及时了解产妇的心脏状况及相关病情,治疗上就存在盲目性。

对患者的反复咳嗽未予必要检查和鉴别诊断。2月18日、26日、28日先后因咳嗽在该院门诊就诊,医方未详细询问采集病史、认真分析鉴别咳嗽的病因,对患者的"气紧"、夜间不能平卧的症状未予重视,仅按气管炎予抗生素治疗。经抗感染治疗多日症状未缓解,仍未引起重视,也未嘱行必要的检查,如胸部X线检查等以明确诊断。

对产后出现的病情变化重视不够,观察及处理均不到位。3月16日产妇在分娩后10小时(当日18:00)再次出现咳嗽、气促。且持续直至第二日8:00后,此间医方一直未予充分重视,仅予以氨茶碱静滴处理,未分析产妇分娩后出现咳嗽、气促等严重病情变化的原因,未考虑到其危险性。在近14个小时内,未请上级医生查房及相关科室会诊,未严密监测和准确记录病情变化,未进行必要的检查,包括胸片、心电图、血气分析等。第二日8:00内科会诊后至9:40转院前,血氧饱和度已低至88%—90%,提示患者已明显缺氧,医方仍未予积极检查明确心脏病变的诊断。在患者明显缺氧时记录的心率70次/分、呼吸22次/分等数值,与患者血氧饱和度显著下降所提示的缺氧状态不相符。转入市人民医院后患者脉搏为 145—150 次/分，呼吸 30 次/分，血压 80/50mmHg，表情淡漠，四肢湿冷，已存在严重心力衰竭及心源性休克表现。提示妇幼保健院对患者病情的严重性认识不足，病情观察及处理均不到位，对治疗有所延误。

（四）两医方医疗过失行为与患者的死亡的因果关系分析

围产期心肌病以心肌收缩功能障碍和充血性心力衰竭为主要病理改变，且易于并发肺栓塞而致肺梗死。因临床并不多见，且临床表现较为隐匿、多样，诊断存在一定难度。肺栓塞的诊断也有一定难度。

根据现有资料分析，患者患有围产期心肌病，心脏明显扩大，孕晚期出现心力衰竭表现，产后病情加重，出现严重心力衰竭、心源性休克，同时不能排除并发急性肺栓塞的可能。病情危重复杂，救治困难，预后差。但上述两医方的医疗行为违反了孕产妇产前检查及围产期心肌病的诊疗救治规范，延误了患者疾病的诊断，抢救治疗措施不力，对患者最终的死亡结果起到次要参与作用，有一定因果关系，应承担次要责任。

围产期心肌病是指发生于妊娠晚期至产后 6 个月内的扩张性疾病，特征是既往无心血管疾病的孕妇，出现心肌收缩功能障碍和充血性心力衰竭，临床表现不尽相同，缺乏特异诊断手段，容易误诊。因此对妊娠晚期的孕妇，出现呼吸困难、心悸、咳嗽、咯血、端坐呼吸等心功能不全的表现，应考虑该病，进一步予以超声心动、胸片、心电图等检查以进一步明确诊断。该产妇孕中晚期多次"感冒"、咳嗽、夜间呼吸困难等，未引起医方重视，未能及早确诊，以致患者发现时已出现肺栓塞等表现，失去救治时机。

　　产科医生在产检时，不应只注重产妇一般情况、胎儿发育情况、妊娠血糖、血压等，也应重视了解产妇主诉、临床表现，尤其是出现感冒症状等，应当及时请相关科室会诊，完善相关检查，尽早明确诊断，避免误诊。

（宋红章）

No.10 新生儿先天性左手掌缺如漏诊一例

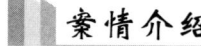
案情介绍

产妇××,末次月经2012年4月29日,预产期2013年2月5日。孕期未诉异常,2012年10月16日在某区医院(被告医院)产妇(孕24周)彩色多普勒Ⅲ级产前超声检查报告:(1)胎位:臀位;(2)胎盘成熟度0级;(3)四肢:双侧上肢肱骨、尺桡骨及双下肢股骨、胫腓骨可显示。超声提示:宫内中孕单活胎,胎盘成熟度0级,羊水量正常范围。建议追踪复查。

报告书告知:受现有医学条件限制,目前超声检查存在一定局限性,胎儿及母体等诸多因素均可影响诊断符合性。超声波不能检查胎儿染色体及胎儿耳、趾、指、甲状腺、生殖器等小器官。胎儿四腔心未见异常,只能排除50%—70%的胎儿先心病,中孕期筛查仅能检出75%的大结构畸形。本次超声检查只检查报告中超声所见内容,没有描述的胎儿结构不在检查范围内。本报告经医生签字有效,仅供临床参考。

产妇在某区妇幼保健院门诊及住院病历:

2012年11月15日超声报告:四肢长骨可见(不包括趾指)。提示:宫内妊娠,单活胎,胎儿发育符合26周。

2013年1月12日超声报告:胎儿部分肢体显示不清。

2013年2月6日因羊水过少在该院行剖宫产术,手术顺利。发现新生儿左手掌缺如。

争议焦点

患方认为：医院在医疗活动中应查而未查，未尽到谨慎细致的注意义务、详尽清晰的告知义务，违反有关医疗规定，影响原告对胎儿优生优育权利，存在过错，应承担责任。

医方认为：（1）医院尽到了告知义务，在风险告知书中明确说明超声检查的局限性。（2）患者一侧手掌缺如为先天异常所致，与医院医疗行为无关。（3）医院仅为产妇进行一次超声检查，医疗无连续性。故医院医疗行为不存在过错。

鉴定意见

医患双方发生医疗纠纷，患方起诉至法院，法院委托医疗损害鉴定，鉴定意见：

1. 被告医院在为孕产妇行系统超声检查时，未能对胎儿重要器官进行全面细致的筛查，未尽到充分注意义务，未能发现胎儿左手掌缺如，医疗行为欠妥。

2. 被告医院的医疗过失行为等与被鉴定人目前先天性左手掌缺如无直接因果关系。

分析评论

根据法院提交的鉴定材料，综合分析认为，被鉴定人先天性左手缺如畸形明确，病因不明。

关于被告医院Ⅲ级产前超声检查行为的分析：

（一）有关产前检查的相关法律法规及规范

依据《中华人民共和国母婴保健法》以及《中华人民

共和国母婴保健法实施办法》，2002年9月24日卫生部①发布的《产前诊断技术管理办法》中所称的产前诊断，是指对胎儿进行先天性缺陷和遗传性疾病的诊断，包括相应筛查。产前诊断技术项目包括遗传咨询、医学影像、生化免疫、细胞遗传和分子遗传等。

2006年该省卫生厅根据卫生部《产前诊断技术管理办法》制定了《某某省卫生厅产前诊断技术管理办法实施细则》《产科超声检查技术指南（试行）》。该指南对产前超声检查内容、项目、方法、注意事项等均有明确要求。

2012年中国医师协会超声医师分会发布《超前超声检查指南（2012）》，也对产前系统超声检查的适应症、内容、注意事项等提出意见。《指南》注意事项中强调："虽然系统产前超声检查（Ⅲ级）对胎儿解剖结构进行系统筛查，胎儿主要解剖结构通过上述各切面得以观察与显示，但期望所有胎儿畸形都能通过系统产前超声检查检出是不现实也是不可能的。"《指南》说明系统超声检查（Ⅲ级）是对胎儿解剖结构进行系统筛查，胎儿主要解剖结构通过超声检查得以观察和显示。检查对超声医师、仪器设备、检查所需时间、检查内容、妊娠时间均有严格要求，需要在具有产前诊断资格的医院，由取得产前超声诊断资格的医生进行此项检查。

（二）被告医院未对胎儿左手掌进行超声检查存在不妥

被鉴定人之母孕产妇孕期约24周为排除胎儿先天畸形到该院行系统三维彩色超声检查，被告医院诊断报告单明确为彩色多普勒Ⅲ级产前超声检查，按照该省《产科超声检查技术指南（试行）》和中国医师协会超声医师分会发布

---

① 现国家卫生健康委员会。——编者注

《超前超声检查指南（2012）》的规定，Ⅲ级产前超声检查属于产前超声诊断，被告医院应对胎儿解剖结构进行系统筛查，以达到对胎儿进行一次较全面结构评估的目的，并应当检查出的致命胎儿畸形。

该省《产科超声检查技术指南（试行）》和中国医师协会超声医师分会发布《超前超声检查指南（2012）》规定关于胎儿四肢系统超声检查内容包括：应观察并报告四肢肱骨、尺桡骨、股骨、胫腓骨。这是要求的检查内容，虽没有明确指出需观察和描述手掌情况，但手系人体重要器官，其功能和重要性不言而喻。系统超声检查（Ⅲ级超声检查）系对胎儿解剖结构进行系统筛查，因此应尽可能对胎儿所有重要器官进行详细的观察，以期发现异常。2012年4月人民卫生出版社出版的《中华围产医学》（张为远主编）关于"围产期影像学诊断篇"骨骼系统畸形的三维超声诊断也指出，"对于胎儿肢体的观察，应对胎儿每一肢体从近端逐一追踪至末端，避免漏检"。被告医院超声报告未发现胎儿左侧手掌缺如，提示两种可能：一是没有对胎儿手掌行超声检查，二是检查而没有发现手掌缺如。被告医院报告单中告知"超声波不能检查胎儿趾、指、甲状腺、生殖器等小器官"，这是业内所共识的，但手掌骨的超声并非完全不能检查分辨；告知中提及"本次超声检查只检查报告中'超声所见'的内容，没有描述的胎儿结构不在检查范围内"，说明被告医院没有将手掌检查列为本次系统超声检查的观察范围，虽然指南没有明确要求检查手掌，但被告医院在系统超声检查中对手掌如此重要的身体结构在Ⅲ级超声检查中未行超声筛查存在不妥。

（三）系统超声检查是完全可能发现胎儿左手掌缺如的

被鉴定人先天性左手掌缺如畸形明确，又称为横行肢体缺陷（先天性截肢），目前业内普遍认为胎儿四肢检查的最佳时期为12—28周，《超前超声检查指南（2012）》也建议系统产前超声检查（Ⅲ级）在20—24孕周进行。孕产妇24周到该院进行产前系统超声检查符合时间要求。且详细的超声检查是可能发现胎儿左手掌缺如的。关于胎儿肢体超声检查方法：如对胎儿肢体注意采用连续顺序追踪扫查法检查胎儿四肢，对胎儿每一肢体从肢体近端逐一追踪至肢体末端，避免漏检某一肢体。在"先天性肢体缺陷和截肢的超声诊断"一节中描述：对胎儿肢体逐一采用连续追踪扫查法检查胎儿四肢，取得较好效果，如横行肢体缺陷中的无手畸形等，此法均可以做出正确的诊断。① 关于先天性肢体缺陷和截肢：手腕水平截肢超声可以显示上臂、前臂及其内骨骼，而手腕、手掌及其内的骨骼均缺失。② 超声检查上肢时一般沿肩关节向上臂、前臂、手掌顺序超声观察至肢体末端，被告医院在报告单中报告胎儿双侧上肢肱骨、尺桡骨已显示，手掌骨与尺桡骨顺序连接，在三维超声沿近端向远端顺序观察尺桡骨时，连续超声监测、顺序观察是可以一并观察到手掌骨的，虽然业内认为超声检查对胎儿趾、指骨分辨有时存在困难，但胎儿掌骨、指骨完全缺失的情况，详细超声检查是可以发现的，除非医院观察到尺桡骨远端后终止继续观察。该指南明确指出"如有条件应在妊娠18—24周进行一次系统胎儿超声检查"，其目的就是尽可能发现胎儿异常，做到优生优育。孕产妇为优生优育目的在规定孕期内到该院行产前系统超声检查，

---

① 参见李胜利主编：《胎儿畸形产前超声诊断学》，人民军医出版社2004年版。

② 参见周永昌、郭万学主编：《超声医学》（第五版），科技文献出版社2006年版。

而非一般的产前筛查（Ⅱ级产前筛查），而被告医院以"没有描述的胎儿结构不在检查范围内"欠妥。

因此，被告医院在为孕产妇行系统超声检查时不够全面细致，未尽到充分注意义务，未能观察到胎儿左手掌缺如，医疗行为欠妥。

综上所述，被鉴定人先天性左手掌缺如畸形明确。孕产妇为优生优育目的在规定孕期内到该院行产前系统超声检查（Ⅲ级超声检查），被告医院应对胎儿各系统的重要结构逐一进行检查与观察，以达到对胎儿进行一次较全面结构评估的目的，并应当检查出致命胎儿畸形。被告医院以"没有描述的胎儿结构不在检查范围内"，而未对胎儿的手掌进行检查，以致失去了发现胎儿左手掌缺如的机会。提示被告医院在为孕产妇行系统超声检查时不够全面细致，未尽到充分注意义务，未能发现胎儿左手掌缺如，医疗行为欠妥。

经验启示：

1. 依据《中华人民共和国母婴保健法》以及《中华人民共和国母婴保健法实施办法》《产前诊断技术管理办法》，出生前诊断，是指在胎儿出生之前应用各种先进的监测手段，影像学、生物化学、细胞遗传学、分子生物学等技术，了解胎儿宫内发育的发育状况，如观察胎儿有无畸形，分析胎儿染色体核型，检测胎儿生化及基因等，对先天和遗传疾病作出诊断，为胎儿宫内治疗和选择性流产创造条件。胎儿结构畸形常通过胎儿超声诊断，产前筛查的目的之一也是尽可能检查出疾病缺乏有效的临床治疗方法的患儿出生，一只手掌缺如属于较严重畸形，目前医学水平尚无有效治疗方法，对当事人今后的生活等有重大影响，因此，应在具备条件情况下重视产前检查和产前诊断，应尽可能作出诊断并告知当事人父母。

2. 系统超声检查（Ⅲ级）是对胎儿解剖结构进行系统筛查，胎儿主要解剖结构通过超声检查得以观察和显示。虽然检查对超声医师、仪器设备、检查所需时间、检查内容、妊娠时间均有严格要求，需要在具有产前诊断资格的医院，由取得产前超声诊断资格的医生进行此项检查。但检查者应严格执行相关规定，对胎儿仔细检查，尽可能做到不漏诊，避免造成新生儿出生后的终身遗憾，也尽可能避免医疗纠纷。

（宋红章）

No.11　21-三体综合征一例

■ 案情介绍

患者母亲××，27岁，2011年1月妊娠，孕期分别在××市医院、××区妇幼保健院进行产前体检。2011年1月16日、3月19日（Ⅰ级超声检查），4月25日（Ⅰ级超声检查），5月24日（孕24周，Ⅱ级超声检查），未提示异常。3月27日唐氏筛查报告为：唐氏综合征的危险度没有超过筛选阈值，检测阴性。开放性脊柱裂（OSB）的危险度没有超过筛选阈值，检测阴性。18-三体综合征（或称爱德华氏综合征）的危险度没有超过筛选阈值，检测阴性。报告提示：筛查结果呈阴性，表明孕妇怀有21-三体综合征（唐氏综合征）患儿的概率小，属于低危人群，但筛查不能代替诊断，被筛查为阴性时，也有非常小的概率为异常妊娠。但筛查报告无检查者和复核者签字。

2011年7月3日（孕30周），孕产妇在××区妇幼保健院超声检查，无异常；8月19日再次超声检查，显示胃区双泡征，提示十二指肠闭锁，建议产前诊断；20日孕产妇产程启动，22日胎儿出生。

生后诊断：21-三体综合征，十二指肠闭锁。先后予手术等治疗。

■ 争议焦点

患方认为：（1）行21-三体产前筛查时未告知风险，

未签署书面告知书。（2）化验单无检查者和复核者签名。（3）诊疗行为存在过失，使患者失去产前诊断 21 - 三体综合征的机会。

医方认为：（1）21 - 三体综合征筛查本身存在一定不确定性，医院在检验报告单中已明确告知。医院对患者诊疗行为符合规范，不存在过错。（2）患者的后果为自身先天异常所致。

鉴定意见

发生医疗纠纷后，患方起诉至法院，法院委托医疗损害鉴定。鉴定意见认为：被告医院对被鉴定人之母孕期的唐氏筛查检验报告不规范。检查报告没有检查者签字，也没有具备副高以上职称的具有从事产前诊断技术资格的专业技术人员复核后签发。筛查前没有签署知情同意书。医疗行为存在过错，建议承担一定责任。

分析评论

（一）关于被鉴定人的疾病诊断

根据现有资料，被鉴定人 21 - 三体综合征、先天性十二指肠闭锁诊断明确。

（二）关于产前筛查 21 - 三体综合征的相关规章和规范

被鉴定人母亲，怀孕时 26 岁，孕期在被告医院产检，2011 年 3 月 27 日（孕 15 周）产前唐氏筛查报告唐氏筛查评估结果 1∶1662，危险度没有超过筛选阈值，检测阴性。书面报告并提示：筛查结果呈阴性，表明孕妇怀有唐氏综合征患儿的概率小，属于低危人群，但筛查不能代替诊断，被筛查为阴性时，也有非常小的概率为异常妊娠。但报告无检验者及核对者签字。后孕产妇常规产检，超声等检查未提示异常。8月19日（孕37周）再次超声检查，显示胃区双泡征，提示十二指肠闭锁，建议产前诊断，20日孕产妇产程启动，22日胎儿出生。出生后确诊为21－三体综合征。

根据《产前诊断技术管理办法》以及配套文件关于"21－三体综合征和神经管缺陷产前筛查技术规范"规定：产前诊断，是指对胎儿进行先天性缺陷和遗传性疾病的诊断，包括相应筛查。产前诊断技术项目包括遗传咨询、医学影像、生化免疫、细胞遗传和分子遗传等。孕妇有下列情形之一的，医师应当对其进行产前诊断：（1）羊水过多或者过少的；（2）胎儿发育异常或者胎儿有可疑畸形的；（3）孕早期接触过可能导致胎儿先天缺陷的物质的；（4）有遗传病家族史或者曾经分娩过先天性严重缺陷婴儿的；（5）初产妇年龄超过35周岁的。产前筛查的组织管理是：（1）产前筛查必须在广泛宣传的基础上，按照知情选择、孕妇自愿的原则，任何单位或个人不得以强制性手段要求孕妇进行产前筛查。（2）医务人员应事先详细告知孕妇或其家属21－三体综合征和神经管缺陷产前筛查技术本身的局限性和结果的不确定性，是否筛查以及对于筛查后的阳性结果的处理由孕妇或其家属决定，并签署知情同意书。筛查的技术程序和要求是：（1）筛查结果必须以书面报告形式送交被筛查者，筛查报告应包括经筛查后孕妇所怀胎儿21－三体综合征发生的概率或针对神经管缺陷的高危指标甲胎蛋白（AFP）的中位数倍数值（AFP MoM），并有相应的临床建议。（2）筛查报告必须经具备副高以上职称的具有从事产前诊断技术资格的专业技术人员复核后，才能签发。（3）筛查结果的原始数据和血清标本必须保存至少一年，血清标本需保存于$-70℃$，以备复查。产前筛查及产前诊断工作流程是：同意筛查→告知目前筛查的先天性疾病检出率、假阳性率→孕妇知情选择并签字→孕7—20周抽血→风险率低→常规产前检查（风险率高或高危产妇——解释结果、建议产前超声筛查等）。

该孕产妇孕15周行产前唐氏筛查，筛查结果危险度没有超过筛选阈值，提示风险率低，医院建议定期常规产前检查。该产妇26周岁，非高龄产妇，超声检查未提示羊水异常及胎儿异常，未提示有遗传病家族史等，也不属于产前诊断范围。

（三）被告医院在唐氏筛查医疗行为中存在以下过失

1. 唐氏筛查检验报告不规范。检查报告没有检查者签字，也没有具备副高以上职称的具有从事产前诊断技术资格的专业技术人员复核后签发，报告的可靠性存疑。

2. 筛查前没有签署知情同意书。没有证据表明被告医院事先详细告知孕妇或其家属21-三体综合征和神经管缺陷产前筛查技术本身的局限性和结果的不确定性。虽然被告医院在报告书中对风险做出了提示，但未向孕产妇进一步强调该结果虽低危，但仍存在尚不能完全排除21-三体综合征的可能性，因此，被告医院未能尽到充分说明义务。上述医疗行为违反了卫生部"21-三体综合征和神经管缺陷产前筛查技术规范"的要求，存在过失。使孕妇对该唐氏筛查的局限性缺乏足够认识，失去了进一步检查确诊的机会。被告医院的过失行为与孕产妇怀孕的唐氏综合征的胎儿未能在孕期得到确诊的机会有一定因果关系。

综上所述，21-三体综合征产前筛查本身具有一定局限性，阳性结果本身存在假阳性率，阴性结果尚不能完全排除唐氏综合征的可能，但被告医院的医疗行为违反了原卫生部《产前诊断技术管理办法》以及配套文件关于"21

-三体综合征和神经管缺陷产前筛查技术规范"等,存在明显过失,与被鉴定人的唐氏综合征未能在孕期得到确诊的机会有一定因果关系,应承担一定责任。

经验启示:

1. 产前诊断的目的是优生优育。我国 1994 年就颁布了母婴保健法,根据母婴保健法及其"实施细则",卫生部颁布了《产前诊断技术管理办法》以及配套文件关于"21-三体综合征和神经管缺陷产前筛查技术规范",详细规定了产前筛查、产前诊断、遗传咨询的原则,以及检查程序、实验室标准、人员资质与培训合格后上岗,对核对制度、审核程序都有详细规定,其目的就是尽可能避免严重致死性畸形、疾病危害严重,社会、家庭和个人疾病负担大,疾病缺乏有效的临床治疗方法等患儿的出生;唐氏婴儿目前尚缺乏治疗方法,因此作为产前筛查的重点,"21-三体综合征和神经管缺陷产前筛查技术规范"诊断办法和配套文件中详细规定了筛查方法、告知程序、诊断程序等,妇产科教材也对产前筛查、产前诊断有明确规定,尤其是唐氏综合征的早期筛查。但被告医院仍违反原卫生部的规章规定,对检查报告不按规定签字复核,过错明显,应承担应有的责任。

2. 对具备产前诊断的医疗机构,应当完善诊断流程,明确各级人员的职责,严格执行卫生行政部门规章制度,避免类似事件发生。

(宋红章)

No.12　宫外孕致右侧输卵管切除一例

案情介绍

2012年12月11日患者因停经40余天到被告某门诊部就诊，门诊病历记载：主诉：停经40天，其间阴道出血1天，自查HCG（人绒毛膜促性腺激素）阳性；辅助检查：尿HCG阳性，超声见：宫内可见2.4cm×1.7cm妊娠囊回声，子宫直肠陷窝可见2.9cm×1.5cm不规则液性暗区；妇检：阴道已产型，宫颈肥大，多发纳氏囊肿，中度宫颈糜烂，白带常规见脓（++）。初步诊断：宫内孕7周（与停经时间不符）；宫颈中度糜烂，多发纳氏囊肿；盆腔积液。当日行超声引导无痛人流手术嘱7天后来院复查超声。术后抗感染治疗。现场调查医方确认术中未见绒毛组织。

2012年12月16日20：00，患者因突发有下腹疼痛伴呕吐2小时，门诊部接诊患者后考虑阑尾炎，转送患者至上级某区医院，查体：贫血貌，血压90/60mmHg，全腹压痛，反跳痛，移动性浊音弱阳性，阴道少量暗红色血，宫颈创面涂有龙胆紫，宫颈剧痛，子宫前位，大小正常，附件扪及不清，后穹隆穿刺未抽到血性液，腹穿抽出3ml不凝血，超声示盆腔大量积液，尿HCG阳性。诊断：腹痛待查，异位妊娠？失血性休克？急诊剖腹探查：术中见右侧输卵管壶腹部增粗，2cm×2cm×3cm，有一长约2cm破口，活动出血，破口挤出绒毛样组织，切除输卵管，清理盆腔，组织物送检。术后抗感染对症治疗，术后病理报告：输卵管妊娠，可见少许胚胎组织。12月21日出院。

争议焦点

患方认为：（1）门诊部超范围行医，医师无职业资格，术前未取得家属签字同意，无手术记录；（2）术中未见到绒毛组织，未告知患者异位妊娠的可能，也未采取补救措施；（3）由于被告的失误，造成患者右侧输卵管切除。

门诊部认为：（1）医院存在一些违规行为但非患者右侧输卵管切除的原因；（2）患者自身体质是其宫外孕的原因，早期确诊也存在输卵管切除的较高风险；（3）医院不应为患者输卵管切除承担责任。

鉴定意见

被鉴定人右侧输卵管异位妊娠诊断明确。被告某门诊部在对被鉴定人的诊治过程中，超范围行医，涉嫌非法行医，诊疗过程极不规范，在未能肯定宫内妊娠的情况下草率行人流手术，术后未见绒毛及胚囊，也未告知患者有异位妊娠的可能，并及时复查尿HCG及超声。医疗行为存在过失，使被鉴定人失去了保守治疗右侧输卵管妊娠的时机，过错行为与被鉴定人右侧输卵管切除有一定关系。

建议过失参与度为次要责任。

分析评论

根据法院提交的鉴定材料，综合分析认为，被鉴定人右侧输卵管壶腹部妊娠诊断明确，因异位妊娠导致右侧输卵管壶腹部增大伴破裂出血，在外院急诊行右侧输卵管切除术指征明确。

(一）被告医院对被鉴定人的医疗行为不规范

1. 超范围行医。被告医院在《医疗机构执业许可证》诊疗科目中无计划生育许可，擅自开展人流手术，属于超范围行医，存在过错。

2. 当事医生（人流术医师、麻醉医师、超声诊断医师）未提供医师资格证书和医师执业证书，是否涉嫌非法行医请法院核实。

3. 人流术前未签署知情同意书，未告知家属医疗风险等，未尽到告知义务，存在过错。

4. 行无痛人流手术无手术记录，违反了《病历书写基本规范》的要求。

5. 诊断被鉴定人中度宫颈糜烂，多发性纳氏囊肿，人流术同时行 LEEP 手术无手术指征，增加患者创伤。

（二）关于人流术中存在的问题和被鉴定人右侧输卵管切除的关系分析

关于早孕的诊断：育龄健康妇女，平时月经规律，一旦月经过期应考虑到妊娠，停经 10 日以上应高度怀疑妊娠。辅助检查有血尿 HCG 增高，超声检查诊断早期妊娠快速、准确，停经 35 日时，宫腔内可见到妊娠囊，妊娠 6 周时可见到胎芽和原始血管搏动，阴道超声较腹部超声诊断早孕可以提前一周。关于人工流产并发症的处理规定：误诊宫内妊娠行人工流产术，称为空吸。若吸刮出物肉眼未见绒毛，要重复尿妊娠试验及超声检查，宫内未见妊娠囊，诊断为空吸，必须将吸刮的组织全部送病理检查，警惕宫外孕。①

被鉴定人为 29 岁育龄女性，因停经 40 天，自测尿妊娠

---

① 参见乐杰主编：《妇产科学》（第七版），人民卫生出版社 2008 年版。

试验阳性到被告医院就诊，超声见：宫内可见 2.4cm×1.7cm 妊娠囊回声，但未见胚芽及原始血管搏动。医院当日即为被鉴定人行人流术过于草率，术中未见到绒毛，提示宫内妊娠诊断依据不足，医院也未能将吸出物送病理检查以进一步明确诊断，在吸出物未见绒毛的情况下也未考虑到空吸的可能，未告知患者有异位妊娠的可能，未及时复查尿 HCG、超声等，在被鉴定人术后连续去被告医院输液的情况下，也未严密监测病情变化，未尽到充分注意义务，未能及早确诊被鉴定人的输卵管妊娠，医疗行为存在过错。

关于输卵管妊娠的治疗方案和原则：治疗原则以手术为主，其次为药物治疗。手术治疗因根据患者年龄、生育状态、患侧输卵管的状况，选用输卵管切除或保留输卵管的保守性手术。输卵管切除术多用于年龄较大、不需要保留输卵管的妇女或输卵管妊娠破裂口大、急性内出血多并发休克的患者。保守性手术适用于有生育要求的年轻妇女。根据受精卵着床部位及输卵管病变情况选择术式，包括腹腔镜手术和开腹手术。非手术治疗，即药物治疗主要适用于早期异位妊娠，要求保存生育能力的患者。具体方案指南有详细论述。①

被告医院在人流空吸后，未考虑到输卵管异位妊娠的可能，未详细告知患者需严密观察，及时复查血尿妊娠试验以及超声检查等，未能及早明确输卵管异位妊娠的诊断，使被鉴定人失去了保守治疗输卵管妊娠的时机。以致被鉴定人在 12 月 16 日（人流术后 5 天）确诊右侧输卵管异位妊娠时，输卵管已破裂出血，不得不切除。被告医院的过

---

① 参见中华医学会编著：《临床诊疗指南（妇产科学分册）》，人民卫生出版社 2007 年版。

错与被鉴定人的右侧输卵管缺失有一定关系。输卵管妊娠多与输卵管炎症、输卵管手术史以及输卵管发育不良或功能异常等相关，被鉴定人输卵管妊娠与自身因素相关，输卵管妊娠早期难以发现，一旦确诊存在较高风险，即使具备保守治疗时机，也不能肯定保守手术治疗或药物治疗能够完全保留输卵管功能。因此，建议被告医院承担次要责任。

（宋红章）

№.13 产后大出血致死亡一例

案情介绍

2013年8月21日8:05,产妇××因停经40^{+1}周,下腹镇痛3小时入××县妇幼保健院。G_3P_2,2007年剖宫产单活婴。末次月经2012年11月13日,预产期2013年8月20日。入院诊断:瘢痕子宫,G_3P_2,宫内妊娠40^{+1}周,左枕前单活胎临产。8:10自然破膜,8:25宫口开全,8:33顺产一单活女婴,Apgar评分10分,胎盘完整娩出,会阴Ⅰ度裂伤,产时失血300ml,产后宫缩欠佳,宫底脐下两横指,宫底硬,宫下段疲软,宫颈重度糜烂,宫口见活动性出血,考虑子宫下段宫缩差,即予子宫按摩、宫底加压沙袋、缩宫素、米索前列醇以及加强补液支持治疗后未见明显好转。9:40出现面色及口唇苍白,神志清,轻度烦躁不安,尚能对答切题,血压80/58mmHg,心率125次/分,呼吸21次/分,四肢暖,按压宫底见阴道暗红色流血,产后1小时估计失血1000ml,主任看过病人考虑产后出血、失血性休克,指示心电监护,吸氧,双管补液,加速扩容、促宫缩等治疗,交叉配血待输血。10:30患者再次出现烦躁,神志清,面色及口唇苍白,见阴道流血增多,色鲜红,血压67/40mmHg,心率121次/分,呼吸21次/分,查宫颈见活动性出血,色鲜红,产后两小时失血量约2000ml,遂予宫颈钳夹术,继续心电监护、吸氧、扩容输血等治疗,告病重。12:05患者产后出血,产后2小时出血约2000ml,

输血输液加强宫缩等治疗，患者面色及口唇苍白，精神一直较烦躁，呼吸 20 次/分，心率 118 次/分，血压 80/54mmHg，按压宫底阴道流血少，约 10ml，色鲜红，予加快输液速度，加用多巴胺静滴，吸氧心电监护，升压补液治疗，产后总入量 3750ml，出血 2020ml。

13:13 患者再次出现烦躁不安，面色及口唇苍白，阴道流血少，血压 68/36mmHg，心率 130 次/分，呼吸 26 次/分，予高流量吸氧，加快输血补液速度；13:15 患者突然心跳呼吸骤停，立即予胸外心脏按压，气囊正压辅助呼吸，肾上腺素静脉注射；13:20 心跳恢复，约 60 次/分，无自主呼吸，继续心肺复苏。外院专家会诊考虑：产后出血、失血性休克，不排除羊水栓塞可能。予加强抗休克，气管插管呼吸机辅助呼吸，向家属交待病情。患者病情不稳定，不排除羊水栓塞合并 DIC，多器官功能衰竭的可能。静脉采血困难，暂无实验室检查支持，患者病情危重，建议转上级医院进一步治疗。

2013 年 8 月 21 日 14:30 因"产后阴道流血 6 小时，心肺复苏后 75 分钟"转入县人民医院，入院诊断：心跳呼吸骤停，心肺复苏术后，产后大出血，失血性休克，弥散性血管内出血。入院后经各科室以及外院专家会诊，予呼吸机辅助呼吸、升压、积极扩容、抗休克、输血等对症支持治疗，病情无改善，8 月 22 日 11:36 心跳停止，抢救无效死亡。

争议焦点

患方认为：（1）被告对产妇分娩方式不对，短时间内加强宫缩及人工破膜，造成羊水栓塞，且未及时发现羊水栓塞；（2）对产妇产后大出血没有预防措施和及早切除子宫等措施，会诊不积极；（3）在患者病情严重情况下转院增加风险。

医方认为：（1）医院对产妇诊疗行为符合规范，不存在过错；（2）患者产后出血与其自身瘢痕子宫的特异体质有关，医院在出血后处理规范，措施积极，符合规范；（3）患者为高危产妇，入院时医院已充分告知风险，患方拒绝剖宫产并签字，且死后未做尸检，确切死亡原因不明，医院诊疗不存在过错。

分析评论

（一）关于产妇死亡原因

被鉴定人因 G_3P_2、宫内妊娠 40^{+1} 周、瘢痕子宫，在被告医院生产，顺产一活婴，产后产妇出现大出血，合并失血性休克，DIC。经抢救无效死亡，因死后未做尸检，确切死因不明，临床考虑死亡原因为产后大出血、失血性休克、DIC，羊水栓塞不除外。

（二）关于产后出血的处理

被鉴定人临产入院，家属要求阴道试产。产程记录记载：8：10自然破膜，8：25宫口开全，8：33顺产一单活女婴，出生时阿氏评分10分，提示胎儿娩出顺利。

产妇产后出血，被告医院考虑子宫下段宫缩差导致产后出血，即予子宫按摩，宫底加压沙袋、缩宫素、米索前列醇等处置，但未见明显好转。产后1小时估计失血1000ml，合并失血性休克，两小时失血量约2000ml，虽予吸氧、扩容补液、促宫缩、输血等治疗，但休克症状改善不明显，并呼吸心跳停止，心肺复苏后转外院抢救无效死亡。

产后出血是分娩过程中的严重并发症，也是产妇死亡的主要原因之一，处理原则是正确地估计出血量，明确出血原因，纠正休克，分娩后2小时是高发时段，应密切监护。产妇产后很快出现出血并失血性休克，提示出血量大，病情凶险，医院予对症处置，但在产妇休克难以纠正，病情持续恶化的情况下，被告医院对产妇病情的严重后果估计不足，诊断鉴别诊断不够，处理欠积极。

（三）关于医院过失行为的分析

1. 医院对孕产妇病情的严重性重视不够。被鉴定人8∶33顺产，产后出现大出血，产妇大出血为产科急症，病情凶险，可能威胁产妇生命，需积极处置。被鉴定人从9∶40主任查房诊断失血性休克后，10∶30失血量达2000ml，提示出血不止，病情严重，到被鉴定人13∶15出现心跳呼吸骤停的3个半多小时间，产妇一直处于休克状态，病情持续加重，病历记录被告医院向家属告病重，监测生命指征变化等，但对此急危重患者，除9∶40主任主治医师查房外，其间未及时组织相关科室会诊，也未请上级医院会诊协助诊治，在产妇已经呼吸心跳停止后才请外院专家会诊，此时产妇已合并严重DIC，病情危重难以逆转。被告医院医疗行为欠妥。

2. 对孕产妇的失血性休克诊疗欠规范。对大出血合并失血性休克的患者一直未及时查血常规了解血红蛋白以及血小板情况，对持续休克的患者未查血分析，未了解电解质以及酸碱平衡情况等，在休克难以纠正的情况下未积极查找原因，未复查凝血指标，未检查DIC相关指标，以判断病情、指导治疗。对此严重休克、少尿患者，未监测中心静脉压并根据中心静脉压充分补液扩容，未及时纠正酸中毒，9∶40主任查房指示交叉配血输血，但直至11∶07才行输血治疗。

被鉴定人为瘢痕子宫、阴道分娩易合并子宫损伤，产妇出血后一直烦躁不安，静推安定仅短暂缓解。产后短时间失血量大并发严重失血性休克，10：30 行宫颈钳夹术后虽出血量减少，但经扩容补液、输血、升压药物等治疗，休克仍不能得到有效纠正，被告医院未积极查找原因，未考虑到羊水栓塞的可能，未及早行血涂片检查查找羊水有形物质等，未行 ECG、床旁胸片等检查，未行超声检查了解宫内情况，鉴别诊断欠积极，也未给予相应处置。转外院后被鉴定人已经为 DIC 晚期，子宫超声检查提示宫内残留组织物，不除外宫内残留物导致大出血或羊水栓塞可能。

被告医院的医疗过失行为，与被鉴定人未能及早明确诊断以及休克未能有效纠正有一定关系。

（四）关于因果关系和过失参与度分析

产妇 G_3P_2、宫内妊娠 40^{+1} 周、左枕前单活胎临产、瘢痕子宫入院，为高危产妇，产后合并子宫大出血，被告医院考虑为宫缩乏力并予子宫按摩，宫底加压沙袋、缩宫素、米索前列醇等处置是合适的，但未见明显好转，出血量增大很快合并失血性休克，立即予吸氧，扩容补液、促宫缩、输血、钳夹子宫颈等止血、抗休克等治疗。但终因病情严重，失血性休克合并 DIC 抢救无效死亡，临床虽考虑不除外羊水栓塞可能，但被鉴定人发病后血氧饱和度正常，未提示有明显呼吸困难等急性肺栓塞和过敏性休克的表现，缺乏羊水栓塞的典型临床表现，死后又未做尸检，羊水栓塞确切诊断依据不足。产后大出血以及羊水栓塞均为产科严重并发症，发病急，病情凶险，处置困难，病死率高，原发疾病是产妇死亡的重要原因，但被告医院的医疗过失行为也与产妇的死亡有一定关系，建议承担次要责任。

（宋红章）

No.14 胎儿宫内窘迫致新生儿缺氧缺血性脑病一例

案情介绍

患者××，26岁，因停经9月，阴道流水1小时，2011年12月6日3:30入××医院待产。入院检查：胎先露已入盆，胎心138次/分，LOA，宫口1cm，胎膜已破，羊水清亮。入院诊断：G_1P_0，妊娠38^{+1}周，单活胎，胎膜早破，待产。入院后予完善产前检查，胎心监护，观察产程进展，阴道试产，必要时剖宫产。

12月6日18:30产后记录记载：13:30产程开始，产程进展顺利；17:00阴道检查宫口4cm，行人工破膜观察羊水性状Ⅰ度，胎心165—175次/分，宫缩40″/3—4′，予胎心监护、静滴维生素C、吸氧，左侧卧位，对症支持治疗。宫缩持续加强，17:40加强至1分钟，间歇1分钟，胎心162—168次/分，考虑强宫缩至胎盘早剥引起急性胎儿宫内窘迫，考虑急诊剖宫产，17:50宫口近开全，S+3，胎心156—162次/分，考虑胎儿自娩可能性大，予人工扩张宫颈术加快宫口开全，准备接生，会阴侧切于18:10分娩一重度窒息男婴。阿氏评分2分，血性羊水150ml，无脐带绕颈，常规清理呼吸道，新生儿窒息复苏同时请新生儿科医师协助抢救，胎盘胎膜自剥，胎盘母体面有暗红色血块压迹，站母体面2/3，18:40返回病房。

产时护理记录：3:30—16:30每小时记录胎心135—

142 次/分，17：00 胎心 165—175 次/分，宫缩 40—45″/2—3′，宫口 4cm，上产床行胎监，中流量吸氧，葡萄糖＋维生素 C 静滴；17：23 胎心 156—176 次/分，告知当班医生；17：25 胎心 152—164 次/分，宫缩 1′/2′①，S－0②，再次告知当班医生，同时向产妇及家属告知急性胎儿窘迫，建议手术终止妊娠；17：30 胎心 164—168 次/分，宫缩 1′/2′，告知值班医生病情；17：40 胎心 162—168 次/分，宫缩 1′/2′；17：50 胎心 156—162 次/分，S＋3，宫缩 1′/2′；18：00 胎心 156—172 次/分，宫口开全，宫缩 1′/2′。

新生儿经心肺复苏后复评分 2 分，诊断：新生儿重度窒息，缺氧缺血性脑病。予气管插管复苏囊正压通气，12月 7 日 1：40 护送转上级医院。12 月 18 日至 26 日在该院治疗，诊断：新生儿缺氧缺血性脑病，新生儿颅内出血，卵圆孔未闭。

■ 争议焦点

患方认为：发现胎儿宫内窘迫时，未及时终止妊娠；胎盘早剥诊断不能成立；分娩时没有请儿科医生到场准备抢救。诊疗行为存在过错，应承担责任。

医方认为：发现胎儿窘迫时，及时采取对症治疗等措施；拟剖宫产时，产妇宫口已近开全，选择人工助产阴道分娩；医院诊疗符合规范。

■ 鉴定意见

发生医疗纠纷后，患方起诉至法院，法院委托医疗损

---

① 即每隔 2 分钟，宫缩 1 次，每次 1 分钟。
② 胎先露程度。

害鉴定。鉴定意见认为：医方在对产妇诊疗过程中，存在对产妇胎儿宫内窘迫的风险估计不足，病情重视不够，观察处理不积极，未能及早确诊并尽早结束分娩，对新生儿的救治准备不足。医疗行为存在过失，与新生儿不良后果有关。建议承担主要责任。

分析评论

关于医院诊疗过程中的过失行为分析：

产妇因"停经9月，阴道流水1小时"入院待产。产妇入院后检查：胎先露已入盆，胎心138次/分，LOA，宫口1cm，胎膜已破，羊水清亮。入院诊断：G_1P_0，38^{+1}周，单活胎，胎膜早破，待产。入院后予完善产前检查，胎心监护，观察产程进展，阴道试产，必要时剖宫产。产妇无头盆不称，非巨大儿，有阴道试产指征。但医方在围产期诊疗过程中对产妇出现的胎儿宫内窘迫病情重视不够，观察处理不积极。

1. 对产妇胎心增快、羊水异常表现重视不够，未严密监测病情变化。根据产时护理记录：2011年12月6日3：30—16：30每小时记录胎心135—142次/分，13：30产程开始，进展顺利，至17：00胎心165—175次/分，予行胎监、吸氧、维生素C等静滴。17：23胎心156—176次/分，告知当班医生；17：25胎心152—164次/分，宫缩1′/2′，S-0，再次告知当班医生，同时向产妇及家属告知急性胎儿窘迫，建议手术终止妊娠；17：30胎心164—168次/分，宫缩1′/2′，告知值班医生病情。17：07胎心监护示胎心150—190次/分，胎心基线约在180次/分（其后未再见到胎心监护记录），病历记录羊水Ⅰ度，已提示胎儿宫内窘迫，但未引起被告医院重视，护理记录多次记录胎心异常告知医生，但无医生查看病人的记录。对产妇病情重视不够。

2. 对产妇胎儿宫内窘迫处理欠积极，未及早结束妊娠。产妇17：00出现胎心异常，17：07胎监提示明显异常，护理记录17：25考虑胎儿宫内窘迫建议剖宫产，但病历记录17：40"宫缩加强至持续1分钟，间歇1分钟，胎心162—168次/分，考虑强宫缩至胎盘早剥引起急性胎儿宫内窘迫，考虑急诊剖宫产"。后经人工扩张宫颈后18：00宫口开全，18：10阴道助产分娩一重度窒息男婴。医方对产妇的胎儿宫内窘迫病情严重性估计不足，重视不够，未能及时诊断胎儿宫内窘迫，未能及早结束妊娠，考虑剖宫产过晚。至胎儿宫内窘迫时间长达一个多小时，与生后重度窒息，严重缺氧缺血性脑病有直接关系。

产妇为初产妇、属于急产，第一产程4时30分钟，第二产程10分钟，第一产程后期宫缩过强，医院考虑强宫缩至胎盘早剥引起急性胎儿宫内窘迫，在给予吸氧等处理同时，在胎儿不能及时娩出情况下未考虑予对症处置。即使如医方所考虑存在胎盘早剥，胎盘早剥的风险是胎儿宫内缺氧和大出血，在胎盘早剥合并胎儿宫内窘迫时也应尽早剖宫产结束分娩。

由于医方对产妇胎儿宫内窘迫的风险估计不足，病情重视不够，观察处理不积极，未能及早确诊并尽早结束分娩，与胎儿生后重度窒息，严重缺氧缺血性脑病有直接关系。

3. 对新生儿的救治准备不足。产妇分娩前胎儿宫内窘迫明确，但未请儿科医生到场，未做好新生儿抢救准备，在生后发现新生儿重度窒息才通知儿科医生到场协助救治，开放气道不及时，对新生儿预后有不利影响。

4. 未尽到充分的告知义务。护理记录17：25胎心152—164次/分，宫缩1′/2′，S-0，再次告知当班医生，同时向产妇及家属告知急性胎儿窘迫,建议手术终止妊娠。但未见书面告知书以及产妇及家属拒绝剖宫产的书面记载。

5. 关于因果关系分析。新生儿缺氧缺血性脑病病因复杂,有围产期因素,先天因素等,产妇存在胎盘早剥对胎儿也有不利影响。但医方在对产妇诊疗过程中,存在对产妇胎儿宫内窘迫的风险估计不足,病情重视不够,观察处理不积极,未能及早确诊并尽早结束分娩,对新生儿的救治准备不足。医疗行为存在过失,与新生儿不良后果有关,建议承担主要责任。

胎儿窘迫是产科常见并发症,处理不及时很容易导致胎儿生后缺氧缺血性脑病,造成严重不良后果。急性胎儿窘迫主要发生在分娩期,多因脐带异常,胎盘早剥,宫缩过强,产程延长及休克等引起。因此对围产期产妇应加强监护,对急性胎儿宫内窘迫需要及时诊断、严密监测,及时终止妊娠,避免新生儿不良后果的发生。本例属于急性胎儿宫内窘迫,产妇围产期存在胎心快,羊水异常,宫缩过强等胎儿宫内窘迫高危因素,需及早结束分娩,医院在发现胎儿宫内异常后近一个小时才引导助产结束分娩,未及早终止妊娠,医院处理存在一定延误,存在一定过失。而且对该高危产妇,在考虑胎儿宫内窘迫的情况下,胎儿出生后无新生儿科医师在场,导致抢救不及时,最终造成新生儿缺氧缺血性脑病的不良后果,最终医院承担相应责任,应引起重视。

(宋红章)

No.15 巨大胎儿肩难产致死亡一例

案情介绍

产妇××，25岁，身高150cm，体重54.5kg，末次月经2012年7月28日，预产期2013年5月5日。2011年10月生产一女婴，体重3500g，行会阴侧切及胎头吸引娩出，诊断妊娠糖尿病。产前检查空腹血糖7.01mmol/L，餐后2小时血糖9.57mmol/L，诊断妊娠合并糖尿病。先后5次到该院产检。2013年1月27日内科门诊予胰岛素治疗。4月16日产检体重63kg，宫高38cm，腹围106cm，超声检查：宫内单活胎，头位，双顶径91mm，头围316mm，腹围362mm，股骨长径67mm，羊水过多。

2013年4月17日12:48，患者因"停经37^{+3}周，下腹镇痛1小时余"入院。入院前1小时余无明显诱因出现下腹规律镇痛，无阴道流水和流血，门诊以G_2P_1、宫内妊娠37^{+3}周收入院。体重增加15kg。

产科情况：宫高38cm，腹围106cm，胎位LOA，胎心140次/分，扪及宫缩，先露头，浮，预计胎儿体重4.0kg，骨盆外测量：髂前上棘间径24cm、髂嵴间径26cm、骶耻外径19cm、出口横径9cm，坐骨棘间径10cm，耻骨弓角度约90度，骨盆评分5分，BPS①评分1分，肛检：宫口开1cm，胎膜存。

---

① 即胎儿生物学评分。

初步诊断：G_2P_1，宫内妊娠 37^{+3} 周，LOA；妊娠合并糖尿病，羊水过多。

诊疗计划：入院后予产科常规护理，妊娠合并糖尿病护理，行必要相关检查，继续监测血糖。皮下注射胰岛素控制血糖。告知患者及家属妊娠合并糖尿病，产妇可能出现低血糖、酮症酸中毒、昏迷、宫内感染、败血症、DIC、胎儿畸形、新生儿臂丛神经损伤、新生儿窒息、新生儿死亡，产道裂伤、产后出血等风险，羊水过多可能导致产后出血、胎盘早剥、脐带脱垂、胎儿窘迫、胎儿畸形等风险，建议剖宫产终止妊娠，患者及家属要求阴道试产，并签字。

入院后知情同意签字单示：G_2P_1，宫内妊娠 37^{+3} 周，巨大儿？妊娠合并糖尿病。告知阴道分娩风险。医疗建议：（1）阴道试产；（2）剖宫产。患方意见：病情已知，要求阴道试产。

18 日 0：10 病历记录示：患者于 4 月 17 日 11：30 开始规律宫缩，胎心好，产程进展顺利，18：30 胎膜自破，羊水清，19：30 宫口开 3cm，胎心好，胎膜破，先露 S-1，21：30 宫口开全，S+2，在会阴侧切下 21：40 胎头娩出，肩性难产，予助产方法助产，22：00 分娩一男婴，体重 4.6kg，Apgar① 评分 1 分钟 1 分、5 分钟 1 分、10 分钟 1 分，经抢救 1 小时无效死亡。

23：10 病历记录示：该新生儿系 G_2P_1，宫内妊娠 37^{+3} 周，LOA，妊娠合并糖尿病，羊水过多，巨大儿，产后出血。于 22：09 会阴侧切下肩性难产娩出一男婴，体重 4.6kg，Apgar 评分 1 分钟 1 分（心率 45 次/分），即予保温、清理呼吸道、面罩加压给氧、胸外心脏按压，儿科急

---

① 即新生儿评分、阿氏评分。

会诊，气管插管控制呼吸，5分钟、10分钟评分各1分（心率30次/分），抢救无效，23：00死亡。诊断：足月巨大儿，新生儿窒息，新生儿死亡。

被鉴定人尸检报告：产妇之婴为足月巨大儿，符合因体型巨大及并发肩性难产引起宫内窒息致肺羊水吸入，导致急性呼吸功能障碍死亡。

争议焦点

患方认为：产妇糖尿病明确，产前医院对胎儿体重估计错误，未检查出巨大儿，建议阴道试产不妥；第二产程未监测胎心，在胎儿出现胎儿宫内窘迫时，仍阴道试产，导致胎儿宫内窒息；医院违反妊娠糖尿病诊疗原则，未监测胎心，未按诊疗规范抢救，医院应承担责任。

医方认为：产妇第二胎虽妊娠糖尿病，但第一胎阴道顺产，有阴道试产指征；医院告知患者和家属阴道试产的风险，建议剖宫产，家属要求阴道试产，医院已尽到告知义务。

鉴定意见

被告××县人民医院在对产妇分娩过程中，对产妇的妊娠糖尿病合并巨大儿重视不够，在存在剖宫产指征的情况下，对病情向产妇和家属告知不够充分，以致产妇和家属选择阴道试产，且对此高危产妇，未做好肩难产的准备，最终由于巨大儿肩难产出现胎儿急性宫内窘迫，造成生后重度窒息，救治无效死亡，被告医院的医疗行为存在一定过错。

建议过失参与度为主要责任。

分析评论

根据法院提交的鉴定材料，综合分析认为，产妇因 G_2P_1、宫内妊娠 37^{+3} 周、下腹部规律性疼痛 1 小时余入被告医院待产。产妇合并妊娠糖尿病，入院后考虑为巨大儿，阴道试产，约 9 个小时经阴道助产、肩性难产分娩一巨大男婴，生后新生儿重度窒息，Apgar 评分 1 分钟 1 分、5 分钟 1 分、10 分钟 1 分（心跳 1 分），经救治无效新生儿死亡。结合死后尸检报告，临床考虑孕产妇因妊娠糖尿病，怀孕巨大儿，因肩难产造成胎儿急性宫内窘迫，出生后重度窒息，救治无效死亡。

（一）关于医院过失行为分析

1. 孕产妇妊娠糖尿病，怀孕巨大儿，有剖宫产指征，阴道试产存在高风险。但被告医院对孕产妇分娩过程中可能出现的不良后果估计不足，向产妇和家属告知不够充分，未积极要求剖宫产结束分娩。

关于妊娠合并糖尿病选择剖宫产手术指征：糖尿病伴微血管病变、合并重度子痫前期或胎儿生长受限、胎儿窘迫、胎位异常、剖宫产史，既往死胎、死产史。孕期血糖控制不好、胎儿偏大尤其胎儿腹围偏大，应放宽剖宫产指征。① 关于妊娠糖尿病中选择行剖宫产手术指征：糖尿病伴微血管病变及其他产科指征，如怀疑巨大儿、胎盘功能不良、胎位异常等产科指征者。妊娠期血糖控制不好，胎儿偏大或者既往有死胎、死产史者，应适当放宽剖宫产指征。关于巨大儿：巨大儿指胎儿体重达到或超过 4000g。妊娠合

---

① 参见 2010 年中华医学会妇产科学会产科组和中华医学会围产医学分会妊娠合并糖尿病协作组：《妊娠合并糖尿病诊断与治疗推荐指南》。

并糖尿病、经产妇为巨大儿的高危因素。关于巨大儿的剖宫产指征：估计胎儿体重大于等于4000g，合并糖尿病者，建议剖宫产终止妊娠。产时应充分评估，必要时产钳助产，同时做好肩难产的准备。①

产妇怀孕第一胎诊断妊娠糖尿病，糖尿病史明确，本次妊娠后13周产前检查空腹血糖7.01mmol/L，餐后2小时血糖9.57mmol/L，2013年1月27日内科门诊予胰岛素治疗，早15U，晚10U，3月28日胰岛素调整为早16U、晚11U。住院当日13：00查血糖10.1mmol/L，13：20血糖6.96mmol/L，18：00血糖8.5mmol/L，糖化血红蛋白6.79。未见孕期血糖检测记录以及糖化血红蛋白等结果，仅两次内科就诊调整胰岛素，根据入院当日血糖情况和糖化血红蛋白结果，提示产妇糖尿病血糖控制并非理想范围。入院时产妇宫高38cm，腹围106cm，（宫高+腹围144cm），超声胎儿腹围362mm明显偏大，医院估测胎儿体重4000g，已明确为巨大儿，有行剖宫产结束妊娠的指征。但被告医院对孕产妇分娩过程中可能出现的不良后果估计不足，对产妇及家属的病情告知不够充分。虽然孕妇为经产妇，但身高仅150cm，第一胎胎儿3500g，已存在难产，而此次为巨大儿，经阴道分娩困难是难免的。为避免不良后果发生，被告医院在产妇和家属未明确表示拒绝剖宫产的情况下应首选剖宫产，不宜建议阴道试产。被告医院在产妇已明确具备剖宫产指征，阴道试产存在较高风险的情况下，建议阴道试产不妥，也未强调巨大儿有肩难产胎儿宫内窒息的风险等，以致产妇和家属对风险了解不够，要求阴道试产，

---

① 参见谢幸、孔北华、段涛主编：《妇产科学》（第八版），人民卫生出版社2018年版。

最终造成不良后果。

2. 被告医院对该高危产妇产前重视不够，准备不足，对巨大儿未做好肩难产的准备，处理肩难产不够及时果断，未能及早结束分娩，与胎儿急性宫内窘迫，出生后重度窒息有关。

肩难产是指胎头娩出后，胎儿前肩被嵌顿在耻骨联合上方，用常规助产方法不能娩出胎儿双肩，称为肩难产。肩难产时臂丛神经损伤最常见，其他并发症包括锁骨骨折、股骨骨折、胎儿窘迫、新生儿窒息等。肩难产由于脐带受压，可导致急性胎儿宫内窘迫，处理不及时，可导致胎儿严重窒息甚至死亡。因此肩难产时缩短胎肩娩出的间隔，是新生儿能否存活的关键。一旦确诊肩难产，应立即请有经验的医生、麻醉师、助产士和儿科医生到场。进行会阴切开或加大切口，增加引导内操作空间。采取各种肩难产的分娩方法尽快结束分娩，必要时采取断锁骨法等。

产妇为糖尿病合并巨大儿，属于高危产妇，被告医院术前已有预知，值班医生已看过病人并了解产妇情况，因此产前应做好充分准备，一旦发生危险情况需紧急处理。被告医院在听证会现场也证实主任到场后采用肩难产的手法，很快娩出胎儿，但从胎儿21：40出现肩难产并胎儿急性宫内窘迫到22：00胎儿娩出，提示胎儿宫内窒息约20分钟，胎儿宫内窘迫时间过长。而被告医院在病例中对产妇出现肩难产后胎儿急性宫内窘迫的情况，诊断肩难产后采取哪些措施，何时请上级医生到场等在分娩记录及病例中无任何记载。从胎儿约20分钟的肩难产、宫内窘迫时间看，证实值班医生未能第一时间到达现场，及时迅速的结束分娩。听证会现场也证实值班医生未在病房值班，而是从家中赶往医院（具体时间不能准确确定），且麻醉科医生和儿科医生也是在胎儿出生后到场，提示被告医院对该高危产妇重视不够，产前准备不充分，未做好肩难产的准备。胎儿发生危急情况时上级医生未及时到场，对肩难产的处理不够及时果断，与胎儿出生后重度窒息有一定关系。

（二）关于过失行为与损害后果的因果关系分析

由于被告医院对产妇妊娠糖尿病合并巨大儿，分娩过程中存在的高风险重视不够，向产妇和家属告知不够充分，在存在剖宫产指征的情况下未强烈要求剖宫产结束分娩，产前准备不充分，未做好肩难产的准备。最终由于巨大儿肩难产出现胎儿急性宫内窘迫，出生后重度窒息，救治无效死亡，被告医院的医疗行为存在一定过错，与胎儿出生后窒息死亡有一定关系。但考虑产妇为妊娠糖尿病，妊娠 37^{+3} 周入院，妊娠糖尿病对胎儿的生长发育有一定影响，尤其是可能导致胎儿肺成熟的延迟等，也可能是导致新生儿窒息的原因之一；且产妇及家属也清楚分娩第一胎时即存在难产并行会阴侧切及胎头吸引助产分娩，本次为巨大儿阴道试产本身存在风险，仍签字要求阴道试产，也应承担一定责任，因此建议被告医院承担主要责任。

经验启示：

1. 巨大胎儿是指胎儿体重达到或超过 4000g，妊娠合并糖尿病，尤其是Ⅱ型糖尿病，是产生巨大胎儿的高危因素。对于妊娠合并糖尿病怀孕巨大胎儿者，应建议剖宫产结束妊娠。该产妇妊娠糖尿病诊断明确，入院后明确巨大胎儿诊断，应首选剖宫产结束分娩，而医院建议产妇及家属阴道试产是不合适的，违反诊疗规范，是造成胎儿肩难产，窒息死亡的主要原因。

2. 肩难产是指胎盘娩出后，胎儿前肩被嵌顿在耻骨联合上方，用常规助产方法不能娩出胎儿双肩，称为肩难产，巨大胎儿、妊娠糖尿病易合并肩难产。肩难产造成胎儿臂丛神经损伤最常见，严重者造成胎儿窘迫，新生儿窒息，颅内出血，神经系统异常甚至死亡，本例患儿死亡与巨大胎儿、肩难产、胎儿宫内窒息有直接关系。

该产妇所在医院如果及时选择剖宫产，可以避免肩难产的发生，避免胎儿死亡的不良后果。医院存在违反诊疗规范，向家属告知病情不准确，肩难产处理不及时的过失，是导致新生儿死亡的主要原因，该类事件临床并不少见，希望引起足够重视。对妊娠糖尿病尤其是怀孕巨大胎儿的产妇，应明确剖宫产指征，需要剖宫产及时选择剖宫产，可以避免此类事件发生。

（宋红章）

No.16 妊娠期糖尿病、妊娠合并巨大儿分娩过程中发生肩难产致新生儿右侧臂丛神经损伤一例

案情介绍

产妇×××，31岁，因"停经40周，产检发现血压偏高一天"于2013年8月6日入住某县人民医院。入院查体：估计胎儿大小4802g，初步诊断：G_3P_1，孕40周，LOA，待产，妊娠期高血压疾病，妊娠期糖尿病，妊娠合并巨大儿？

8月8日06:00规则宫缩，07:10胎膜自破，羊水清；12:00宫口开全，分娩过程中发生肩难产，予屈大腿法、悬肩法、压前肩法等处理，12:20在会阴侧切下娩出一女婴，体重5200g，Apgar评分1分钟1分、5分钟6分、10分钟7分，①12:40拟"新生儿重度窒息"收住新生儿科。8月20日出院。诊断：新生儿缺血缺氧性脑病，新生儿重度窒息，新生儿右侧臂丛神经损伤。

2014年1月20日某大学附属儿科医院，诊断：臂丛神经损伤（右侧）。行"臂丛神经探查修复+神经移位术"。

争议焦点

患方认为：（1）医方对患有妊娠期糖尿病重视不足，2013年7月15日入院后无相关诊断；（2）医方对患儿体重

---

① 即产后1分钟、5分钟、10分钟新生儿评分分别为1分、6分、7分。

估计不足，前后不一致，对妊娠合并巨大儿始终未确诊；（3）《高危产妇家属谈话记录》仅是一个格式文件，没有告知剖宫产指征及手术风险，在明知患方母亲患有妊娠期高血压、妊娠期糖尿病、妊娠合并巨大儿的病情，不适合阴道试产情况下，仍作出错误引导；（4）发生肩难产时未告知，且未及时剖宫产，而是采取其他助产方式；（5）2013年7月17日，患者母亲有早产征兆，但医方未予保胎治疗。

医方认为：（1）患者母亲系妊娠期糖尿病，分娩前估计胎儿体重超过4000g，根据产科规范，已存在剖宫产手术指征，但并非绝对手术指征；（2）因孕妇系经产妇，曾阴道分娩过体重4250g胎儿，在患方签字同意的情况下，予阴道试产不违反诊疗原则；（3）产程进展顺利，分娩过程中发生肩难产，予屈大腿法、旋肩法、压前肩法等处理，娩出胎儿，挽救了其生命；（4）新生儿因"重度窒息"转入儿科治疗，其间已考虑右侧臂丛神经损伤，予营养神经等治疗，出院时明确诊断右侧臂丛神经损伤；（5）患儿后经手术治疗，右侧臂丛神经损伤好转，目前尚处于恢复期；（6）在现有医学技术条件下，尚难在产前对胎儿体重作出准确的评估，尤其是本例患儿娩出后体重达5200g，难以预料；（7）患儿发生右侧臂丛神经损伤系巨大儿的分娩并发症，由于其体重过大，即使行剖宫产，亦难完全避免臂丛神经损伤；（8）医院在产妇生产过程中未违反相应的操作规范及诊疗常规，患儿出现臂丛神经损伤是正常的生产并发症。

鉴定意见

医方既没有预见到糖尿病孕妇和预测4800g超大巨大胎儿经阴道分娩存在的明显肩难产和臂丛神经损伤的风险，

又未采取必要的风险规避义务,与患儿臂丛神经损伤后果之间存在因果关系。伤残等级为八级,原因力大小为全部原因。

■ 分析评论

1. 患者母亲系妊娠期糖尿病孕妇,分娩前估计胎儿体重达到 4802g,前一胎新生儿体重 4250g。关于巨大胎儿:糖尿病孕妇胎儿体重≥4000g,正常女性骨盆,为防止母儿产时损伤应行剖宫产结束分娩;另指出,有资料报道胎儿体重随分娩次数增加而增加。[①] 医方《高危孕产妇家属谈话记录》中认为,"患者第一胎出生体重 4250g,产时顺利,可考虑在严密监护下经阴道试产;临产后有难产倾向可能急诊剖宫产"。

肩难产是巨大胎儿常见的并发症,胎儿体重越大,发生率越高,而且一旦发生肩难产,难以改由剖宫产终止妊娠。臂丛神经损伤又是肩难产常见的并发症,臂丛神经损伤与肩难产"如影随形",肩难产宜防难治,在对巨大胎儿孕产妇选择经阴道分娩时应慎之又慎,认真履行谨慎仔细的诊疗义务。

回顾本例,预测胎儿体重 4800g(前一胎新生儿体重 4250g),孕妇为妊娠期糖尿病患者,应该选择剖宫产术结束分娩。医方选择经阴道分娩,属于严重的过失行为。

2. 对于预测胎儿体重高达 4800g,医方选择经阴道试产,至少应在阴道试产前进行超声测量胎儿肩径及胸径,若肩径及胸径大于头径者,发生肩难产的概率较高,应选

---

① 参见谢幸、孔北华、段涛主编:《妇产科学》(第八版),人民卫生出版社 2018 年版。

择剖宫产术结束妊娠。① 医方在选择经阴道试产前，没有进行必要的超声测量胎儿肩径及胸径，以预测发生肩难产的潜在风险。医方未履行相应合理及谨慎仔细的诊疗义务。

3. 医方的《阴道分娩知情同意书》虽罗列了许多阴道分娩并发症，但没有针对巨大胎儿这一特定的孕情，也没有提及剖宫产等规避臂丛神经损伤的规避义务的内容。因为医方没有告知有关剖宫产规避肩难产的内容，因此是一份不合格的知情同意书。患者的同意应建立在充分知情的基础上，既然患者没有充分知情，该同意书中的"同意"也就不存在应有的法律效应。医方未能尽到充分告知义务，则可认定其违反了法定告知义务。此外，患者知情同意签字，也不是直接给医疗并发症免责的理由。

4. 医方未对不良结果采取规避义务。肩难产及臂丛神经损伤是巨大胎儿常见的并发症，预测胎儿体重高达4800g，而且糖尿病孕妇的胎儿躯体发育明显超过胎头，经阴道分娩发生肩难产及臂丛神经损伤概率极大，而规避巨大胎儿发生肩难产及臂丛神经损伤唯一有效的医学措施就是剖宫产术。医方没有舍弃阴道试产，改由剖宫产术结束分娩，最终导致肩难产及由此产生的臂丛神经损伤，以及新生儿重度窒息，医方的医疗行为存在明显的医疗过错。

5. 对一个5200g的经由阴道肩难产娩出的超大巨大胎儿，在新生儿娩出后，应格外关注新生儿是否存在臂丛神经损伤，以便采取相应的医学措施。回顾本例，新生儿娩出后体检结果为"四肢正常，指正常，趾正常"。医方未履行相应合理和谨慎仔细的诊疗义务，医方存在过错。

---

① 参见谢幸、孔北华、段涛主编：《妇产科学》（第八版），人民卫生出版社2018年版。

经验启示：

1. 严格把握阴道分娩与剖宫产的指征。过去一段时间由于各种原因总体剖宫产率较高，通过卫生行政部门加强管理，近年来剖宫产率有所下降。临床实践中如何把握剖宫产指征一定要根据病情来考虑，即使介于阴道分娩与剖宫产都可行的情况下，也要向患方交待，详细说明利弊，让其在充分知情的基础上作出选择，本案例医方并未根据病情需要考虑实施剖宫产，也未交待两种分娩方式让其选择，结果出现了肩难产及臂丛神经损伤，医方未能尽到专业注意义务的责任是明确的。

2. 严格执行诊疗规范。针对巨大胎儿，若选择经阴道试产，应在阴道试产前进行超声测量胎儿肩径及胸径，若肩径及胸径大于头径者，发生肩难产的概率较高，应选择剖宫产术结束妊娠。我们只有在临床工作中牢牢把握这些最基本的诊疗规范，才能减少或阻止临床中医疗损害责任事件的发生，也才能真正确保医疗质量和安全。

3. 严格履行病情告知。无论是手术知情同意书还是阴道分娩知情同意书，都不是形式，仅仅有与无的问题，更是一个实实在在的病情交待，既然是病情交待，而临床实践中每个人的病情都是千差万别的，那就要根据每个人的具体病情进行告知，而不是笼统的格式化的告知。本案例明明诊断的是妊娠期糖尿病，妊娠合并巨大儿，可是医方的《阴道分娩知情同意书》中罗列了许多阴道分娩并发症，没有针对巨大胎儿这一特定的孕情，也没有提及剖宫产等规避臂丛神经损伤的规避义务的内容，这显然是医方未能尽到病情的说明告知义务。

（蒋士浩）

No.17 抗磷脂抗体综合征三次住院均未能明确诊断一例

案情介绍

患者×××,女,1983年3月生,2012年8月1日因"停经五月余,抽搐一次"入住某市人民医院。妊娠及生产史:足月产0次,早产0次,流产0次,异常妊娠及难产史:无。入院查体:BP 151/95mmHg,双下肢轻度浮肿;B超提示:单胎,中孕,存活,肝胆脾胰未见明显异常;心电图:窦性心动过速,ST段改变;尿常规:隐血2+↑,蛋白质4+↑,酮体2+↑,红细胞101/uL↑,白细胞71/uL↑。入院诊断:G_1P_0,孕5^+月;抽搐待查:子痫?症状性癫痫?予左侧卧位、自数胎动、吸氧、心电监测、硫酸镁解痉降压等治疗。入院后查血常规:红细胞$4.16×10^{12}/L$,血红蛋白91g/L↓,白细胞$13.2×10^9/L$↑,中性粒细胞百分比88.4%,中性粒细胞数$11.67×10^9/L$↑,血小板$85×10^9/L$↓;凝血指标:凝血酶原时间13.7秒,活化部分凝血酶时间46.5秒↑,凝血酶时间14.6秒,纤维蛋白原浓度4.86g/L↑;血清:视黄醇结合蛋白14mg/L↓;血清:白蛋白29.7g/L↓,球蛋白30.6g/L↑,白球比值1↓,乳酸脱氢酶299U/L↑,葡萄糖6.63mmol/L↑;视频脑电地形图检查提示广泛中度异常脑电地形图;尿蛋白定量6.48g/24小时↑。8月2日请神经内科会诊,考虑子痫,癫痫诊断依据不充分,必要时动态脑电图检查进一步确诊。8月7日复查尿蛋白定量

1.6g/24小时↑。8月9日血清：白蛋白31.2g/L↓，球蛋白31.8g/L↑，白球比值1↓，葡萄糖3.23mmol/L↓；尿常规：隐血1+↑，蛋白质2+↑，红细胞18/uL↑，白细胞40/uL↑。8月10日患者及家属要求出院。出院医嘱：注意休息，一周后门诊复查24小时尿蛋白定量；监测血压，如尿蛋白升高、血压控制不满意，必要时终止妊娠；定期产前检查；不适随访。

9月8日患者因"停经28^{+5}周，右眼胀痛伴视力下降二天"第二次入住该院。妊娠及生产史：足月产0次，早产0次，流产1次，异常孕产情况：2011年人工流产1次。入院查体：T 36.7℃，P 70次/分，R 20次/分，BP 128/90mmHg；① B超（9月7日外院）：BPD（双顶径）72mm，FL（腹骨长）49mm，胎心规则，羊水57mm，脐带血流S/D 2.83。入院诊断：单胎，G_2P_0，孕28^{+5}周，待产，LOA，重度子痫前期。予左侧卧位、吸氧、测胎动、监测胎心胎动、解痉降压治疗，并请眼科会诊，考虑右眼底妊娠眼底改变，黄斑部视网膜水肿、脱离、子痫。入院后查血常规：红细胞3.55×10^{12}/L↓，血红蛋白84g/L↓，白细胞7.7×10^9/L，中性粒细胞百分比76.5%，中性粒细胞数5.89×10^9/L，血小板59×10^9/L↓；尿常规：隐血±0.03mg/dl↑，蛋白质4+↑；血清：白蛋白30.9g/L↓，球蛋白19.9g/L↓，白球比值1.6，乳酸脱氢酶257U/L↑，葡萄糖3.29mmol/L↓，视黄醇结合蛋白22mg/L↓；凝血指标：凝血酶原时间12.8秒，活化部分凝血酶时间50.9秒↑，凝血酶时间15.4秒，纤维蛋白原浓度4.47g/L↑。9月9日尿蛋白定量7.04g/24小时↑，尿体积2300ml/24小时↑。9月11日血常规：红细胞

---

① T表示体温；P表示脉搏；R表示呼吸；BP表示血压。

3.19×10^{12}/L↓，血红蛋白76g/L↓，白细胞6.6×10^9/L，中性粒细胞百分比69.5%，中性粒细胞数4.59×10^9/L，血小板47×10^9/L↓；血清：白蛋白21.2g/L↓，球蛋白19.7g/L↓，白球比值1.1。9月12日予人血白蛋白10g静脉输注，尿蛋白定量5.96g/24小时↑，尿体积2600ml/24小时↑，予单采血小板1治疗量输注。术前讨论考虑：孕妇视网膜剥离，胎儿宫内生长受限，妊娠合并血小板减少，如继续妊娠可能会导致视网膜剥离加重，导致失明，心脑血管意外，子痫及各脏器损害加重可能，胎儿有宫内缺氧及胎死宫内可能，与患者及家属签订产科手术同意书，告知手术风险及并发症。9月13日予人血白蛋白10g静脉输注，下午在全麻下行剖宫产术，娩出一男婴，体重1100克，Apgar评分1分钟6分、5分钟10分，继予人血白蛋白10g静脉输注。9月18日产妇诉右眼胀痛、视物不清，请眼科会诊。9月22日出院。

10月16日患者因"左上腹疼痛36小时"第三次入住该院。入院查体：BP 120/80mmHg，左上腹压痛，无反跳痛，无肌卫；B超未见明显异常；血常规：血红蛋白83g/L↓，白细胞7.0×10^9/L，中性粒细胞百分比74.4%。入院诊断：腹痛待查。予解痉、补液、抗炎等治疗。入院后查血常规：红细胞3.64×10^{12}/L，血红蛋白83g/L↓，白细胞7×10^9/L，中性粒细胞百分比74.4%，中性粒细胞数5.21×10^9/L，血小板140×10^9/L；尿常规：隐血±0.03mg/dl↑，蛋白质+++↑，酮体阴性，红细胞14/uL↑，白细胞1/uL。血淀粉酶36U/L。予头孢西丁2g静脉输注、泮托拉唑钠80mg静脉输注、山莨菪碱10mg静脉输注。10月17日请肾脏内科会诊，轻度贫血貌，两下肢轻度浮肿，考虑：妊娠性肾病？慢性肾炎？建议禁用肾毒性药物。请血液内科会诊，建议查铁四项了解是否有缺铁性贫血，完善自身抗体、ACA（抗心磷脂抗体）、LA（狼疮抗凝物）、血栓常规、肿瘤相关抗原等指标寻找脾梗死原因；CT检查见脾脏异常密度改变，考虑脾脏梗死可能，少量腹水，左肾囊肿，两侧胸腔少量积液；D-二聚体1.25ug/ml↑。予抗炎、预防脾脓肿、流质饮食，钠钾镁钙葡萄糖注射液500ml、氯化钾注射液10ml静脉输注，山莨菪碱10mg静脉输注。10月18日凝血指标：凝血酶原时间（PT）15.1秒↑，活化部分凝血酶时间（APTT）69.7秒↑，凝血酶时间（TT）15.3秒，纤维蛋白原浓度（FIB）4.69g/L↑。10月19日尿蛋白定量0.98g/24小时↑，尿体积2800ml/24小时↑。请肾脏内科会诊，考虑妊娠性肾病可能性较大，不排除有慢性肾脏病基础。10月20日查血清铁16.5ug/dl↓，总铁结合力400ug/dl↑，铁蛋白8.03ng/ml↓，可溶性转铁蛋白受体12.64mg/L↑。请血液内科会诊，建议复查凝血常规，暂不宜抗凝治疗。10月22日予羟苯磺酸钙分散片0.5g口服。10月24日出院，出院诊断：脾梗死；缺铁性贫血；妊娠性肾病？出院医嘱：合理饮食，注意休息；复查尿常规及24小时尿蛋白定量（半年至1年）；建议进一步治疗缺铁性贫血；定期复查CT，不适随诊。该院10月25日送检的血清检查报告（报告日期11月22日）：抗心磷脂抗体IgM阴性，抗心磷脂抗体IgG阳性，抗心磷脂抗体IgA阴性。

11月7日患者因"左上腹隐痛20余天，加重伴胸背部疼痛3天"入住中国人民解放军第××医院。查抗心磷脂抗体阳性；CT检查提示脾脏及右肾梗死。予激素、活血化瘀、补铁、补钾、补钙、保胃、抗凝等治疗。11月21日出院，出院诊断：抗磷脂抗体综合征（APS）；缺铁性贫血；剖宫产术后。

12月31日患者因"反复浮肿6月，上腹痛2月"入住××省人民医院，诊断：抗磷脂抗体综合征。予抗凝、护胃、补钙等治疗。1月4日CT示：脾脏体积增大，盆腔少量积液，双肾形态密度未见明显异常。经治疗症状好转，1月8日出院。

争议焦点

患方认为：（1）医方存在病历资料不一致，不详尽、不完整、不真实；（2）医方未尽到与当时医疗水平相应的诊疗义务；（3）医方存在伪造病历资料行为；（4）医方存在不如实归档病历资料、隐匿病历资料；（5）医方错误的实行了剖宫产手术；（6）医方存在诊断不明确输注白蛋白、血小板；（7）医方违反了《抗菌药物临床应用指导原则》大剂量使用对肾脏有损害的药物。

医方认为：（1）患者第一次入医院产科时表现为血压升高，大量蛋白尿以及抽搐，并经脑电图检测排除痫样放电，不支持癫痫诊断，而患者未提供其既往有多次自然流产及死胎病史，故当时诊断为妊娠期高血压。（2）患者第二次入院主要表现为视力改变，其血压在口服心痛定条件下仍不能维持完全正常，而仍存在大量蛋白尿，并行眼底检查发现右眼眼底动脉变细、视网膜剥离，故诊断为重度子痫前期，右眼视网膜剥离亦明确。医院对患者进行了及时规范的诊治。该患者三次在医院住院过程中的症状、体征及实验室检查均不符合抗磷脂抗体综合征（APS）诊断标准，诊断APS依据不足。综上所述，患者在医院产科住院时的诊断和治疗均符合诊疗规范，实施剖宫产指征及时机均选择恰当。（3）患者三次住院提供的病史（异常孕产史）不一致、不详尽，对疾病诊治有影响。患者第一次、第二次住院的症状、体征、实验室检查均无典型的抗磷脂抗体综合征的临床表现，无抗心磷脂抗体检查的明确指征，第三次住院医嘱行抗心磷脂抗体检查，但出检查结果前患者已出院，故医院不存在误诊。

鉴定意见

医方的医疗行为有过错，与抗磷脂综合征的延迟诊断及延迟治疗有一定的因果关系，其原因力为同等因素。

分析评论

（一）关于抗磷脂抗体综合征

抗磷脂抗体综合征（APS）是一种非炎症性自身免疫病，临床上以动脉、静脉血栓形成、习惯性流产和血小板减少等症状为表现，血清中存在抗磷脂抗体（APL），上述症状可以单独或多个共同存在。

APS 不是一种特定的疾病，只是一种临床的综合表现。目前还没有临床表现的明确范围，而且症状逐渐增多，所涉及的病种也有扩大趋势，特别是实验方法、条件和确定正常值标准的差异，这就使得目前尚无一个非常严格的诊断标准。Alarcon－Segovia 等提出的诊断标准：（1）肯定的诊断：①有 2 个或 2 个以上的下列临床表现：复发性自发性流产；静脉血栓；动脉闭塞；下肢溃疡；网状青斑；溶血性贫血；血小板减少。②伴有高水平的 APL 抗体（IgG 和 IgM）。（2）可能的诊断：1 个临床表现和高滴度的 aPL 抗体，或 2 种及 2 种以上临床表现和低滴度的 APL 抗体（IgG 和 IgM）。

目前对照患者病情及上述标准，患者第三次住院情况符合抗磷脂抗体综合征的诊断标准。

(二) 患者住院治疗过程中误诊问题的分析

1. 第一次住院：2012年8月1日患者因"抽搐"入院，BP 151/95mmHg，双下肢轻度浮肿，尿蛋白＋＋＋，24小时尿蛋白定量为6.48g，视频脑电地形图检查提示广泛中度异常脑电地形图，既往无高血压、肾病、血栓、癫痫病史，无自然流产、死胎、死产史。诊断：G_1P_0，孕5^+月；抽搐待查：子痫？症状性癫痫？入院后予以左侧卧位、吸氧、心电监测及硫酸镁解痉、心痛定降压等治疗。8月7日复查24小时尿蛋白定量降至1.60g。8月10日患者一般情况好，血压下降至120—139/80—100mmHg（口服降压药维持），患者及家属要求出院，医方予出院并予相关出院医嘱。患者第一次住院期间医方的诊断成立，入院后的医疗行为符合诊疗规范。

2. 第二次住院：2012年9月8日患者因"停经28^{+5}周，右眼胀痛伴视力下降2天"，查BP 128/90mmHg，当地医院尿检示尿蛋白＋＋＋入院，入院诊断：G_2P_0，孕28^{+5}周，待产，LOA；重度子痫前期。医方的诊断成立，其依据：由于重度子痫前期患者全身小动脉痉挛，全身各系统各脏器因血液灌注减少而产生相应的临床表现。如尿蛋白来自肾小球漏出所致；体内妊娠期皮质激素升高，导致钠潴留而产生水肿；当导致肝细胞功能受损时，可出现以血清蛋白缺乏为主的低蛋白血症及白/球蛋白比例倒置；因血液浓缩、血细胞比容下降，多合并有贫血；重度子痫前期患者可发生微血管病性溶血，主要表现为血小板减少（血小板＜$100×10^9$/L）。此次入院该患者有高血压、蛋白尿，均符合重度子痫前期的临床表现。

此次住院患方告知有流产史（但患方提供为人工流产史1次），有视网膜黄斑区水肿、脱落，有血小板下降，上述临床特点既符合产科常见的重度子痫前期的临床表现，也符合抗磷脂抗体综合征的临床表现。鉴于患者入住医方产科，医方按照重度子痫前期诊治未违反诊疗常规，由于抗磷脂抗体综合征临床少见，现在回顾来看，当时如能请血液科、风湿免疫科会诊，可能会有助于抗磷脂抗体综合征的早期诊断。

3. 第三次住院：2012年10月16日患者因"左上腹疼痛36小时"入院。体检：左上腹压痛，无反跳痛，无肌卫；B超未见明显异常；血常规：血红蛋白83g/L，白细胞7×10^9/L，中性粒细胞百分比74.4%。入院诊断：腹痛待查。入院后医方暂予解痉、补液、抗炎等治疗。此次住院CT检查提示脾脏梗死，10月16日血液科会诊提出查抗磷脂抗体，10月17日开具了查抗磷脂抗体的医嘱，直到10月23日未见有结果报告，医方10月23日又开具检查医嘱，目前提供的这份血清检查报告结果为抗心磷脂抗体IgG阳性，送检时间为10月25日，报告日期为11月22日，而患者已于10月24日出院。患者第三次住院期间已出现脾梗，医方未能引起高度重视，未能及时行抗磷脂抗体检查，也未能及时将抗磷脂抗体的检查结果及时告知患方，延误了抗磷脂抗体综合征的诊断。

（三）患者住院治疗过程中误治问题的分析

1. 关于剖宫产手术问题。2012年9月8日产妇因"停经28^{+5}周，右眼胀痛伴视力下降、流泪两天"入院，诊断"单胎G_2P_0，孕28^{+5}周，待产，LOA；重度子痫前期"，眼科会诊考虑右眼黄斑部视网膜水肿、脱离、子痫。综合产妇病情，第二次入院已有明确的重度子痫前期的症状体征（有高血压、蛋白尿），且已发生视网膜水肿、剥离、血小板过低、低蛋白血症以及胎儿宫内生长受限（复查B超提示胎儿小于孕周,且脐血流 S/D 比值升高,考虑存在胎盘功能下降)。根据当时的病情较重,虽经积极治疗病情仍未能控制,且有加重趋势,如继续妊娠可能会导致视网膜剥离加重甚至导致失明、心脑血管意外、子痫及各脏器损害加重而危及孕妇生命,胎儿也存在胎盘早剥、宫内窘迫及胎死宫内的可能,为控制病情继续发展、加剧,医方建议行剖宫产术结束妊娠,符合剖宫产术的手术适应症。术前医方与患者及家属进行沟通、交待病情,告知手术风险及并发症,并征得患者及家属同意后,签订了手术同意书,医方履行了告知义务。

2. 关于白蛋白、血小板输注问题。2012 年 9 月 8 日患者因"停经 28^{+5} 周,右眼胀痛伴视力下降 2 天"入院。查血小板 $59\times10^9/L$,白蛋白 30.9g/L,球蛋白 19.7g/L。9 月 11 日查血小板 $47\times10^9/L$,白蛋白 21.2g/L,球蛋白 19.7g/L。9 月 12 日予人血白蛋白 10g 输注,单采血小板 1 治疗量输注。9 月 13 日予人血白蛋白 10g 输注。患者本次入院多次检查血小板和白蛋白均较低,当血小板 $<50\times10^9/L$ 时,有输注血小板的指征;白蛋白降至 20g/L 左右时,也有输注白蛋白的指征。结合本例病情,9 月 11 日血小板 $47\times10^9/L$,白蛋白 21.2g/L,与 9 月 8 日相比,均有继续下降的趋势,且 9 月 13 日行剖宫产术,因此,医方于剖宫产术前后输注血小板和白蛋白,符合医疗规范。

3. 关于肾毒性药物使用问题。2012 年 10 月 16 日患者因"左上腹疼痛 36 小时"入院。尿液检查除尿蛋白质++++和隐血±外,余项均无异常。医方先后予头孢西丁 2g 静脉输注、泮托拉唑钠 80mg 静脉输注、山莨菪碱 10mg 静脉输注、钠钾镁钙葡萄糖注射液 500ml、氯化钾注射液 10ml 静脉输注,山莨菪碱 10mg 静脉输注,羟苯磺酸钙分散片 0.5g 口服。10 月 17 日 CT 提示脾脏梗死、左肾囊肿。请肾内科会诊考虑妊娠期肾病可能性较大，建议禁用肾毒性药物，医方停用钠钾镁钙葡萄糖液和氯化钾溶液，只保留头孢西丁 2g 静脉输注，3 次/日。10 月 19 日 24 小时尿蛋白定量由原先 7.04g 下降至 0.98g，血肌酐 61μmol/L。患者此次入院虽有妊娠期肾病可能，但无客观的肾功能不全的相关指标，且医方所使用的上述药物均遵照有关药物的剂量、用法，符合药物使用的相关规定，不存在大剂量应用的现象。

根据 2012 年 11 月 7 日中国人民解放军第××医院的病历资料，彩超提示双侧髂血管及双下肢动脉彩色多普勒检查未见明显异常。11 月 16 日血尿素氮、肌酐、尿酸均无异常。11 月 17 日尿液检查示尿蛋白质和隐血均阴性，余项也均阴性。2012 年 12 月 31 日××省人民医院的病历资料，体检：患者营养良好，血压 110/69mmHg，双肾区无叩痛，血尿素氮、肌酐、尿酸均无异常。两家医疗机构的病历资料显示，患者在 2012 年 10 月医方住院期间所使用的头孢西丁等药物未造成肾功能损害的不良后果。2012 年 11 月 7 日中国人民解放军第××医院 CT 提示患者脾脏及右肾梗死，系患者自身免疫性疾病抗磷脂抗体综合征的病理损害，无依据系药物引起。

（四）医方存在的医疗过错行为与患者目前损害后果之间因果关系分析

目前认为抗磷脂抗体综合征无满意治疗方案，无症状者一般无须治疗，如出现血栓、死胎、血小板减少则予相应治疗，但轻度血小板减少可观察。治疗可用抗凝剂、皮质激素、免疫抑制剂、丙球等。患者第二次住院期间，主要表现为高血压、持续性蛋白尿、血小板减少，特别是右眼视网膜病变，当时医方采取的终止妊娠符合诊疗规范，此时虽然医方未能诊断出患者为抗磷脂抗体综合征，但根据此时的临床特点，针对抗磷脂抗体综合征尚无须特殊治疗。患者第三次住院期间已出现脾梗，因医方未能及时诊断抗磷脂抗体综合征而致患方未能及时行对症治疗避免病情进一步进展，客观上延误了抗磷脂抗体综合征的治疗。

目前患者经过后续他院抗凝、激素、免疫抑制剂等治疗，情况已好转。故医方存在的上述过错与抗磷脂抗体综合征的延迟诊断及延迟治疗有一定的因果关系。综观三次住院资料，患方三次住院提供的病史（异常孕产史）不一致、不详尽，临床诊断较难，故其原因力为同等因素。

经验启示：

1. 强化医疗核心制度的落实。抗磷脂抗体综合征（APS）临床发生率相对比较低，基层医院遇见的比较少，认识有一定难度，但对于三级甲等医院而言，患者三次住院也没有能够明确诊断，存在延误诊断的责任是明确的。其实综观患者三次住院过程，抗磷脂抗体综合征的临床表现一次比一次更明显，医方没有组织相应的疑难病例讨论，及时邀请相关科室的协同诊治，以及上级医师查房对病情的全面分析。总之，医方未能全面了解病史，详细进行体格检查，认真分析相关辅助检查结果，未能落实相关核心制度，如疑难病例讨论制度、会诊制度、三级医师查房制度等，对患者的病情未能充分认识、分析并作出判断，导致三次住院都未能明确诊断。

2. 医院要体现责任意识。患者第三次住院，已经意识到抗磷脂抗体综合征的可能，并进行抗磷脂抗体检测，由于患者出院，抗心磷脂抗体 IgG 阳性的结果报告并未及时通知患者，而是患者时隔近一个月后因在外院明确诊断抗磷脂抗体综合征的情况下,患方再次到医方追问抗心磷脂抗体检测结果,医方才将患者抗心磷脂抗体 IgG 阳性的结果予以告知。针对这样一个重要的检查报告,医方视而不见,是对患者不负责任的表现,应当引以为戒。

(蒋士浩)

No.18 产程活跃期长时间停滞实施剖宫产结束分娩致术中发生子宫大出血、DIC最终致子宫次全切除一例

案情介绍

孕妇×××，1986年2月生。2012年12月31日8：35因"停经39^{+3}周，阴道流水2小时余"入住某市妇幼保健院。2008年曾因黄体破裂手术。入院查体：T 36.5℃，P 80次/分，R 20次/分，BP 130/80mmHg，心肺无异常，肝脾未及、未及宫缩，下腹壁可见长约4cm陈旧性纵行手术疤痕；产检：宫高36cm，腹围107cm，估计胎儿大小3800g，胎方位LOA，胎心145次/分，先露头、S-3，胎膜破，羊水清，宫颈未扩张，骨盆测量：髂前上棘间径24cm、髂嵴间径26cm、骶耻外径19cm、出口横径9cm。初步诊断：G_1P_0，孕39^{+3}周，LOA，待产；胎膜早破。

入院后彩超示：BPD（双顶径）9.7cm，FL（股骨长）7.7cm，AC（腹围）34.8cm，AFI（羊水指数）9.6cm，单胎头位，脐带绕颈1周。血常规示：血红蛋白105g/L，白细胞$5.21×10^9$/L，血小板计数$150×10^9$/L。胎心监护示：反应型。予阴道试产。

2013年1月1日5：30宫缩30″/4—5′，宫口开大2cm，胎心147次/分；

6：30宫缩20—30″/4—5′，强度中等，胎心156次/分，宫口开大3cm，先露头，S-3，LOA。家属要求行镇痛分

娩，予行镇痛分娩，继续检测胎心胎动及产程进展情况。

8：30 宫缩 20″/5—6′，强度弱，宫口开大 3cm，先露头，S-2。

9：00 宫缩 20—30″/5—6′，胎心 132 次/分，宫口开大 3cm，先露头，S-2。结合彩超，胎儿体重 4000g 左右，考虑巨大儿可能，宫缩弱，产程进展缓慢，可能镇痛引起。告知家属病情，处理：(1) 直接剖宫产，有相应手术风险；(2) 严密监测下阴道试产。孕妇及家属要求试产。予缩宫素 2.5U 静滴，加强宫缩，效果不显。

11：30 宫缩 20—30″/3—4′，胎心 133 次/分，宫口开大 4cm，LOP（左枕后位）。

13：02 宫缩 20″/3—4′，胎心 140 次/分，宫口开大 4cm，先露头，S-3，枕后位。孕妇因疼痛拒绝继续试产，决定行手术终止妊娠，手术指征：孕 39^{+4} 周临床，巨大儿？胎膜早破。

13：25 在腰硬联合麻醉下急诊行剖宫产术，术中见子宫表面炎性渗出明显，呈细胞颗粒状分布，将子宫作一小横切口，用两手食指向两侧高处横形分离，至足够娩出胎头之长度约 10cm，羊水清，量约 800ml，以 LOP 转 LOT 位助娩取出一成熟活女婴，体重 4500g，Apgar 评分 1 分钟 8 分、5 分钟 9 分，脐带绕颈一周，胎盘胎膜娩出完整，胎盘娩出后，子宫切口向左右侧均延伸 2cm，切口两端见血管活性出血，出血凶猛，色鲜红，即予钳夹止血，同时见子宫空软，立即予按摩子宫、催产素、10% 葡萄糖酸钙、卡孕栓等应用后迅速缝合子宫切口，缝合后宫缩略好转，考虑胎儿较大，宫缩乏力，即予欣母沛 250ug 宫底注射，同时行 B-Lynch 缝合，宫缩略好转，探查见右侧卵巢部分切除，右侧残余卵巢与输卵管系膜粘连致密，子宫后壁充血糜烂、与肠管轻度粘连，表面见炎性渗出，形成细条索，卵巢及子宫后壁质脆，表面呈弥漫性渗血，触之易出血，右侧卵巢与输卵管系膜包裹处活动性渗血，予局部常规缝合止血，缝合后，查见输卵管系膜与圆韧带之间形成 4cm×3cm 大小血肿，子宫仍较疲软，予缝合血肿，行双侧子宫动脉上行支结扎，再次予欣母沛 250ug 宫体注射，子宫较前疲软，轮廓欠清，切口渗血明显，色鲜红。予输红细胞悬液 3u、血浆 200ml，急查 PT（凝血酶原时间）17.2s↑，APTT（活化部分凝血活酶时间）57.6s↑，明显延长，FIB（纤维蛋白原）1.99g/L↓，Hb（血红蛋白）79g/L↓，RBC（红细胞）$3.02×10^{12}$/L↓，PLT（血小板）$92×10^9$/L↓。结合临床表现，考虑出现 DIC 早期表现，予行子宫次全切除术。

术后经积极综合处理后出血停止。予补液、输血、预防感染等治疗。术后病理示：（妊娠子宫）子宫肌层见充血水肿，灶性炎细胞浸润。1 月 8 日产妇出院。

争议焦点

患方认为：（1）巨大儿漏诊；（2）巨大儿 4500g，未及时行剖宫产术；（3）无痛分娩产程无进展，未处理；（4）产程图超出正常范围；（5）使用催产素无指征，未告知；（6）延误手术时机；（7）操作失误，导致大出血；（8）DIC 诊断依据不足。

医方认为：患者出血多，出现早期 DIC，止血不能控制，节假日血源不能控制，为保产妇生命安全，切除子宫合理，符合医疗原则。

鉴定意见

参照《医疗事故分级标准（试行）》，患者的伤残等级

No.18 产程活跃期长时间停滞实施剖宫产结束分娩致术中发生子宫大出血、DIC最终致子宫次全切除一例

为八级，医方医疗行为中存在的过错与患者目前的损害后果之间有一定的因果关系，其原因力为同等因素。

分析评论

（一）关于医方的诊断、治疗

1. 根据该孕妇的病史、产检及辅助检查，医方的入院诊断"G_1P_0，孕39^{+3}周，LOA，待产，胎膜早破"，诊断明确，但遗漏了脐带绕颈的诊断。产前胎儿估重3800g，骨盆径线无异常，患者无剖宫产指征，医方在征得患方知情同意后选择经阴道分娩，符合产科处理规范。

2. 医方在处理剖宫产术中宫缩乏力的医学措施有催产素、前列腺素制剂、葡萄糖酸钙等输注、捆绑式子宫缝合术及子宫动脉上行支结扎术。经以上措施后，仍无法促使子宫有效收缩、制止子宫出血，最后为挽救患者生命，采取子宫次全切除术，符合剖宫产术中大出血的诊疗规范。结合本例子宫切口撕裂导致血管活性出血这一事实，选择子宫动脉结扎术或髂内动脉结扎术，必要时增加子宫动脉和卵巢动脉吻合支的结扎，然后再酌情配合上述措施，更为恰当。

（二）医方在诊疗过程中存在的过错

1. 催产素应用有严格要求。实施前，首先，应行产道检查，排除骨盆狭窄及头盆不称等异常后方可静滴，医方未执行上述催产素应用的常规要求；其次，有关使用过程中观察、处置内容（如每分钟滴数及宫缩反应，宫缩差又如何增加滴数，以及对胎心变化及产程进展的观察等）均应详细记载于催产素催产应用观察记录单内，病历中未查见有该记录单。医方催产素应用不符合常规要求。

2. 患者于5：30宫缩$30''/4—5'$，宫口开大2cm；6：30宫

缩 20—30″/4—5′，强度中，宫口开大 3cm；自 8：30 宫缩开始减弱 20″/5—6′，强度弱，宫口开大 3cm，属于继发性协调性宫缩乏力。引起患者继发性宫缩乏力的因素有：巨大儿（胎儿体重 4500g），枕后位导致头盆不称，胎儿先露部下降受阻，不能紧贴子宫下段和宫颈内口，不能引起反射性子宫收缩，出现继发性宫缩乏力；巨大儿还可使子宫肌纤维过度伸展，导致子宫肌纤维失去正常收缩能力，引起宫缩乏力；患者精神过度紧张、恐惧可使大脑皮层功能紊乱，影响休息，也可致宫缩乏力；分娩镇痛过程中使用的镇静剂、镇痛剂等也可能会影响子宫收缩；活跃期产程进展停滞，也是导致继发性宫缩乏力的重要因素之一。

该孕妇自 6：30 宫口开大 3cm，S-3；8：30 出现宫缩乏力；9：00 宫口开大 3cm，S-2，此时医方估计胎重 4000g 左右，给予小剂量催产素（2.5U）滴注，期间宫缩情况并未改善。11：30 宫缩 20—30″/3—4′，宫口扩张 4cm，S-3，胎头为 LOP，继续试产、观察。13：00 宫缩 20—30″/3—4′，宫口扩张 4cm，S-3。此时，产妇拒绝继续试产，要求手术终止妊娠，医方"考虑巨大儿可能，产程进展慢，枕后位，同意其手术要求"，于 13：25 行新式剖宫产术。从 5：30 至 13：25，活跃期产程停滞长达 6 小时 55 分。① 关于"子宫收缩乏力"："经上述处理（指缩宫素滴注、地西泮静脉推注），若产程仍无进展应及时行剖宫产术。"产程停滞引起的宫缩乏力延续时间越长，子宫肌收缩功能越难恢复而致子宫肌"过劳死"。宫缩乏力是产后出血最主要的发病因素。医方在处理活跃期产程停滞方面不符合产科诊疗常规，且应预见到继发性宫缩乏力易致产后出血这一后果，在已

---

① 参见乐杰主编：《妇产科学》（第七版），人民卫生出版社 2008 年版。

No.18 产程活跃期长时间停滞实施剖宫产结束分娩致术中发生子宫大出血、DIC最终致子宫次全切除一例

具备剖宫产术指征时,却未能以医嘱的形式向患方履行告知义务,向患方告知行剖宫产术的必要性和及时性,延误了手术时机,与产妇剖宫产术中发生子宫大出血有一定的因果关系。

3. 关于"手术前小结",患者剖宫产术的指征是"胎膜早破,巨大儿?"。"胎膜早破,巨大儿?"并非本例剖宫产术的真实指征,本例剖宫产术的真正指征是活跃期停滞,持续性枕后位。至于是否存在骨盆狭窄,因医方于11:30的阴道检查内容中只记载"LOP",未提及有关坐骨棘、坐骨切迹等内容,提示医方产科阴道内诊的操作不规范。患者因胎膜早破而入院,在胎膜早破的诸多因素中,其中就有头盆不称导致胎先露部不能衔接,引发胎膜早破这一因素。医方于9:00已疑为巨大儿(胎重4000g),若能在出现活跃期停滞后早些考虑有巨大儿致头盆不称的可能性,及时行阴道内诊,则有助于早诊断、早处理,争取较好的预后。

4. 根据"剖宫产手术记录"记载,医方在剖宫产术中发现子宫向右旋转,子宫下段部分形成(而非形成良好)。术中,医方未记载做子宫切口前有否将右旋子宫位置纠正;做子宫切口时,医方"于膀胱腹膜下0.5cm处,将子宫做一小横切口……用两手食指向两侧高处横行分离,至足够娩出胎头之长度约10cm"。一般情况下,正常体重的胎儿要求子宫下段横切口长度为10—12cm,而本例的手术对象是"巨大儿",子宫切口理应相应增大。由于医方认为切口"10cm已经足够娩出胎头"的判断失误,导致子宫切口两端均发生2cm的延伸裂伤、大出血,并继发阔韧带血肿,与剖宫产术中发生子宫大出血有一定的因果关系。

由于子宫下段形成欠佳、长时间受胎头压迫而水肿变脆、子宫切口又相对较小,从而造成切口撕裂,累及子宫大

血管，导致"切口两端见血管活动性出血，出血凶猛……迅速缝合子宫切口……查见右侧输卵管系膜与圆韧带之间形成4cm×3cm大小血肿……上台缝合血肿……"在处理缝合方式栏中记载"血肿：有；处理方法：缝合止血"（见手术记录）。处理子宫切口撕裂出血，尤其是累及子宫大血管出血者有严格的技术要求。处理撕裂伤口时，要求用卵圆钳夹住切口，仔细检查撕裂部位，对出血的血管要求单独结扎止血，然后缝合切口，而且第一针须从顶端外1cm处进针缝扎，才能避免局部血管回缩而形成血肿。医方手术记录中没有有关切口两端撕裂出血的具体处理记载，难以了解累及子宫大血管的撕裂伤口是否真正达到了彻底止血的技术要求，医方的手术记录不符合病历书写要求。

5. 根据"剖宫产手术记录"记载："子宫后壁充血糜烂，表面见炎性渗出，呈细条状……"针对如此严重的炎症现象，医方未行炎性渗出物的细菌培养和药敏，以便作为诊断和术后抗炎治疗的重要依据。医方未行细菌培养，存在过错，但与剖宫产术中发生子宫大出血无因果关系。

6. 医方病历不严谨。根据"手术同意书"记载："术中，因病变浸润、炎症、解剖异常等因素……可能发生难以控制的出血，并有损伤……手术中发现病变不能切除，则行姑息性手术或仅作探查"，此并非针对剖宫产术的手术同意书内容。

根据子宫次全切除术的"特殊（重大）手术审批单"记载，在术前讨论栏中提示进行了术前讨论，但病历中未查阅到有术前讨论的讨论记载，不符合病历书写规范。

1月3日8：49的术后病程记录记载："×××副主任医师查房记录，×××主任查房后分析，该妇因'轻度子痫前期、妊娠合并尖锐湿疣'行剖宫产术＋子宫次全切除术……"剖宫产术的指征变成了轻度子痫前期、妊娠合并尖锐湿疣，与实际情况不符。

（三）因果关系分析

综上所述，在上述医疗过错中，医方没有认真履行谨慎注意义务、处理产程活跃期停滞不规范、剖宫产手术时机滞后、子宫切口大小选择失误及切口撕裂出血处理不规范，与产妇剖宫产术中发生子宫大出血、DIC最终致子宫次全切除之间存在一定的因果关系。鉴于巨大儿、枕后位及产妇精神紧张亦是引起产程活跃期停滞、宫缩乏力的因素，故医方存在的上述过错与患者子宫次全切除的人身损害后果之间存在一定的因果关系，其原因力为同等因素。

经验启示：

1. 催产素的应用问题。该药的特点在产科耳熟能详，不具有太多的复杂性，且只有产科使用，但是在每年的医学鉴定中，特别是基层医院，因催产素使用出现的临床问题还是较多的，这说明临床实践中，并不是所有产科医务人员都真正掌握了这个药的特点，作为防范医疗不良事件，应当制定催产素使用的安全管理制度，确保该药使用安全。如首先是使用指征的掌握，并且使用前应行产道检查，排除骨盆狭窄及头盆不称等异常；其次是使用过程中观察、处置的内容（如每分钟滴数及宫缩反应，宫缩差又如何增加滴数，以及对胎心变化及产程进展的观察等）均应详细记载于催产素催产应用观察记录单内；最后要规定低年制医师不能单独使用，使用前要请示上级医师进行把关等措施。

2. 产程中严格把握诊疗规范。该案例活跃期产程停滞长达6小时55分，已具备剖宫产术指征，但未果断实施剖宫产，致宫缩乏力继而产后出血，不得不实施子宫次全切除术。产妇剖宫产术中发生子宫大出血与医方在处理活跃期产程停滞方面不符合产科诊疗规范有一定的因果关系。产程中病情变化多端,临床实践中必须严格按照诊疗规范随时观察病情,分析病情,判断病情,制定相应的诊疗方案,否则会带来一系列难以弥补的后果。

(蒋士浩)

No.19 胎盘早剥未能及时剖宫产终止妊娠致新生儿出生后重度窒息最终死亡一例

案情介绍

孕妇×××，1980年3月生，末次月经2011年5月13日，预产期2012年2月20日。停经13周建卡，定期进行产前检查。

2011年10月14日某市医院彩超检查示：胎盘附着于子宫前壁下段，边缘距宫内口37mm；提示：胎盘位置异常。

11月10日起至某大学附属医院进行产前检查。

12月26日某大学附属医院彩超示：胎盘位于子宫前壁，成熟度Ⅰ度，位置正常。

2012年2月6日某大学附属医院彩超示：胎盘位于子宫前壁，成熟度Ⅱ度，位置正常。

2月13日某大学附属医院胎心监护NST评分：10分。嘱数胎动，有情况随诊。

2月14日23时左右自觉胎动较前频繁，后胎动减少。2月15日零时无诱因下出现阴道流液，为暗红色血水样液体，起初量少，患者沐浴后来院。0：50因"阴道流液50分钟，为暗红色血水样液体，无腹痛"急诊就诊，见阴道流液，量较多，色暗红，羊水Ⅲ度，测胎心70—80次/分，予吸氧、10%GS 500ml+VC 2.0g静脉滴注、阿托品0.5mg静脉推注。

予收住入院，入院查体：宫高 36cm，腹围 95cm，估计胎儿大小 3000g，胎方位 LOA，胎心 70—80 次/分，胎心位置：脐下，强度：模糊、弱，先露头，S-2，胎膜破，羊水：血性、Ⅲ度，宫颈未扩张。初步诊断：G_3P_0，孕 39^{+2} 周，LOA 待产；胎膜早破；胎儿宫内窘迫；阴道出血原因待查：胎盘早剥？

1：05 孕妇在医生陪同下行 B 超检查示：胎位 LOT，胎心搏动规律，胎心率 84 次/分，胎盘位于子宫前壁，成熟度Ⅱ度，位置正常，羊水指数（8.85cm），脐动脉血流 S/D：4.33；诊断：晚期妊娠（单胎、LOT）；胎儿心率较慢；胎儿脐动脉血流 S/D 值增高。

1：30 回待产室，行术前准备。

1：45 在局麻下行子宫下段剖宫产术，术中见子宫下段形成差，宫体略右旋，先露浅入盆，胎盘组织覆盖子宫前壁，羊水Ⅲ度，为血水样，量约 600ml，胎方位 LOT。1：48 娩出一男婴（某某之子），体重 3000g，Apgar 评分 1 分钟 1 分、5 分钟 1 分，宫体上段覆盖的胎盘与宫壁粘连，胎盘胎膜组织糟脆，胎盘下缘距宫颈内口约 3.5cm。手术结束时间：3：15。产后诊断：G_3P_1，孕 39^{+2} 周，LOT，已产；胎膜早破；胎盘早剥（混合型）；胎盘低置；胎盘粘连；胎儿宫内窘迫；新生儿窒息（重度）。

新生儿娩出后予清理呼吸道、胸外按压、气管插管等抢救措施，无明显好转，转入新生儿科。初步诊断：新生儿重度窒息；新生儿肺炎；新生儿贫血？新生儿颅内出血？新生儿缺血缺氧性脑病？高危儿。予呼吸机辅助通气、升压、扩容、纠酸、抗感染、脱水保护脑细胞等治疗。病情无好转，一直呈昏迷、无自主呼吸。7：53 宣布死亡，死亡诊断：新生儿重度窒息；新生儿肺炎；贫血（重度）；代谢性酸中毒（重度）；高乳酸血症；电解质紊乱（高钾血症）；高危儿。

产妇4月27日出院。

争议焦点

患方认为：（1）医方对产妇的胎盘低置存在误诊，未引起重视。（2）医方拒绝产妇及时住院。（3）医方在生产过程中存在严重的延误诊疗行为。

医方认为：对患者×××的诊疗过程符合医疗规范，没有违反医疗原则的行为，经手术证实该患者为产科严重并发症胎盘早剥，是新生儿死亡的原因。

鉴定意见

医方医疗行为中存在的过错与新生儿死亡之间存在一定的因果关系，其原因力为次要因素。

分析评论

（一）关于医方的诊断、治疗

1. 2012年2月6日、2月13日孕妇至该院常规产前检查，医方予行B超检查，根据委托单位提供的病历资料显示，孕妇当时无产兆及特殊异常，无住院指征，未收住入院不违反医疗原则。

2. 2012年2月15日，医方根据孕妇的病史（患者昨晚11时前后自觉胎动较前频繁，后胎动减少，患者未重视，未来院就诊，次日零时无诱因下出现阴道流液，为暗红色血水样液体，起初量少，患者沐浴后来院）、入院查体情况（宫高36cm，腹围95cm，估计胎儿大小3000g，胎方位LOA，胎心70—80次/分，胎心位置：脐下，强度：模糊、弱,先露头,S-2,胎膜破,羊水:血性,Ⅲ度,宫颈未扩张),初步诊断:G_3P_0,孕39^{+2}周,LOA,待产;胎膜早破;胎儿宫内窘迫;阴道出血原因待查:胎盘早剥?可行,予吸氧、10% GS 500ml + VC 2.0g 静脉滴注、阿托品 0.5mg 静脉推注,符合产科诊疗规范。

3. 妊娠 20 周以后或分娩期正常位置的胎盘在胎儿娩出前部分或全部从子宫壁剥离,称为胎盘早剥。[①] 胎盘早剥是妊娠晚期严重并发症,具有起病急、发展快特点,若处理不及时可危及母儿生命。B 型超声检查:典型声像图显示胎盘与子宫壁之间出现边缘不清的液性低回声区,胎盘异常增厚或胎盘边缘"圆形"裂开。需注意的是,超声检查阴性结果不能完全排除"胎盘早剥"。

该孕妇入院当日的 B 超未提示胎盘早剥,但医方拟诊"阴道出血原因待查:胎盘早剥?",行剖宫产术后证实系"胎盘早剥(混合型)"。

(二)医方医疗行为中存在的过错

1. 胎盘位于子宫下段,胎盘边缘极为接近但未达到宫颈内口,称为低置胎盘。[②] 胎盘下缘与宫颈内口的关系可因宫颈管消失、宫口扩张而改变。前置胎盘类型可因诊断时期不同而改变。如临产前为完全性前置胎盘,临产后因宫口扩张而成为部分性前置胎盘。目前临床上均依据处理前最后一次检查结果来决定其分类。B 超检查可清楚显示子宫前壁、胎盘、胎先露部及宫颈的位置,并根据胎盘下缘与宫颈内口的关系,确定前置胎盘类型。阴道 B 超能更准确

[①] 参见茅清、李丽琼主编:《妇产科学》(第七版),人民卫生出版社 2014 年版。

[②] 参见茅清、李丽琼主编:《妇产科学》(第七版),人民卫生出版社 2014 年版。

地确定胎盘边缘与宫颈内口的关系。B超诊断前置胎盘时，必须注意妊娠周数。妊娠中期胎盘占据子宫壁一半面积，因此胎盘贴近或覆盖宫颈内口机会较多；妊娠晚期胎盘占据宫壁面积减少到1/3或1/4。子宫下段形成及伸展增加宫颈内口与胎盘边缘间的距离，故原似在子宫下段的胎盘可随宫体上移而改变成正常低置胎盘。所以许多学者认为，妊娠中期B超检查发现胎盘前置者，不宜诊断为前置胎盘，而应称为胎盘前置状态。

该院2012年2月15日的B超显示："胎盘位于子宫前壁，成熟度Ⅱ度，位置正常"，而当日的手术记录"胎盘组织覆盖子宫前壁"，产后亦明确诊断"胎盘低置"，证实该孕妇系胎盘低置，故医方当日的B超结果与孕妇实际情况不符。

2. 医方根据孕妇的病史（患者2月14日23:00左右自觉胎动较前频繁，后胎动减少，患者未重视，未来院就诊，次日零时无诱因下出现阴道流液，为暗红色血水样液体，起初量少，患者沐浴后来院）结合孕妇入院时查体情况（胎心70—80次/分，与孕妇心率大体一致，胎心位置：脐下，强度：模糊、弱），医方予行B超检查以确诊胎儿是否存活，不违反产科诊疗规范，但在实际行B超检查的过程中，由于产房未配备B超机、B超室地点较远、电梯故障、B超室仪器故障等原因，客观上使检查时间过长，一定程度上延迟了诊断胎儿宫内窘迫的时间，致一定程度上延迟了剖宫产时间。

（三）因果关系分析

胎儿对宫内缺氧有一定的代偿能力。轻度缺氧时，二氧化碳蓄积及呼吸性酸中毒使交感神经兴奋，肾上腺儿茶酚胺及肾上腺素分泌增多，致血压升高、胎心率加快。重度缺氧时，转为迷走神经兴奋，心功能失代偿，心率由快变慢。[①] 根据该孕妇的病史（患者2月14日23：00左右自觉胎动较前频繁，后胎动减少，患者未重视，未来院就诊，次日零时无诱因下出现阴道流液，为暗红色血水样液体，起初量少，患者沐浴后来院），孕妇来院时间较晚，来院就诊时胎心＜100次/分，何时由快转慢的具体时间不详，此时已存在胎儿窘迫，且该孕妇合并胎盘早剥，起病急、发展快，故新生儿出生后重度窒息最终死亡主要系其自身宫内缺氧及胎盘早剥所致，但医方医疗行为中存在的上述过错，一定程度上延迟了剖宫产时间，延长了胎儿宫内缺氧的时间，与新生儿死亡之间亦有一定的因果关系，其原因力为次要因素。

（蒋士浩）

[①] 参见茅清、李丽琼主编：《妇产科学》（第七版），人民卫生出版社2014年版。

No.20 唐氏筛查结果接近高风险未能告知可行羊水穿刺以明确诊断致患有唐氏综合征胎儿出生一例

▌案情介绍

患者××，1987年1月生。2008年7月10日行人流术。2009年7月22日因自然流产行清宫术。2011年3月31日因26^{+2}周，发现胎儿畸形（超声提示胎儿唇裂）行引产术。

2011年10月13日因"要求孕前检查"至某市立医院门诊就诊，查双方染色体正常。嘱：叶酸治疗。11月10日因支原体阳性至该院门诊就诊，嘱：强力安素、叶酸治疗。12月20日uu阳性治疗后复查，uu-PCR<最低检出限，予叶酸治疗。

2012年3月23日因"妊娠剧烈"入住该院。3月28日症状好转，出院。

4月28日至该院建卡行产前检查。

5月11日行血清学检查，5月18日报告示：21-三体风险1/300。

6月5日因"5月11日孕17^{+3}周，21-三体风险1/300，低风险，因低风险也有畸形儿，防止遗漏"行B超检查，报告示：胎儿双顶径45mm，腹径42mm，股骨径29mm，有胎心，羊水45mm×48mm，胎盘下缘距子宫颈内口40mm，胎盘附着部位前壁，胎盘级数0级，胎盘厚度18mm，NF：

5.2mm，鼻骨长 6.3mm，侧脑室：左 6.1mm，右 6.1mm，肾盂：目前孕周较小，双肾盂未显示，宫内妊娠，单活胎，超声检查不能完全排除胎儿细小结构的畸形。

10月5日因"G_3P_0，孕 38^{+2} 周，胎心偏慢"入住该院，当日行子宫下段剖宫产术，娩出一男婴，2550g，Apgar 评分10分钟10分。10月10日出院。

后新生儿被诊断为唐氏综合征。

争议焦点

患方认为：（1）患者有胎儿畸形流产史，应属高危孕妇，检测出21-三体风险值为1/300，属于临界风险，医方未充分告知风险。（2）高危孕妇诊断21-三体染色体病的金标准为羊水细胞或绒毛细胞染色体检查，医方未充分告知、未充分检查，侵犯了患儿父母的生育选择权。

医方认为：（1）已尽充分告知义务，患者在筛查风险告知单上签字确认，对产前筛查高风险、低风险的意义，存在假阴性的情况是知晓并确认的。（2）根据卫生部《胎儿常见染色体异常与开放性神经管缺陷的产前筛查与诊断技术标准》，患者21-三体属于低风险范畴（1/300），不需再做染色体异常的检查，但出于认真尽责的态度，还是为患者做了B超检查，结果也在正常范围。（3）患者本次无产前细胞学诊断（即羊水穿刺）的指征。（4）唐氏筛查假阴性系当今筛查技术的局限性所致，与诊疗行为无关。

鉴定意见

唐氏儿是孕妇自身因素所致，医方医疗行为中存在的过错与产前未能明确诊断唐氏儿致唐氏儿出生有一定的因果关系，其原因力为次要因素。

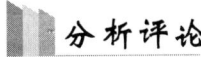
分析评论

唐氏筛查是一种通过抽取孕妇血清，检测母体血清中甲型胎儿蛋白、绒毛促性腺激素和游离雌三醇的浓度，并结合孕妇的预产期、体重、年龄和采血时的孕周等，计算生出先天缺陷胎儿的危险系数的检测方法。

该院《孕中期母血清学产前筛查知情同意书》提示："若筛查结果为低风险，我们建议继续妊娠和产前检查；若筛查结果为高风险，我们建议进一步介入性产前诊断或产科超声检查；若胎儿确诊为染色体异常或开放性神经管缺陷，可按孕妇本人意愿终止或继续妊娠；若胎儿染色体核型分析结果或产科超声检查结果正常，则可排除唐氏综合征或18-三体综合征等胎儿重大染色体异常疾病以及胎儿先天性神经管缺陷，可继续妊娠和产前检查。针对上述三种先天性疾病的中孕期母血清学二联标志物法产前筛查，此结果不是诊断，只是对风险的评估。"此知情同意书将唐氏筛查的目的、性质、必要性和风险局限性等相关事项明确告知患方，并且有孕妇"×××"签字，医方履行了告知义务。

2012年5月18日的唐氏筛查结果：21-三体风险1/300。该报告的"说明：低风险（<1/270、<1/350、AFPMOM<2.5）的报告，只表明胎儿发生该种先天异常的机会很低，并不能完全排除这种异常或其他异常可能性。高风险（≥1/270、≥1/350、AFPMOM≥2.5）的报告，只表明胎儿发生该种先天异常的可能性大，并不是确诊，建议立即到生殖遗传咨询门诊就诊，做羊水穿刺细胞遗传检查，以确定诊断"表明，医方对低风险和高风险进行了解释说明。

（一）医方医疗行为中存在的过错

《胎儿常见染色体异常与开放性神经管缺陷的产前筛查与诊断技术标准》规定，羊膜腔穿刺术指征为：孕妇预产期年龄大于等于35岁；孕妇曾生育过染色体异常患儿；夫妇一方有染色体结果异常者；孕妇曾生育过单基因病患儿或先天性代谢病患儿；21-三体综合征、18-三体综合征产前筛查高风险者；其他需要抽取羊水标本检查的情况。

根据上述标准，该孕妇孕产期年龄小于35岁，无明确的生育过染色体异常患儿病史，夫妇双方均无染色体异常，无明确的生育过单基因病患儿或先天性代谢病患儿，唐氏筛查的结果为21-三体风险1/300，并非21-三体综合征产前筛查高风险者，故该孕妇无确定的羊水穿刺的指征，但结合孕妇的病史（自然流产一次、胎儿唇裂引产一次）以及唐氏筛查结果（21-三体风险1/300，接近高风险1/270），医方应引起重视，应向患方详细告知产妇有高危因素，可行羊水穿刺以明确诊断胎儿是否患有唐氏综合征，并告知羊水穿刺的风险，供患方选择是否进行羊水穿刺检查。医方虽行B超检查显示其结果正常，但未进行可行羊水穿刺的相关告知，供患方选择是否进行羊水穿刺检查，存在过错。

（二）因果关系分析

唐氏儿是孕妇自身因素所致，医方存在的未告知患方可行羊水穿刺检查以明确诊断胎儿是否患有唐氏综合征，致患方丧失了是否进行羊水穿刺的选择权，进而丧失了终止妊娠的机会，与唐氏儿的出生有一定的因果关系。鉴于孕妇并无确定的羊水穿刺的指征，故医方存在的过错与产前未能明确诊断唐氏儿致唐氏儿出生有一定的因果关系，其原因力为次要因素。

人们对产前筛查、优生优育越来越重视，虽然胎儿先天性遗传性疾病或畸形是孕妇自身的问题，但作为专科医生应当根据孕妇的病史，结合检查结果，全面分析作出判断，并且要将可能情况告知患者，让其作出选择，对此医方负有高度的专业注意义务，未尽到此义务就要承担一定的责任。

（蒋士浩）

No.21 不典型羊水栓塞未能采取积极有效抢救措施致患者病情加重最终死亡一例

案情介绍

患者××,女,因"停经38^{+5}周,见红伴下腹痛2小时"于2015年1月5日22:30入住某市第一医院。患者末次月经2014年4月7日,预产期2015年1月14日。

患者孕早期早孕反应轻,孕期建卡,定期产检,未做口服葡萄糖耐量试验(OGTT),未发现胎心、胎位、血压、血糖等异常,双下肢浮肿(+),既往(2013年11月)因"月经不调、不孕症"行促排卵治疗(具体药物不详),后周期渐规则。

入某市第一医院产科检查:宫高35cm,腹围101cm,估计胎儿大小3700g,胎方位LOA,胎心140次/分,胎心位置:脐左下,强度中,先露头,已衔接,未破膜,未行肛查,髂前上棘间径24cm,髂嵴间径26cm,骶耻外径20cm,坐骨结节间径9cm。

初步诊断:G_1P_0,孕38^{+5}周,LOA,待产。

入院后予吸氧,注意胎心、宫缩变化,嘱自数胎动等。

据产程进展图记载:规则宫缩开始于2015年1月5日22:00。

2015年1月6日1:50宫口开3cm,宫缩30″/3—4′,胎心144次/分;2:50宫口开5cm,宫缩30″/3′,胎心132次/分;3:30宫口开7cm,宫缩30″/3′,胎心133次/分;

No.21　不典型羊水栓塞未能采取积极有效抢救措施致患者病情加重最终死亡一例

3：55左右胎膜自破，羊水清，胎心监护提示胎心减速至40—68次/分，持续不恢复。（产程进展图记载：4：00宫口开10cm，宫缩30″/3′，胎心45—100次/分）

予以患者吸氧、10% GS 500ml + VC 2.0g 静滴等措施改善宫内环境，并紧急请示，上级医师上台后急行阴道检查：LOT，先露头，S+1，胎膜已破，上推胎头后胎心未见任何缓解，排除脐带隐性脱垂可能，考虑孕妇短时间内经阴道分娩困难，若继续等待随时有胎死宫内可能，拟紧急在产房手术终止妊娠并就地做好新生儿抢救工作。与孕妇及家属沟通交代病情后签署手术同意书，手术指征：胎儿宫内窘迫、羊水栓塞。

2015年1月6日4：00—5：25，患者因"胎儿宫内窘迫、羊水栓塞（手术同意书记载：羊水栓塞加重）？G_1P_0，孕 38^{+6} 周，临产，LOT"，于产房急诊局麻下行"子宫下段剖宫产术+宫腔纱条填塞"。

1月6日4：10顺利娩出一男婴，体重3300g，Apgar评分1分钟3分、5分钟4分，新生儿重度窒息，经积极抢救后生命体征平稳，转外院新生儿科继续治疗。

医方术中予缩宫素10u肌注+10u静脉滴注（手术记录中记载：20u静脉滴注），并持续按摩子宫，子宫收缩不理想，予欣母沛250ug肌肉注射、纱条宫腔填塞等措施预防产后出血后宫缩好转，术中出血量约500ml，按压宫底后阴道出血200ml，术中未输血。

患者术前与术中无明显胸闷心慌、气促、呼吸困难及呛咳等不适，但患者术中较一般局麻患者淡漠，对疼痛刺激反应不敏感。

医方为预防不典型羊水栓塞，予氢化可的松50mg、地塞米松10mg抗过敏治疗。

麻醉记录显示：手术过程中，血压逐渐下降，心率明显增加；1月6日5：30病程记录示：患者手术后血压监测提示：血压80/55mmHg，心率约170次/分，医方紧急予以开放静脉通路，并以麻黄碱、新福林升压并控制心率，葡萄糖酸钙、去甲肾上腺素改善心功能，林格氏液快速扩容等处理，血压有所回升，至117/48mmHg。

术后诊断：胎儿宫内窘迫；羊水栓塞；G_1P_1，孕38^{+6}周，LOT，已产。

1月6日5：50抢救记录显示：患者于手术后10分钟，心率再次增快，最高至180次/分，血压明显降低至42/23mmHg，予维持静脉通路，快速补液扩容，同时给予葡萄糖酸钙改善心脏功能，急查血气分析示 PH 7.15、PO_2 158mmHg、PCO_2 13mmHg，提示微循环障碍所致组织灌注不足以致酸性代谢产物堆积所致的代谢性酸中毒，立即予以碳酸氢钠250ml快速静脉滴注纠正酸中毒，同时给予地塞米松10mg静脉注射抗过敏、抗休克处理。

抢救过程中患者逐渐出现畏寒烦躁，轻度胸闷，自诉腰酸腰胀明显，神志尚清，对答尚能切题，肺部听诊未及明显干湿性啰音，肢端苍白，双侧桡动脉、足背动脉难及搏动，心电监护及手动均无法测量到血压。

手术后5：30第一次按压宫底见阴道出血，量约400ml，为暗红色血液，予二次欣母沛250ug肌肉注射、沙袋压迫宫底及持续按摩子宫。

此后每10分钟按压宫底均见中等量阴道出血，量约200ml，出血性质由暗红色血液逐渐变为暗红色不凝血。

结合患者术中及术后表现，考虑羊水栓塞。

统计阴道出血量已达近1800ml，且患者已出现DIC症状，需立即全麻下切除子宫并做好抗DIC抢救准备，医方立即电话联系院内、院外急会诊,并电话汇报。

2015年1月6日6:55至9:35,患者因"羊水栓塞、弥散性血管内凝血、失血性休克、产后大出血、剖宫产术后"在全麻下行"子宫次全切除术"。

术后诊断:羊水栓塞、弥散性血管内凝血、失血性休克、产后大出血、剖宫产术后。

术后患者转入ICU,转入诊断:羊水栓塞、弥散性血管内凝血、剖宫产术后、失血性休克、心肺复苏后、急性肾损伤、高钾血症,予以输血、抗休克、抗感染、持续CRRT等治疗。

2015年1月9日病理报告示:下腔静脉血大量红细胞,并见少量毳毛;1月13日病理报告示:子宫肌层个别血管内见角化物,余未见特殊,上腔静脉血找到少许角化物。

2015年1月14日10:30患者病情危重,经治无效,宣布死亡。

2015年1月16日上午行尸检,根据临床表现,结合尸体检验报告,患者死亡系羊水栓塞所致。

争议焦点

患方认为:医方没有尽到基本诊疗义务,未进行规范的产科检查,延误发现胎位异常;产程观察不到位,处置错误,导致宫缩强烈,产程停滞,从而出现羊水栓塞致宫内窘迫发生;本例羊水栓塞可以避免,医方后期未及时切除子宫,错误使用缩宫素,导致羊水栓塞加重。医方的过错与患者死亡之间有直接因果关系,应承担全部责任。

医方认为:医院诊疗过程符合医疗原则及诊疗规范,不存在医疗过错;产妇死亡结果与医院的诊疗过程无因果关系,与疾病本身的不良预后有关。故医院不存在医疗过错，不构成医疗事故。

鉴定意见

医方在诊疗过程中存在对产妇产程观察及胎儿监测不够仔细，在考虑不典型羊水栓塞可能的情况下，未能采取积极有效的抢救及监测鉴别诊断等措施，与患者病情的发展加重及最终死亡也有一定的因果关系，原因力为次要因素。

分析评论

（一）本案鉴定的相关理论依据

1. 关于分娩期并发症之产后出血[①]：

（1）定义：产后出血是指胎儿娩出后 24 小时内失血量超过 500ml，剖宫产时超过 1000ml，是分娩期的严重并发症，居我国产妇死亡原因首位。

（2）病因：子宫收缩乏力、胎盘因素、软产道裂伤及凝血功能障碍是产后出血的主要原因。这些原因可共存、相互影响或互为因果。

（3）临床表现：胎儿娩出后阴道流血及出现失血性休克、严重贫血等相应症状，是产后出血的主要临床表现。

阴道流血：胎儿娩出后立即发生阴道流血，色鲜红，应考虑软产道裂伤；胎儿娩出后数分钟出现阴道流血，色暗红，应考虑胎盘因素；胎盘娩出后阴道流血较多，应考虑子宫收缩乏力或胎盘、胎膜残留；胎儿娩出后阴道持续流血，且血液不凝，应考虑凝血功能障碍；失血表现明显，

---

① 参见谢幸、孔北华、段涛主编：《妇产科学》（第八版），人民卫生出版社 2018 年版。

No. 21 不典型羊水栓塞未能采取积极有效抢救措施致患者病情加重最终死亡一例

伴阴道疼痛而阴道流血不多，应考虑隐匿性软产道损伤，如阴道血肿。

剖宫产时主要表现为胎儿胎盘娩出后胎盘剥离面的广泛出血，宫腔不断被血充满或切口裂伤处持续出血。

低血压症状：患者头晕、面色苍白，出现烦躁、皮肤湿冷、脉搏细数、脉压缩小时，产妇已处于休克早期。

（4）诊断：主要根据临床表现估计出血量，明确原因，及早处理。但需要注意的是，估测的出血量往往低于实际失血量。

失血原因的诊断：根据阴道流血发生时间、出血量与胎儿、胎盘娩出之间的关系，能初步判断引起产后出血的原因。有时产后出血原因互为因果。

（5）处理：①处理原则：针对出血原因，迅速止血；补充血容量，纠正失血性休克；防止感染。

②子宫收缩乏力：按摩子宫；应用宫缩剂（缩宫素、前列腺素类药物）；宫腔纱条填塞；子宫压缩缝合；结扎盆腔血管；髂内动脉或子宫动脉栓塞；切除子宫。

2. 关于分娩期并发症之羊水栓塞[①]：

（1）要点：

①典型的临床特征是分娩前后血压骤然下降，组织缺氧和消耗性凝血功能障碍。孕产妇死亡率极高。

②一旦怀疑，立刻抢救，包括抗过敏、解除肺动脉高压、抗休克、防止 DIC 和肾衰竭等。

③抢救的首选药物为糖皮质激素和盐酸罂粟碱。

（2）定义：羊水栓塞是指在分娩过程中羊水突然进入

---

① 参见谢幸、孔北华、段涛主编：《妇产科学》（第八版），人民卫生出版社 2018 年版。

母体血液循环引起急性肺栓塞、过敏性休克、弥散性血管内凝血（DIC）、肾衰竭等一系列病理改变的严重分娩并发症。也可发生在足月分娩和妊娠10—14周钳刮术时，死亡率高达60%以上，是孕产妇死亡的主要原因之一。

近年研究认为，羊水栓塞主要是过敏反应。

（3）病因：一般认为，羊水栓塞是由于胎粪污染的羊水中的有形物质（胎儿毳毛、角化上皮、胎脂、胎粪）进入母体循环所引起。羊膜腔内压力增高（子宫收缩过强）、胎膜破裂和宫颈损伤处有开放的静脉窦或血窦，是导致羊水栓塞发生的基本条件。高龄产妇和多产妇（较易发生子宫损伤）、自发或人为导致的宫缩过强、急产、胎膜早破、前置胎盘、胎盘早剥、子宫不完全破裂、剖宫产术等均可诱发羊水栓塞。

（4）病理生理：羊水进入母体循环后，可引起一系列病理生理变化，如肺动脉高压；过敏性休克；弥散性血管内凝血；急性肾衰竭。

（5）临床表现：羊水栓塞起病急骤、临床表现复杂是其特点。多发生于分娩过程中，尤其是胎儿娩出前后的短时间内，但也有极少数病例发生于羊膜腔穿刺术中、外伤时或羊膜腔灌注等情况下。

①典型羊水栓塞：是以骤然的血压下降（血压与失血量不符合）、组织缺氧和消耗性凝血病为特征的急性综合征。一般经过三个阶段：心功能衰竭和休克；出血；急性肾衰竭。

②不典型羊水栓塞：有些病情发展缓慢，症状隐匿。缺乏急性呼吸循环系统症状或症状较轻；有些患者羊水破裂时突然一阵呛咳，之后缓解，未在意；也有些仅表现为分娩或剖宫产时的一次寒颤，几小时后才出现大量阴道出

血,无血凝块,伤口渗血,酱油色血尿,并出现休克症状。

(6) 诊断:

①临床表现及病史:羊水栓塞的诊断主要是根据诱发因素、临床症状和体征。在诱发子宫收缩、宫颈扩张或分娩、剖宫产过程中或产后短时间内,出现下列不能用其他原因解释的情况:血压骤降或心脏骤停;急性缺氧如呼吸困难、发绀或呼吸停止;凝血机制障碍,或无法解释的严重出血。有这些情况首先诊断为羊水栓塞,并立即按羊水栓塞抢救,同时进行下列检查。

②辅助检查:血涂片查找羊水有形物质;床旁胸部X线射片;床旁心电图或心脏彩色多普勒超声检查;与DIC有关的实验室检查。

(7) 处理:一旦怀疑羊水栓塞,立刻抢救。抗过敏、纠正呼吸循环功能衰竭和改善低氧血症、抗休克、防止DIC和肾衰竭发生。

①抗过敏:分娩前后突然出现羊水栓塞的前驱症状,在改善缺氧同时,应立即给予大剂量肾上腺糖皮质激素抗过敏、解痉,稳定溶酶体,保护细胞。氢化可的松100—200mg加于5%—10%葡萄糖液50—100ml快速静脉滴注,再用300—800mg加于5%葡萄糖液250—500ml静脉滴注,日量可达500—1000mg;或地塞米松20mg加于25%葡萄糖液静脉推注后,再加20mg于5%—10%葡萄糖液中静脉滴注。

②解除肺动脉高压:应用解痉药物缓解肺动脉高压,改善肺血流低灌注,根本改善缺氧,预防右心衰所致的呼吸循环衰竭。盐酸罂粟碱为首选药物;阿托品;氨茶碱;酚妥拉明。

③抗休克——纠正酸中毒:应及时行动脉血气分析血

清电解质测定,如有酸中毒时,用5%碳酸氢钠液250ml静脉滴注,并及时纠正电解质紊乱。

④防止DIC:肝素钠用于治疗羊水栓塞早期的高凝状态,尤其在发病后10分钟内使用效果更佳;补充凝血因子,应及时输新鲜血或血浆、纤维蛋白原等;抗纤溶药物的应用。

⑤产科处理:若发生于胎儿娩出前,应积极改善呼吸循环功能,防止DIC,抢救休克,待好转迅速结束分娩。在第一产程发病者剖宫产终止妊娠;第二产程发病者阴道助产,并密切观察子宫出血情况。若发生产后出血,经积极处理仍不能止血者,应行子宫切除术,以减少胎盘剥离面开放的血窦出血,争取抢救时机。

(二)诊疗行为分析

医方在诊疗行为中存在以下过错:

1. 医方在患者入院后,从患者病程发展、胎儿胎心变化以及产程记录上看,医方对患者的观察记录和胎儿的监测不够细致。

2. 2015年1月6日3:55左右,胎心减速至40—68次/分,持续不恢复。医方考虑了多种原因,包括"不典型羊水栓塞",并立即于4:00在产房急诊局麻下行"子宫下段剖宫产术",10分钟内顺利娩出一男婴,为患儿赢得抢救时机。

但据资料显示:一旦怀疑羊水栓塞,应立即进行抢救,包括抗过敏、解除肺动脉高压、抗休克、防止DIC和肾衰竭等。医方此时已考虑"不典型羊水栓塞"可能,救治力度存在不足。

3. 2015年1月6日3:55左右,胎心减速至40—68次/分,持续不恢复。医方予上推胎头后胎心未见任何缓解,为防止胎死宫内情况的发生,与孕妇及家属沟通交代病情

No.21 不典型羊水栓塞未能采取积极有效抢救措施致患者病情加重最终死亡一例

后签署手术同意书,拟紧急在产房手术终止妊娠并就地做好新生儿抢救工作。手术指征:胎儿宫内窘迫、羊水栓塞。

4:00患者因"胎儿宫内窘迫、羊水栓塞(手术同意书记载:羊水栓塞加重)?G_1P_0,孕38^{+6}周,临产LOT",于产房急诊局麻下行"子宫下段剖宫产术+宫腔纱条填塞"。

患者手术指征明确有"羊水栓塞",手术同意书亦记载"羊水栓塞加重",然而医方在手术过程中应用缩宫素10u肌注+10u静脉滴注(手术记录中记载:20u静脉滴注);在持续按摩子宫,收缩仍不理想的情况下,又应用欣母沛250ug肌肉注射。

针对"羊水栓塞"的处理,医方诊疗行为不符合诊疗规范。

4. 患者术前与术中无明显胸闷心慌、气促、呼吸困难及呛咳等不适,但患者术中较一般局麻患者淡漠,对疼痛刺激反应不敏感。

医方为预防不典型羊水栓塞,予氢化可的松50mg、地塞米松10mg抗过敏治疗。

据资料显示:针对羊水栓塞—抗过敏、应立即给予大剂量肾上腺糖皮质激素抗过敏、解痉,稳定溶酶体,保护细胞。氢化可的松100—200mg加于5%—10%葡萄糖液50—100ml快速静脉滴注,再用300—800mg加于5%葡萄糖液250—500ml静脉滴注,日量可达500—1000mg;或地塞米松20mg加于25%葡萄糖液静脉推注后,再加20mg于5%—10%葡萄糖液中静脉滴注。

医方虽应用激素治疗,但剂量不足。

5. 剖宫产手术后5:30第一次按压宫底见阴道出血,量约400ml,为暗红色血液,予二次欣母沛250ug肌肉注射、沙袋压迫宫底及持续按摩子宫。

此后每10分钟按压宫底均见阴道出血，量约200ml，出血性质由暗红色血液逐渐变为暗红色不凝血。

医方于术前、术中多次考虑患者"羊水栓塞"可能，但手术后又予以二次欣母沛250ug肌肉注射，不符合诊疗规范。

6. 患者于剖宫产术后血压监测提示：血压80/55mmHg，心率约170次/分，医方予以紧急处理，于手术后10分钟，患者心率再次增快，最高至180次/分，血压明显降低至42/23mmHg，医方再次予以紧急对症抢救处理。

抢救过程中患者逐渐出现畏寒烦躁，轻度胸闷，自诉腰酸腰胀明显，神志尚清，对答尚能切题，肺部听诊未及明显干湿性啰音，肢端苍白，双侧桡动脉、足背动脉难及博动，心电监护及手动均无法测量到血压。

医方结合患者术中及术后表现，考虑羊水栓塞。

统计阴道出血量已达1800ml，且患者已出现DIC症状，医方因患者"羊水栓塞、弥散性血管内凝血、失血性休克、产后大出血、剖宫产术后"于2015年1月6日6：55在全麻下行"子宫次全切除术"。

据资料显示：关于羊水栓塞在产科处理方面，若发生产后出血，经积极处理仍不能止血者，应行子宫切除术，以减少胎盘剥离面开放的血窦出血，争取抢救时机。

医方于1月6日4：00为患者实施"子宫下段剖宫产术"，术中出血量约500ml，按压宫底后阴道出血200ml，术中未输血；剖宫产手术于5：25结束，术后5：30第一次按压宫底见阴道出血，量约400ml，为暗红色血液；此后每10分钟按压宫底均见中等量阴道出血，量约200ml，出血性质逐渐变为暗红色不凝血。

在此期间医方多次予以宫缩剂加强子宫收缩、沙袋压迫宫底及持续按摩子宫，但仍不能有效止血。

医方直至6：55在全麻下行"子宫次全切除术"，医方手术时机把握不够准确。

7. 2015年1月5日22：30患者入院，22：30医嘱示"凝血常规检测全套"。此后，1月6日6：55医方在全麻下为患者实施"子宫次全切除术"，至9：35结束，术后患者即转入ICU。10：00医方医嘱行"凝血常规检测全套"，当时予以执行。

12：12予以报告示：活化部分凝血活酶时间：86.10sec、凝血酶原时间：21.80sec、D-2聚体：＞50.00ug/ml、血浆纤维蛋白原：0.33g/l，为大量失血后凝血异常表现。

2015年1月6日3：55左右，胎心减速至40—68次/分，持续不恢复。医方考虑了多种原因，包括"不典型羊水栓塞"；4：00行剖宫产，手术指征考虑"羊水栓塞"（手术知情同意书中记载：羊水栓塞加重）；剖宫产术中该患者较一般局麻患者淡漠，对疼痛刺激反应不敏感，医方再次考虑"不典型羊水栓塞"可能。

从1月6日3：55左右，胎心减速，直至1月6日10：00，医方才医嘱行"凝血常规检测全套"，1月6日12：12予以报告。医方在考虑"羊水栓塞"后，凝血功能检查不及时。

8. 2015年1月6日6：55—9：35患者再行次子宫全切除术后转入ICU，即予以输血、抗休克、抗感染、持续CRRT等治疗。

2015年1月6日5：50医方医嘱行备血，5：50执行；6：30医方医嘱应用悬浮红细胞×4、新鲜冰冻血浆×20，7：15执行。此后，方才见有关输血、血浆等记录。

2015年1月6日3：55左右胎心减速，医方已有考虑

"不典型羊水栓塞"因素；剖宫产术中发现患者较一般局麻患者淡漠，对疼痛刺激反应不敏感，医方再次考虑"不典型羊水栓塞"可能，直至1月6日7：15才执行输血、血浆等。

医方诊疗过程中，在补充血容量和凝血因子方面存在不足。

(三) 因果关系分析

羊水栓塞的发生概率极低，临床难以预料和防范，一旦发生，抢救困难，死亡率极高。本例羊水栓塞可能发生在胎膜自破后胎心骤降时，具体原因不明确，不排除与患者高敏体质有关，病情发展迅速，症状较不典型。根据临床表现，结合尸体检验报告，患者最终死亡系羊水栓塞所致。

医方在诊疗过程中存在对产妇产程观察及胎儿监测不够仔细，在考虑不典型羊水栓塞可能的情况下，未能采取积极有效的抢救及监测鉴别诊断等措施，与患者病情的发展加重及最终死亡也有一定的因果关系。

羊水栓塞的发生临床难以预料和防范，一旦发生，抢救困难，死亡率极高。正是因为羊水栓塞的凶险，临床中一旦怀疑羊水栓塞，应立即进行全面监测和抢救，针对怀疑羊水栓塞的病例，医务人员应当高度警惕，全力以赴进行监测和抢救。该案例从怀疑羊水栓塞到行"子宫次全切除术"有2—3个小时的时间，采取的监测和抢救等一系列措施明显不够积极到位，未能尽到相应的注意义务，教训应当吸取。

(蒋士浩)

No.22 延误羊水栓塞救治时机致产妇死亡一例

案情介绍

患者××，24岁，因"停经 41^{+2} 周，阴道流液2小时"，入住某二甲医院。入院时情况：宫高37cm，腹围103cm，宫缩不规律，胎位LOA，胎心144次/分，头浮，估计胎儿体重4000g。坐骨棘间径≥10cm，坐骨棘平伏，骶棘韧带容3指。入院诊断：（1） G_4P_1 ，孕 41^{+2} 周，LOA，待产；（2）胎膜早破；（3）巨大儿？考虑孕妇虽为第二胎待产，但其身高仅151cm，前次分娩已9年，虽可试产，但阴道分娩有一定难度，且孕妇要求剖宫产，故决定施行剖宫产术。入院当日14：50行子宫下段剖宫产术，徒手取出一女婴，体重3950g，宫壁注射催产素20u。术中见子宫壁薄且胎儿偏大，予米索0.6mg口服促宫缩。术中出血100ml，15：40术毕，16：00返病房，血压120/80mmHg。18：30产妇阴道出血多，约250ml，血压100/65mmHg，心率94次/分。腹部伤口敷料无新鲜渗血，宫底平脐，按压宫底未见活动性出血，给予妥塞敏、米索前列醇。19：40血压105/60mmHg，脉搏88次/分，腹部伤口敷料无新鲜渗血，宫底平脐，按压子宫收缩好，阴道无活动性出血，术后入量1500ml，尿量350ml，截至此时共出血400ml。21：00产妇出现呼之不应，面色苍白，血压80/40mmHg，脉搏130次/分，呼吸26次/分，腹软，伤口敷料无新鲜渗血，宫底平脐，按压宫底子宫收缩尚可，阴道少量活动性出血，给予生理盐水补液、地塞米松治疗后患者苏醒，血压升至101/56mmHg，脉搏135次/分。输红细胞悬液800ml，输血过程中产妇再次进入休克状态，呼之不应，血压65/40mmHg，脉搏140次/分，呼吸36次/分，阴道有活动性出血，血色素51.0g/L，阴道再次出血400ml，3P试验①（+），有DIC可能，给予婴粟碱30mg静推。23：00患者处于昏迷状态，呼之不应，面色苍白，血压降至40/20mmHg，阴道出血量约800ml，向患者家属交待病情，考虑产后大出血、继发宫缩乏力、羊水栓塞？建议子宫切除术。1月9日0：30行子宫全切除术。术中见子宫呈苍白色，收缩欠佳，如妊娠5个月大，腹腔内有暗红色不凝稀血800ml，左输卵管呈紫蓝色，伞端有活动性出血，左阔韧带有一6cm×4cm×4cm血肿，行左髂内动脉结扎术，术中产妇突然出现心跳骤停，给予胸外按压、除颤、肾上腺素等抢救，20分钟后心跳、呼吸恢复，瞳孔散大，对光反射有反应，在呼吸循环支持下继续手术，探查盆腔创面仍有渗血，将宫纱填入盆底压迫止血，子宫全切除。术后产妇处于昏迷状态，请外院医师会诊协助诊疗。1月10日产妇死亡，死亡诊断：多脏器功能衰竭，弥漫性血管内凝血，休克，羊水栓塞，产后出血。

尸检报告：足月妊娠妇女，剖宫产术后肺脏羊水栓塞，致DIC，腹腔大范围出血及大脑枕叶出血，多脏器功能衰竭死亡。

---

① 即血浆鱼精蛋白凝固试验。

No.22　延误羊水栓塞救治时机致产妇死亡一例

■ 争议焦点

患方认为：（1）医方直接实施剖宫产手术，未给予充分试产机会；（2）未按照诊疗常规观察病情，延误产后出血的诊断，从而导致DIC是产妇死亡的主要原因；（3）护士在无医嘱的情况下擅自用药，临时医嘱下达后护士没有执行。

医方认为：（1）医院对产妇所实施的诊疗行为符合医疗常规，履行了应尽的告知义务和注意义务，产妇死亡原因是分娩后并发羊水栓塞导致多脏器功能衰竭；（2）医疗行为强调的是诊疗过程不违规，而非保证患者愈后一定达到理想结果。

■ 鉴定意见

诉讼中，法院委托××医学会进行医疗事故技术鉴定，鉴定意见为：本例属于一级甲等医疗事故，医方负次要责任。

■ 分析评论

1. 医方根据孕妇的宫高＋腹围＞140cm、B超结果考虑胎儿为巨大儿的可能，为其实施剖宫产术未违反产科诊疗规范，并且事后证明胎儿体重估计在允许误差范围内。术前履行了知情同意义务，审核手术记录，未发现手术操作有违反诊疗规范之处。

2. 医方在剖宫产术后的观察和处理方面存在以下过失：

（1）对剖宫产术后产妇的生命体征、阴道出血、子宫收缩情况的观察没有按照剖宫产术后诊疗、护理常规进行；[①]

[①] 张锦笑等：《高龄产妇产后大出血的护理体会》，载《中国医学创新》2012年第17期。

（2）没有及时观察到产妇产后病情变化，对其原因未进行认真分析、作出正确的诊断并给予恰当的处理，直到患者意识丧失、病情危重时才考虑到羊水栓塞的可能，延误了羊水栓塞的救治时机。

（3）根据产妇产后的临床表现、尸检结果判断，产妇产后发生了羊水栓塞这一产科严重并发症，并因此导致DIC、多脏器功能衰竭，最终死亡。医方上述医疗过失与产妇死亡有一定的因果关系。①

（4）羊水栓塞的发生与分娩方式的选择无必然的因果关系。羊水栓塞不可预料并难以防范，且极其凶险，即使得到了及时救治，其死亡率仍较高；加之本例为迟发性羊水栓塞，临床表现不典型，给早期诊断带来了一定困难。② 这些因素是本例产妇死亡的主要原因，医方的上述医疗过失只起了次要作用。

（5）在第二次手术中发现的左输卵管呈紫蓝色、伞端有活动性出血、左阔韧带有一 6cm×4cm×4cm 血肿与 DIC 有关，与第一次手术无关。

（6）医方还存在与产妇死亡无因果关系的其他过错：①在病历中有关时间、年龄的记录存在前后矛盾的现象；②虽然在抢救危重患者时可以执行口头医嘱，事后补记，但医方存在补记不全的问题。③

（庄立军　陈志华）

---

① 蒋梅秀、时增玉、龚桂香：《30例产妇产后大出血的护理》，载《全科护理》2012年第8期。

② 张锦笑等：《高龄产妇产后大出血的护理体会》，载《中国医学创新》2012年第17期。

③ 冯月朋：《医疗损害赔偿案件归责原则体系的完善》，载《环球市场信息导报（理论）》2014年第6期。

№.23 未及时改变分娩方式致新生儿脑瘫一例

案情介绍

患儿××之母，28岁，因"第一胎，孕足月，发现羊水少半天"于××年4月13日10：40住入××医院。入院时情况：宫高36cm，腹围116cm，胎位头位，胎心160次/分。肛查：出口横径8.0cm，宫颈软，近全消，宫口未开，骶凹形成好，双坐骨棘不凸，棘间径10.0cm，S=0cm。B超：宫内单胎，头位，BPD 9.0cm，HC 32.2cm，FL 7.2cm，AC 34.6cm，前壁胎盘Ⅱ度，四平面羊水指数4.2cm，S/D 1.9，胎心胎动（+），EFW 3317g。提示单活胎头位，羊水少。入院诊断：G_1P_0，宫内妊娠孕37^{+3}周，头位待产；羊水过少。入院后向孕妇及其家属交待病情，估计胎儿体重3200g，羊水少，随时可能出现胎儿宫内窘迫，孕妇表示愿意静点催产素引产，经阴道分娩，若在产程中出现阴道分娩困难，则随时行剖宫产终止妊娠。4月14日17：30孕妇无阵发腹痛，胎心156次/分。4月15日8：00孕妇偶有腹痛，体温正常，心肺呼吸无异常，胎心140次/分，继续静点催产素。4月15日13：30分孕妇入待产室待产；13：40胎心有减速，低至90—100次/分，给予面罩吸氧；14：50孕妇不能自行排尿，给予导尿，尿量约400ml；16：20产程停滞，16：40开始行腹式子宫下段剖宫产手术，16：53娩出男婴，体重3300克，身长52cm，皮肤发紫，Apgar评分：

1分钟9分、5分钟10分、10分钟10分，后羊水清亮。新生儿回病房后发憋，精神反应弱，肌张力略低，考虑可能存在缺氧缺血性脑病，颅内出血，呼吸窘迫综合征，给予吸氧，建议去上级医院治疗。

4月15日22：00，患儿因"出生后青紫4个小时"被转入××上级医院。入院诊断：（1）新生儿肺炎；（2）头颅血肿；（3）混合性酸碱平衡紊乱，代谢性酸中毒合并呼吸性碱中毒。5月14日出院，出院诊断：（1）新生儿缺氧缺血性脑病；（2）新生儿肺炎；（3）新生儿高胆红素血症；（4）头颅血肿；（5）混合性酸碱平衡紊乱，代谢性酸中毒合并呼吸性碱中毒（代偿性）。次年7月7日至8月14日，患儿再次在该院住院，诊断：（1）运动发育落后；（2）缺氧缺血性脑病，后遗症期；（3）上呼吸道感染。

同年12月19日患儿经其他医院诊断：运动发育落后，偏瘫（左侧）。

鉴定会现场体检情况：身高79cm，头围45.5cm，神志清，查体不合作，会站不能行走，左上肢主动运动差，双下肢肌张力正常，膝腱反射稍亢进，双踝阵挛（-），站立时左下肢足尖着地。

争议焦点

患方认为：（1）医方在患儿母亲羊水少的情况下，未及时施行剖宫产手术终止妊娠，存在过错；（2）相对头盆不称也证明未及时行剖宫产手术终止妊娠是错误的；（3）医方的告知不明确；（4）医方的医疗过错与患儿的损害后果之间存在因果关系。

医方认为：在整个诊治过程中，医院无违反医疗卫生管理法律、行政法规、部门规章和诊疗护理规范、常规的行为，患儿缺氧缺血性脑病与医院的诊疗行为无关，因此不属于医疗事故，医院不应承担责任。

鉴定意见

诉讼中，法院委托××医学会进行医疗事故技术鉴定，鉴定意见为本病例属于三级丙等医疗事故，医方负主要责任。

分析评论

1. 医方在对患儿××之母的诊疗过程中存在以下医疗过失：（1）对孕妇羊水过少动态监测不够；（2）催产素点滴引产和产程观察、记录不规范，在宫缩过频、胎心监测出现异常时，未及时改变分娩方式。

2. 根据病史、患儿出生后的临床表现和影像学检查结果，临床诊断缺氧缺血性脑病成立。[①] 经康复治疗，患儿目前运动发育落后，轻度左侧肢体偏瘫。

3. 医方上述医疗过失与患儿目前人身损害后果之间存在因果关系，是导致患儿目前人身损害后果的主要原因。[②] 孕妇妊娠 37^{+3} 周，羊水过少也是导致患儿人身损害后果的原因之一。

4. 《医疗事故处理条例》和《医疗纠纷预防和处理条例》的关系。

2002年9月1日《医疗事故处理条例》实施后的一段时期，《医疗事故处理条例》既适用于卫生行政部门监管医

---

① 谢真：《开腹与腹腔镜胃十二指肠溃疡穿孔修补术的疗效及对患者应激反应的影响》，载《河南外科学杂志》2017年第5期。

② 蒋士浩：《〈侵权责任法〉之违反告知义务案例分析》，载《江苏卫生事业管理》2017年第4期。

疗机构及其医务人员,并对医疗事故责任人进行行政处罚,也适用于医疗纠纷民事赔偿。2010年7月1日《中华人民共和国侵权责任法》实施以后,《医疗事故处理条例》逐渐淡出民事赔偿属性。医疗纠纷的民事赔偿适用2018年10月1日开始实施的《医疗纠纷预防和处理条例》。简言之,今后,追究医疗机构及其医务人员的医疗纠纷行政责任,适用《医疗事故处理条例》,追究医疗机构及其医务人员的医疗纠纷民事赔偿责任,适用《医疗纠纷预防和处理条例》。[①]

(庄立军 陈志华)

[①] 刘鑫、连宪杰:《医疗侵权案件地方司法指导文件证据规定研究》,载《证据科学》2015年第2期。

No.24 违反产科诊疗常规致新生儿脑瘫一例

案情介绍

产妇××,35岁,因"怀孕足月,见红10小时"于××年2月16日住入××医院。专科检查:宫高:35cm,腹围:104cm,胎位:右枕前,胎心:140次/分,胎先露浅定。骨盆外测量:髂前上棘间径26cm,髂嵴间径28 cm,骶耻外径20cm,出口横径9cm,耻骨弓角度:大于90度。肛检:宫颈管消失70%,宫口可容一指,胎膜未破,胎先露:S-2。骶骨:浅弧,尾骨翘度:正常,坐骨棘:平坦,坐骨切迹:容三指,坐骨棘间径:大于10cm。产科B超:晚孕,头位。初步诊断:G_3P_0;妊娠38周;右枕前。17日15时临产,宫缩20—30″/5—6′。23:10入室试产:胎心基线155次/分,经左侧卧位吸氧后复查胎心监护,胎心基线150次/分,宫缩后胎心下降至80—90次/分,持续30秒恢复至150次/分,查宫口开大3 cm,胎膜未破,胎头棘上2 cm,考虑胎儿宫内窘迫,短期不能分娩,准备行剖宫产结束分娩。18日0:50"行子宫下段剖宫产术",术中以右枕前助娩一活男婴,体重2650g,Apgar评分8分,皮肤颜色、呼吸各减1分。术后给予抗炎、补液、止血等治疗。18日6:00许产妇诉新生儿哭闹时面部通红,口唇青紫,四肢僵硬,阵发性发作4次,平静时逐渐好转,吸奶时无明显口唇青紫。查体:心率140次/分,心律齐,未闻及明显杂音,呼吸38次/分,双肺未闻及干湿啰音。请新生儿科会诊，18 日 22：00 转入儿科病房。

3 月 2 日患儿因"出生后 Apgar 评分 8 分，术中发现羊水Ⅲ度污染"到××上级医院就诊。查体：视听反应尚好，头竖立差，四肢肌张力不高。诊断：宫内窘迫；HIE①；颅内出血；脑室扩大。建议早期干预。

两年半后患儿经某三甲医院诊断为：脑瘫（轻度）。

鉴定会现场体检情况：神志清楚，营养中等，生长发育正常，步态不稳，动作不协调，言语表达能力正常，精细运动落后于同龄儿，双下肢轻度内旋，双下肢肌力Ⅳ$^+$级。

争议焦点

患方认为：（1）产前未及时发现胎儿宫内发育受阻及慢性缺氧状态。（2）产时：①对产妇未观察明显指征，在产妇及家属的要求下才实施剖宫产手术；②产科医师未密切观察产程进展；③未按常规进行胎心监测，未能及早发现宫内窘迫；④贻误手术时机，延长胎儿宫内窘迫时间；⑤未采取有效措施纠正胎儿缺氧状态。（3）产后对高危出生儿未进行必要关注和及时治疗：①新生儿为高危出生儿，未按医疗常规做好抢救的准备。②未给新生儿做血气分析，也未仔细检查脐带扭转的周数，这两项检查可以客观、科学地评价胎儿的缺氧程度，以便采取相应的处理措施。③新生儿出生后 5 个小时就出现兴奋、吐舌、双手不握拳、哭闹时口周发绀等现象，家长多次找医务人员反映新生儿出现的异常现象，但产科医师均回答是正常现象，未采取任何治疗措施。

---

① 围产期新生儿因缺氧引起的脑部病变。

No.24 违反产科诊疗常规致新生儿脑瘫一例

医方认为：（1）医院在对产妇的产程处理及新生儿的护理治疗中，严格遵守诊疗护理规范、常规；（2）医院对胎儿窘迫的诊断明确，处理得当；（3）对新生儿护理符合常规，发现异常后处理得当。

鉴定意见

诉讼中，法院委托××医学会进行医疗事故技术鉴定，鉴定意见为：本病例属于三级戊等医疗事故，医方负次要责任。

分析评论

1. 医方在对产妇及新生儿的诊治过程中存在以下医疗过失：（1）在孕期保健过程中，对胎儿脐血流 S/D 比值异常的情况未予重视；在孕 35 周后，未进行常规胎心监护；（2）在产妇入院及临产后，未按产科诊疗常规进行产程观察、胎心监护及相关检查；（3）本例为高龄初产，存在胎儿窘迫，术中发现羊水Ⅲ度污染、脐带过度扭转等情况，医方术后对新生儿观察、监护不到位。[①]

2. 患儿目前诊断为脑瘫，经治疗，遗留步态不稳、动作不协调、双下肢轻度内旋、双下肢肌力Ⅳ$^{+}$级等功能障碍。

3. 本例胎儿脐带细、过度扭转，新生儿出生时体重偏小，说明胎儿存在影响生长发育不良的因素。脑瘫的病因较多，尚难以确定本例的确切原因，但不除外医方上述医

[①] 李静、荆春丽、陈春梅：《产前超声检测胎儿静脉导管与肺静脉血流频谱在评价高危胎儿心功能及不良预后中的应用》，载《临床心血管病杂志》2016 年第 9 期。

疗过失与患儿目前人身损害后果之间存在因果关系。

统计显示，产科是医疗纠纷的高发科室，且败诉的概率较大，赔偿金额较高。产科常见医疗过错可发生在产前检查、产前诊断、妊娠合并症和分娩前并发症的防治、产程监测及产程异常处置等各环节。

减少孕产妇、胎儿及新生儿死亡率，保障母亲和婴儿健康，提高出生人口素质，是《中华人民共和国母婴保健法》的立法宗旨，也是广大产科医务人员追求的目标。对此，全国各地医务工作者进行了有益探索。例如，对孕产妇、新生儿死亡的病例，组织省一级的产科专家进行病例讨论，总结经验教训，针对产科常见医疗过错制定防范措施。经过不断努力，近年来，三级以上医院产科医疗纠纷发生率明显减少，医疗过错检出率亦显著减少。

（庄立军　陈志华）

No.25 产前检查未注意孕早期"感冒"病史致缺陷婴儿出生一例

案情介绍

孕妇××,33 岁,2012 年 9 月 27 日因孕 13^{+3} 周在××医院建档,月经周期 30—45 天,末次月经 2012 年 6 月 21 日。体重 54kg,身高 165cm,血压 110/60mmHg。超声所见:胎儿头径 2.5cm,可见胎心、胎动,羊水厚径 2.7cm。超声诊断:单活胎,胎儿大小相当于 14^{+3} 周。查甲胎蛋白 37.23ng/ml。全血空腹血糖 3.74mmol/L↓。

10 月 18 日(孕 16 周)B 超所见胎儿双顶径 3.7cm,颅骨环状强回声清晰,光滑,颅内结构未见明显异常。超声诊断:单活胎,臀位,胎儿大小相当于妊娠 16^{+5} 周。

12 月 3 日超声所见:双顶径 5.5cm,头围 20.1cm,侧脑室 0.50cm。超声诊断:单活胎,头位。12 月 19 日糖化血红蛋白 4.6%。

2013 年 1 月 29 日超声所见:双顶径 7.7cm,颈部可见脐带回声。

3 月 1 日超声所见:双顶径约 8.4cm,胎儿股骨长 6.9cm。

3 月 11 日超声所见:双顶径约 8.4cm,胎儿股骨长 6.9cm。颅骨环状强回声清晰,光滑,颅内结构未见明显异常。颈部可见脐带回声。超声诊断:单活胎,头位,脐动脉血流指数未见异常,胎儿生物物理评分超声部分 8 分。

同日因"停经36⁺周，发现胎心监护异常4小时"被收入院。考虑胎儿宫内窘迫？予以监测胎心，行OCT试验等处理，静滴催产素过程中，胎心波动在136—148次/分。3月13日监测胎心胎动好，无头晕眼花胸闷等不适，予出院。嘱自数胎动，监测血压及尿蛋白。

3月22日，该孕妇因"停经38⁺周，胎心监护异常半天"再次入院。入院记录记载：唐氏筛查21-三体综合征低危，孕中期糖筛正常，B超筛畸未见异常。诊断：胎儿宫内窘迫？入院后胎心监测NST反应差，决定行剖宫产术结束妊娠。19：13经剖宫产术娩出一名女婴。Apgar评分：1分钟10分、5分钟10分、10分钟10分。体重3390克，身长52cm，前囟1cm×1cm。额头处皮肤见淡青色胎记约5cm×5cm，双肺呼吸音粗，四肢活动自如。23：00新生儿面部青紫，呼吸均匀，全身散在瘀斑，给予吸氧1小时。3月23日1：00新生儿口周青紫无改善，呕吐1次，为咖啡色胃内容物，量约5ml，儿科会诊考虑缺氧缺血性脑病？凝血异常？给予吸氧、肌注维生素K1等处理，并建议转院诊治。3月23日3：00患儿被转入其他医院。入院诊断：新生儿肺炎、新生儿呼吸衰竭、新生儿代谢性酸中毒。查头颅CT：两侧大脑半球脑白质内散在分布斑点状高密度影，右侧额叶前内侧脑实质内可见低密度区并与蛛网膜下腔相通，部分层面显示脑回宽大，两侧脑室小，右侧脑室后角可见高密度影，中线结构未见移位，大脑后纵裂池内可见高密度影。小脑半球小，周围蛛网膜下腔增宽，颅骨形态可，双顶部头皮软组织轻度肿。印象：（1）新生儿缺氧缺血性脑病，合并少量蛛网膜下腔及脑室内出血。（2）双侧大、小脑半球发育不良，右额叶脑囊性变合并脑室通畸形，脑内多发钙化。考虑为TORCH感染后遗改变。脑电图：轻度异常婴儿脑电图。4月14日出院。出院诊断：新生儿肺炎、新生儿呼吸衰竭、新生儿代谢性酸中毒、新生儿颅内出血、新生儿小脑发育不全？新生儿贫血、新生儿多发疹肿、新生儿多钙血症。

死亡医学证明：患儿于2013年9月26日死亡，直接导致死亡的疾病或情况：爆发性心肌炎？败血症？

争议焦点

患方认为：（1）××医院的过失行为导致脑部缺陷的婴儿出生；（2）孕妇主诉怀孕初期感冒未服药，但医方未做到风险告知，未采取相应措施；（3）妊娠14^{+3}周时孕妇的甲胎蛋白结果为37.23ng/ml，结果不正常，医生并没有采取任何诊断行为和进一步检测；（4）B超显示胎头小，脐带绕颈，医方未告知孕妇减少运动，采取何种姿势，以及未要求孕妇做进一步检查；（5）孕妇每次检查时都要揉动腹部才能引起胎动，医方未及时发现孕妇胎动不好并采取措施；（6）3月11日孕妇胎动不好，主诉胎动时有时无，胎动监测曲线不稳，医方以"胎儿宫内窘迫"收入院，入院一天半即出院，患者家属表示不理解；（7）3月22日医方以"胎儿宫内窘迫"剖腹产出一婴儿，新生儿头部有青紫，医方认为是胎记，继而全身出现紫斑，不哭、口唇青紫、呕吐、皮肤水肿，转其他医院治疗；（8）患儿头颅CT诊断：宫内感染造成大、小脑发育不全；（9）孕妇产前检查全部在××医院，本应通过产前检查认定为引产的缺陷婴儿，在医方不负责任的错误判断下，导致产下无脑婴儿，医方对此有不可推卸的责任；（10）要求医方对患者造成的经济损失和精神损失给予赔偿。

医方认为：（1）超声影像是一种无创性影像学检查方

法，产前超声诊断主要基于胎儿器官组织的形态结构异常提出诊断提示，即只有达到一定严重程度的异常才有可能被超声发现，且产科超声检查受孕妇孕期肥胖以及胎儿体位、胎儿活动、胎儿骨骼声影、羊水量等多种因素的影响，某些器官或部位不能显示或显示不清，即产前超声检查具有一定的局限性，不可能显示胎儿的所有异常。（2）各种影像检查的分辨力不同，目前，MR、CT是颅脑病变的首选影像检查方法，但主要适用于产后，因此，超声在孕期没有发现该胎儿颅脑发育异常，不能简单地视作超声漏诊或误诊，而是超声技术本身分辨力所限导致的，超声对颅脑疾病显示能力不能用MR的标准来衡量。《产前超声诊断规范》中明确规定，产前超声诊断应该检出的胎儿神经系统畸形包括：无脑儿、严重脑脊膜膨出、严重脑积水，本例中涉及大小脑发育不良的情形不在此范围内，主要是目前超声手段无法发现。（3）此外，超声检查是在妊娠37周之前进行的，不除外妊娠晚期至出生后各种因素所致的颅脑结构改变。

鉴定意见

为解决医疗纠纷，医患双方共同委托××医学会进行医疗损害鉴定，鉴定意见为：医方未对某孕妇在妊娠初期是否发生"感冒"等给予应有的注意，未告知患方继续妊娠风险，未予以相应医学指导，存在过错。由于本例仅有新生儿头颅CT检查结果，无相关血清学及病原学检查，因此专家鉴定组无法对新生儿脑部疾病的病因做出明确的判断，亦无法判断医方的过错行为与新生儿脑发育异常是否存在因果关系。

No. 25　产前检查未注意孕早期"感冒"病史致缺陷婴儿出生一例

■ 分析评论

1. 在"门诊产前检查记录"初现早孕反应一栏中，无孕妇是否有恶心、呕吐、发烧、流感、风疹等病史的记录。说明在妊娠初期，医方未对其是否发生"感冒"等给予应有的注意，存在过错。

本例孕妇妊娠初期曾经"感冒"，而"感冒"可影响胎儿正常发育。根据《中华人民共和国母婴保健法》第15条、《中华人民共和国母婴保健法实施办法》第19条规定，对于此类情况，医疗机构应当予以医学指导，告知孕妇及其家属流感病毒可影响胎儿正常发育。如果"感冒"严重，胎儿可能存在先天性缺陷的，经治医生应建议孕妇进行产前诊断，以进一步筛查。对于确诊先天性缺陷的，由经治医生向夫妻双方说明情况，并提出终止妊娠的医学意见，以保障婴儿健康，提高出生人口素质。

2. 甲胎蛋白升高是孕期正常反应。

3. 做胎心监护时，有时需要通过触摸等方法唤醒胎儿以观察胎动后胎心变化情况，属正常的医疗检查手段。

4. 超声影像检查是一种无创性影像学检查方法，只有达到一定严重程度的异常才有可能被超声发现，具有一定的局限性。《产前超声诊断规范》中明确规定，产前超声诊断应该检出的胎儿神经系统畸形包括：无脑儿、严重脑脊膜膨出、严重脑积水。孕期胎儿脑发育不良可不出现结构变化，无法用超声检查检出，也不属于产前超声检查必须检出的项目。

5. 第一次住院期间的OCT检查结果报告阴性，3月16日NST为反应型，提示在此期间胎儿无宫内窘迫。

6. 由于本例仅有新生儿头颅CT检查结果，无相关血清学及病原学检查，因此专家鉴定组无法对新生儿脑部疾病的病因做出明确的判断。

7. 鉴定意见"亦无法判断医方的过错行为与新生儿脑发育异常是否存在因果关系"表述不妥。本例新生儿脑发育异常即因孕妇在妊娠初期"感冒"（流感病毒感染）所致，亦应与医方在产前检查中的过错行为无因果关系。

8. 本例患方争议的问题较多，由于医学知识的不对等，发生医疗纠纷后，患方往往抓不到问题的关键，需要律师或专家辅助人帮助。当然，鉴定人/鉴定专家应全面审查诊疗行为是否存在过错，而不应局限于医患双方争议焦点。

（庄立军　陈志华）

No.26 产前诊断未检出苯丙酮尿症致缺陷儿出生一例

■ 案情介绍

患儿母亲××因妊娠5个月、孕4产1于2004年11月11日到××医院做产前诊断。此次就诊时，其第一个女儿已经16岁，6岁时被诊断为PKU（苯丙酮尿症），没有做过基因检测，未经治疗，生活不能自理。当日下午，在签署《羊膜腔穿刺知情同意书》后，取羊水20mL送CHR培养、20mL送DNA分析和PKU诊断。在与患方签署知情同意书时，该院误将《PKU产前诊断知情同意书》签署为《DMD产前诊断知情同意书》。11月30日DNA基因分析和PKU诊断报告：父母基因标记可区分，能进行产前诊断；胎儿获得母亲正常基因标记，胎儿不受累。

次年3月3日患儿出生，3月31日在当地新生儿筛查中心被确诊为先天性苯丙酮尿症。患儿1岁多时其他医院出具的检查报告示：根据临床病史、家族史、生化检测及基因检测结果，患儿的诊断符合苯丙酮尿症。

据患方陈述，患儿出生后至今一直吃母乳，出生后第29天开始接受低苯丙氨酸饮食治疗。现患儿生长发育良好，无明显异常。

■ 争议焦点

患方认为：（1）患儿现有的客观事实和其他医院的检

测结果说明，医方给患儿母亲作出的 PKU 专项产前诊断是错误的。（2）医方将《PKU 产前诊断知情同意书》错误地签订为《DMD 产前诊断知情同意书》，而且没有向患方告知基因检测的局限性和风险比率，致使患儿父母错误地选择让患儿出生。（3）患儿目前存在特殊医疗依赖，且不能食用普通膳食，应属于二级乙等医疗事故。

医方认为：（1）对患儿母亲进行羊水穿刺、拟行 PKU 检查前，医院履行了相关风险的告知义务。患儿所患疾病是遗传性疾病，与是否告知没有因果关系。（2）其他医院的检测没有获得患儿姐姐是典型 PKU 的直接证据，检测报告没有确实证据可以否定该院产前诊断结论所依据的分析结果。且其他医院的检验方法与我院当时采用的方法不一样，其检测结果不能证明我院的检查结果不正确。（3）从患儿出生到目前的临床表现及治疗过程来看，其所患疾病不属于典型 PKU。（4）患儿目前的健康状况与医院出具的检测报告没有直接关系，而与患方延误诊治有关。

鉴定意见

诉讼中，法院委托××医学会进行医疗事故技术鉴定，鉴定意见为：本例不属于医疗事故。患方不服申请再次鉴定，再次鉴定意见为：本例不属于医疗事故，但医方在 PKU 产前诊断时存在过错。

分析评论

（一）医方在给患儿母亲做 PKU 产前诊断的过程中存在的过错

1. 误将《PKU 产前诊断知情同意书》签署为《DMD 产前诊断知情同意书》，在发现此错误后未予纠正。虽然医方实际给患儿母亲做的是 PKU 诊断，但上述两份合同在产前诊断风险告知内容方面差异较大。

2. 未将 PKU 产前诊断的局限性和风险告知患方。

（二）损害后果及因果关系

患儿出生后，经其他医院检查诊断为 PKU。经低苯丙氨酸饮食治疗，患儿目前生长发育良好。[①] PKU 是患儿自身所患先天性代谢性疾病，与医方上述医疗过错之间不存在因果关系，但医方上述过错对患儿母亲选择是否继续妊娠有不利影响。

（三）法律责任

审理法院认为，医方在产前检查、诊断过程中存在过错，未将 PKU 产前诊断的局限性和风险告知患方，侵犯了患儿父母的"优生优育选择权"。经法庭调解，医方支付患儿 18 岁前购买低苯丙氨酸奶粉的费用。

本例为比较早期的缺陷婴儿出生案件，当时鉴定专家/法官对产前检查、产前诊断过错所致损害后果的认识分歧较大，有些人把缺陷婴儿的残疾程度作为损害后果，赔偿数额偏大。经过多年探索，目前基本达成共识，认为产前检查、产前诊断中的医疗过错行为与患儿残疾程度之间不存在因果关系，依据《中华人民共和国母婴保健法》，将损害后果认定为侵犯了患儿父母的"优生优育选择权"，给予适当的精神损害赔偿。

（庄立军　陈志华）

[①] 孙亦骏：《妊娠合并苯丙酮尿症 1 例并文献复习》，载《现代妇产科进展》2014 年第 8 期。

No.27 产前筛查未发现右手缺如一例

案情介绍

孕妇陈某因末次月经为 2004 年 6 月 20 日,停经 35 天查尿 HCG 阳性确诊妊娠,定期在××医院进行产前检查。孕早期无感冒、发烧及服药史,孕中晚期平顺,无放射线及毒物接触史。既往体健,家族中无重要病史,3 年前曾经药流刮宫 1 次。

11 月 1 日(妊娠 19^{+1} 周)B 超示:可探及胎心,四腔结构,头颅脊柱大致正常。2005 年 1 月 4 日 B 超示:胎儿头位,双顶径 7.9cm,头围 27.5cm,腹围 23.3cm,股骨长 5.7cm,胎心好,头颅脊柱大致正常,上唇回声连续。胎心可探及四腔结构,小脑横径 3.3cm,可探及胃泡、双肾、膀胱、双足,脐带血管数目正常。2 月 1 日 B 超示:胎儿头位 ROT,双顶径 8.7cm,头位 31.4cm,腹围 28.5cm,股骨长 6.1cm,头颅脊柱大致正常,胎儿双肾大致正常。胎心可探及四腔结构。2 月 28 日(妊娠 36^{+2} 周)B 超示:胎儿头位,ROA,双顶径 9.8cm,头围 33.4cm,股骨长 7.3cm,头颅脊柱大致正常。3 月 22 日(妊娠 38^{+2} 周)B 超示:胎儿头位,双顶径 9.8cm,头围 34.6cm,腹围 34cm,股骨长 7.8cm,头颅脊柱大致正常,上唇回声连续,胎心可探及四腔结构。可探及胃泡、双肾、膀胱、脐血管数目正常。4 月 1 日经会阴侧切娩出一足月男活婴(安某),重 3250g,右手缺如。

争议焦点

患方认为：陈某从发现怀孕1个多月起，就一直在××医院按程序进行孕期检查，其中包括5次彩超（分别为孕19周、27周、31周、36周、38周），均未被告知胎儿有任何异常。2005年4月1日，陈某在××医院顺产一男婴安某，后被诊断为先天性右手缺如。××医院在医疗过程中违反了国家法规和诊疗常规，为陈某进行B超检查的医生不具备相应资质，存在主观疏忽大意，与缺陷儿的出生存在因果关系。另外，陈某为麻醉科医生，日常工作以及妊娠期间有接触高危致畸性药物，属高危人群，××医院应当为其安排产前诊断，并按照相关规范对新生儿先天缺陷进行筛查。××医院未对陈某进行产前诊断，导致未能查出安某右手缺如，亦存在过错。要求××医院赔偿安某残疾赔偿金437628元、残疾辅助器具费192.1万元，赔偿陈某精神损害抚慰金10万元。此外要求××医院免费提供安某功能锻炼方面的服务。

医方认为：医院均按照规范对陈某进行产前检查，并按常规进行了5次B超检查，未发现异常及可疑缺陷。故医院不存在医疗过错。

鉴定意见

××医学会进行了医疗事故技术鉴定，鉴定意见为：不属于医疗事故。此后陈某又申请医疗过错司法鉴定，鉴定意见为：××医院B超未能检查出患儿右手缺失不能视为过失。

分析评论

（一）关于产前检查、诊断是否存在过失/过错

医疗事故技术鉴定认为：（1）根据《××市产前诊断与产前筛查工作规范（试行）》中产前超声诊断规范有关规定，未发现医方在对陈某的产前超声检查过程中有违规行为；（2）根据目前相关法规，妊娠中期超声应检查出的致命性畸形不包括手缺如；（3）在本病例的产前检查阶段，××市对产前诊断与筛查的培训尚处于启动阶段。但医方作为一个产前诊断的医疗机构，应进一步规范本院产前超声检查，完善超声检查报告单内容，加强人员培训，提高产前诊断及筛查水平，以减少缺陷儿的出生。

司法鉴定认为：陈某妊娠早期无感冒、发烧及服药史，孕期无放射线及毒物接触史，唐氏综合征等检查为低危，同时无遗传性疾病及家族病史，也没有不明原因的死胎、死产等特殊情况，可接受一般的产前筛查技术服务。根据送鉴病历，陈某在××医院进行了多次产前检查，其中包括5次B超检查（其中一次三维彩超）。从孕中、晚期B超检查时间上看，未见有违背医疗常规之处。由于陈某妊娠不存在高危因素，孕中期可行常规B超检查，其目标是检出严重致命的胎儿畸形，由于超声技术具有局限性，目前明确要求应检查出的致命性畸形仅包括无脑儿、脑膨出、开放性脊柱裂、胸腹壁缺损内脏外翻、单腔心、致命性软骨发育不全等6项。B超时间可安排在妊娠16—24周之间，检查内容包括胎儿头部、胎儿脊柱、胎儿心脏、胎儿腹部、胎儿股骨、羊水和胎盘。对××医院给陈某妊娠19周时的B超检查进行分析，其检查内容符合常规产前B超检查和产前超声筛查规范，此次检查未发现异常，可不要求做进

一步的超声诊断检查,如系统超声检查和针对特殊目的的超声检查。除 19 周常规 B 超检查之外,28 周时做了一次较为系统的三维彩超,检查内容较为全面,涉及胎儿头颈部、脊柱、胸腔、腹部脏器等多方面,但未见报告上有对胎儿上肢情况的描述,存在不完善之处。但因陈某妊娠没有产前诊断的指征,此不完善之处尚够不上过失。此外,即使有产前诊断指征,进行系统超声检查,也仅要求检查到四肢长骨,未要求检查肢体远端。因为根据 B 超工作原理以及易受胎儿体位等因素的影响,四肢远端的检查有时无法获得满意的结果。再者,陈某行三维彩超时已孕 28 周,已过最佳检查时间。综上,根据目前相关医疗规范,××医院 B 超未能检查出其子右手缺如不能视为过失行为。

(二) 关于本案争议焦点分析

根据对孕产期保健有关法律、法规和医疗规范的分析,产前定期检查是孕产期保健的重要内容,其目的是对胎儿进行先天性缺陷和遗传性疾病筛查。对胎儿可能存在先天性缺陷的,由经治医生建议孕妇进行产前诊断,以进一步筛查。对于确诊先天性缺陷的,由经治医生向夫妻双方说明情况,并提出终止妊娠的医学意见,以保障婴儿健康,提高出生人口素质。

本案争议焦点之一是,××医院应否对陈某进行产前诊断。陈某认为其符合产前诊断标准的理由,在于其因工作原因长期接触毒麻药,属胎儿致畸的高危人群。但是,陈某提供的麻醉药物说明书记载相关药物均为注射使用,其对孕妇的副作用并非通过接触体现。另外,陈某亦未提供证据证实其所从事的工作属于国家规定的有毒有害工种。陈某亦不符合产前诊断的其他标准。患者、医院之间的医疗纠纷,经医疗事故技术鉴定以及司法鉴定,亦不支持陈某具备产前诊断条件的主张。

本案争议焦点之二是,××医院为陈某进行的产前超声检查是否与新生儿出生缺陷存在因果关系。由于超声检查对母体及胎儿均无明显损害,检查方法简便易行、诊断迅速,仪器分辨率不断提高,在产科领域中的应用范围越来越广泛。但超声也是一种物理的影像诊断,不可避免存在一些伪像和误区,以及由于胎儿位置、大小以及胎动、胎儿脏器发育不同步等因素影响超声检查的效果,会存在某些无法避免的误诊、漏诊。正因如此,卫生行政部门根据超声技术能达到的水平,按照不同阶段对产前超声所应检查的胎儿器官,先天性畸形进行了规范。由于陈某不符合产前诊断的标准,对于其产前筛查阶段所进行的超声检查,仅要求在孕中晚期对胎儿头部、脊柱、心脏、腹部、股骨、羊水、胎盘等进行检查,并未要求对胎儿手部进行检查。因此安某的先天性右手缺如未被检查出,并不违反当时的超声筛查规范。

本案争议焦点之三是,××医院为陈某进行的产前超声检查是否符合医疗规范。根据鉴定意见,××医院为陈某安排的5次超声检查(其中1次三维彩超)从孕中晚期超声检查时间上看,未见有违反医疗常规之处。但是按照有关规定,从事产前超声筛查的人员除应系执业医师以外,还必须按照有关规定接受产前筛查、超声技术的培训和考核。××医院提供的病历中,在陈某怀孕19周超声诊断记录单以及怀孕36周超声影像报告单中,检查者并未亲笔签字并书写检查内容,无法证实为陈某进行上述超声检查的医务人员符合从事该项工作的相关条件,进而无法证实相关记录的准确性。对此,××医院存在医疗过错。但是,由于未筛查出右手缺如并未违反当时的医疗规范,因此不能据此认定××医院对原告主张的新生儿缺陷出生所造成的经济损失承担责任。

综合以上分析,某医院尽管存在医疗过错,但与安某先天性右手缺如的出生缺陷,以及因出生缺陷造成的经济损失并无因果关系。但是,考虑到××医院作为产前诊断医疗机构,在孕期保健方面具有的较高医疗水平,特别是上述超声检查记录存在的问题,如果××医院能够进一步完善超声筛查操作规范以及操作技术,即便医疗规范中未做要求,某医院还是有能力就多次超声过程中未呈现胎儿上肢远端问题有所预见的,并向孕妇陈某进行告知,以建议其做进一步超声检查,减少缺陷儿的出生。安某先天性右手缺如已构成残疾,势必给其父母造成严重的精神损害。因此,××医院应当赔偿原告一定的精神损害抚慰金。

(庄立军　陈志华)

No.28 米索前列醇使用不当致产妇子宫破裂、死产一例

案情介绍

产妇柯某因"停经40^{+6}周,发现羊水少1小时余"于2019年2月9日10:20至××卫生院住院。末次月经:2018年4月26日,预产期:2019年2月3日,孕期在外院建卡,孕期共产检4次,查胎心、胎位、血压均正常,停经中期唐氏筛查、系统筛查彩超、OGTT①均未做。2019年1月26日测空腹血糖5.2mmol/L,予饮食控制,未监测血糖。入院产科检查:宫高33cm,腹围97cm,估计胎儿大小3500g,胎方位LOA位,宫缩无,胎心142次/分,胎心位置:脐左下,强度中,先露头,S-2,衔接入,胎膜未破,宫颈质地中,宫颈位置中,宫颈长度1cm,宫颈扩张:未开。骨盆测量:经产妇。高危因素:黄色(妊娠期糖尿病,羊水过少)。彩超示:BPD 92mm,FL 72mm,AF 145mm,S/D=2.2,单胎,头位,晚妊,羊水过少。胎心监护:正常NST。诊断:G_4P_1、孕40^{+6}周、LOA、待产,羊水过少,妊娠期糖尿病。入院后予米索前列醇25ug塞阴催产,观察6小时无宫缩,再次予米索前列醇25ug塞阴。于当晚22:00进入产程,2月10日1:00进入产房,查宫口开全,胎膜自破,羊水Ⅲ度污染,稠厚,未听到胎心,1:06助娩

---

① 口服葡萄糖耐量试验,即"糖耐"。

一重3500g女婴，Apgar评分1分钟0分，立即予新生儿抢救，予清理呼吸道、擦干、保暖、正压通气、持续胸外按压、肾上腺素使用、脐静脉静推等抢救治疗后，新生儿仍面色苍白、无自主呼吸、无心率、无肌张力、无喉反射，2：15终止抢救，查心电图示一直线。2019年2月10日3：20产妇诉上腹部疼痛不适，查体：BP 100/60mmHg，面色苍白，HR 98次/分，律齐，上腹部剑突下压痛明显，阴道出血少，色暗红，予心电监护、保留导尿、开通两路静脉通道、护胃等治疗。3：52产妇面色苍白，诉上腹部疼痛，稍烦躁，头昏。查体：BP 100/70mmHg，面色苍白，HR 116次/分，腹软，上腹部压痛明显，宫体压痛明显，拒按，阴道出血少，色暗红。心电监护示心率偏快，予扩容、止血、抗炎、促宫缩等治疗。床边彩超示：肝肾隐窝可见液性暗区48mm，盆腔积液17mm，腹腔积液。请内科及外科会诊建议腹腔穿刺。4：34血常规示：WBC 16.9×10^9/L，HCT 27.2%，Hb 89g/L。床边彩超示：肝肾隐窝可见液性暗区67mm，盆腔积液20mm，腹腔积液。予腹腔穿刺出3ml不凝血。5：20在全麻下行剖腹探查术，术中探查子宫左侧壁有一纵形破裂口约8cm，上缘达宫体圆韧带下方，下缘达宫颈内口上1cm，盆腹腔积血约2000ml，即行子宫破裂修补术+子宫动脉结扎术+子宫Blynch缝合术，术后诊断：子宫破裂，失血性休克，产后出血，G_4P_2、孕41周、LOA平产，死产，分娩时会阴Ⅰ度裂伤，妊娠期糖尿病，羊水过少。术后予输注血制品等治疗。8：35产妇出现血尿，腹部稍膨隆，面色苍白。查体：HR 110次/分，BP 108/70mmHg，SPO_2[①] 100%，神志不清，腹部切口见少量淡红色渗液，腹

[①] SPO_2即血氧饱和度。

腔引流管引流出300ml鲜红色血液。凝血功能示：PT 25.1S，APTT 79.6S，TT 32.1S，FIB<1.0g/L，DD 9.05mg/L，当日转外院治疗，外院查体：T 37℃、P 120次/分、R 20次/分、BP 162/99mmHg，神志模糊，精神差，表情烦躁不安，面色苍白，不能配合查体，腹部膨隆，腹壁柔软，腹腔引流见300ml血性液体，腹壁引流管见少许血性液体，双下肢有水肿。床边B超示：子宫增大（产后），腹腔少量积液，附件显示不清。诊断：（1）子宫破裂；（2）失血性休克；（3）DIC；（4）子宫修补术后；（5）足月产后。入院后直接进入手术室抢救，予气管插管、持续心电监测、扩容抗休克、抗感染、止血、抑酸、化痰、抗凝等治疗。于2月21日出院。

争议焦点

患方认为：（1）柯某入院时所有检查证明母婴一切正常，为什么结果会造成胎儿死亡柯某子宫破裂？（2）整个待产过程中医院未按照医疗操作规定对柯某进行适时监护。（3）第二次施行催产时为什么不和患方进行沟通从而决定采用何种分娩方式。（4）第二次催产后当柯某出现脸色苍白、呕吐等症状时，为什么医院不顾患方的质疑仍然不进行检查。（5）胎儿出生后医院为什么不采用医疗仪器对婴儿进行检测。（6）在整个抢救婴儿的过程中，医院未对产妇做任何监护和处置。（7）生产结束后医护人员告知产妇子宫壁已经很薄了，今后不能再生产了，该责任由谁来承担。综上所述，我方认为这是一起典型的医疗事故，医院应对此次事故负全部责任。

医方认为：医院未违反诊疗规范，不存在过错。

鉴定意见

医方的诊疗行为存在过错,与死产、产妇子宫破裂之间有因果关系,参照《医疗事故分级标准(试行)》,患者柯某的功能障碍残疾等级为三级丙等,原因力为主要原因。

分析评论

(一)相关理论依据

子宫破裂是指子宫体部或子宫下段于分娩期或妊娠期发生裂伤,为产科严重并发症,威胁母子生命,主要死于出血、感染、休克。子宫破裂绝大多数发生于妊娠28周之后,分娩期最多见,目前发生率控制在1‰以下,产妇病死率为5%,婴儿病死率高达50%—75%,甚至更高。临床症状为大出血、子宫体压痛、血尿。治疗原则为立即采取有效措施抑制子宫收缩,尽快行剖宫产手术。子宫破裂,必须立即采取有效措施抑制子宫收缩,如给予硫酸镁抑制宫缩的同时,尽快行剖宫产术,术中注意检查子宫是否已有破裂。

1. 子宫破裂胎儿未娩出者,即使死胎也不应经阴道先娩出胎儿,这会使裂口扩大,增加出血,促使感染扩散,应迅速行剖宫产取出死胎。

2. 视产妇状态、裂伤部位情况、感染程度和产妇是否已有子女等综合考虑,若子宫裂口较易缝合、感染不严重、产妇状态欠佳时,可做裂口修补缝合,有子女者结扎输卵管,无子女者保留其生育功能,否则可行子宫全切除或次全切除术。

3. 子宫下段破裂者,应注意检查膀胱、输尿管、子宫颈及阴道,若有损伤,应及时修补。

（二）医方诊疗中存在的过错行为

医方在诊疗过程中存在以下过错行为：

1. 医方予米索前列醇 25ug 塞阴道促宫颈成熟，观察 6 小时无宫缩，再次予阴道放置米索前列醇 25ug，未进行再次宫颈成熟度的评分。

2. 医方在使用米索前列醇出现宫缩后未进行严密观察，监测宫缩强度和频率及胎心率的变化。

3. 当患者出现腹痛加剧伴有恶心、呕吐时，医方未意识到是否出现子宫过度刺激，也未采取措施进行相应处理。

（三）因果关系分析

医方的以上诊疗过错行为与死产、产妇子宫破裂之间有因果关系。产妇患有妊娠期糖尿病，羊水过少，分娩过程中容易发生胎儿宫内窘迫、死产。综上所述，医方的过错行为在死产、产妇子宫破裂中的原因力为主要原因。

经验启示：

妊娠晚期促宫颈成熟与引产是为了使胎儿及早脱离不良的宫内环境，解除与缓解孕妇合并症或并发症所采取的一种措施。引产是否成功主要取决于子宫颈成熟程度，但如果应用不得当，将危害母子健康。因此，应严格掌握引产的指征，规范操作，以减少并发症的发生。促宫颈成熟是采用药物（米索前列醇）或者其他手段促进宫颈变软、变薄并扩张，增加阴道分娩的成功率。

1. 使用促宫颈成熟药物前应进行全面评估。评估产前病史，再次核对该产妇具有引产明确适应症，核对孕妇对相关信息知晓度，孕妇有机会讨论担心的问题。特别是头盆评分、宫颈评分，并记录。关注宫高、胎位、先露位置以及胎头衔接进程。腹部触诊评估胎产式、胎先露和胎位，听诊胎心，连续胎心监护 20 分钟或以上，确认胎儿一般情况良好。B超检查了解胎儿大小、胎位、羊水量等指标。评估头盆，排除头盆不称。记录产妇血压、脉搏、体温等。做NST①为有反应，签署知情同意书。怀疑胎盘功能不良者或NST可疑或无反应者，需要做OCT②，OCT结果阴性者，停止30分钟后可实施促宫颈成熟。

2. 使用促宫颈成熟药物的产妇选择。选择足月妊娠（第38周开始）、单胎头先露、满足阴道分娩条件、有引产指征而无母婴禁忌证、bishop③评分≤6分的孕妇。尤其应该注意，适合引产的胎膜早破产妇，建议选择bishop评分≤4分为宜。急产史的产妇慎用，应反复询问病史，避免隐瞒。子宫张力过高、羊水指数<5cm者不建议使用。

3. 使用促宫颈成熟药物，出现宫缩后，应严密观察，监测宫缩强度和频率及胎心率的变化。促宫颈成熟的产妇潜伏期短，区别于传统产程，宫口扩张1cm后可能很快进入活跃期。而且活跃期加快，宫口开大3cm后产程进展较快。应该加强监测意识，放置后的最初4小时是重点。避免严重不良反应发生，如子宫过度刺激、严重胎儿窘迫、子宫破裂。建议宫口扩张到0.5—1cm后送入产房。宫缩观察时不能单凭孕妇主观感受，要亲自触摸有无宫缩、宫缩频率、持续时间、强度。胎心监护按要求进行，注意观察不良反应：恶心、呕吐、发热，保证母婴安全性。

4. 使用促宫颈成熟药物过程中应注意以下几点：

（1）米索前列醇能引起子宫过度收缩，这可能导致抑制宫缩治疗无效。

---

① 无刺激胎心监护。
② 催产素激惹试验。
③ 宫颈成熟度评分法。

（2）密切监测产妇，当出现以下任何情形时，要立即移除米索前列醇用药：

过度收缩：在一个10分钟窗口期内多于5次收缩，平均超过一个30分钟窗口期；

持久收缩：单次收缩持续2分钟或更长；

高张性收缩：宫缩过于频繁和子宫内的高静息张力。

（3）在以下状况下，也需要移除用药：

①可能导致母婴出现问题时；

②生产时，出现节律性、有力的、高质量的宫颈收缩，且该收缩伴随宫颈改变时，和/或在宫颈扩张到4cm时；

③放入24小时后。

（4）准备进行抗宫缩治疗。如果需要该治疗，应在移除米索前列醇后立即进行。

5. 使用促宫颈成熟药物前应与产妇和家属充分沟通，获得知情同意。全面交代孕妇目前情况，真诚地告知阴道分娩的益处。一定要客观告知孕妇及家人，阴道分娩是一个试产的过程，向产妇解释引产指征方式过程及各种结果。在实施促宫颈成熟过程中，要注重细节把握，制定发生异常情况的预案，完整、详细、即时地记录过程。

6. 严格遵守使用促宫颈成熟药物的适应证和禁忌证。

（1）适用范围：延期妊娠（>41周）或过期妊娠、母体疾病（严重的糖尿病、高血压、肾病等）、胎膜早破未临产者、胎儿因素（可疑胎儿窘迫、胎盘功能不良等）、死胎及胎儿严重畸形者。

（2）绝对禁忌证：严重合并症或并发症不能耐受分娩者、子宫手术史、前置胎盘和前置血管、明显头盆不称、胎位异常、子宫颈癌、生殖道感染性疾病、生殖道畸形、严重胎盘功能不良、脐带先露或隐形脐带脱垂。

（3）促宫颈成熟与引产相对禁忌证：臀位、羊水过多、双胎或多胎、经产妇分娩次数≥5次者。引产前需详细评估和沟通。详细了解产科病史，确诊胎龄。引产前阴道检查，评估宫颈成熟情况、骨盆大小、形态与头盆关系、胎儿情况、大小、胎位。

（徐智慧）

No.29 臀位单腿脱出、剖宫产后腹膜炎致产妇死亡一例

案情介绍

患者××因"停经40周，发现胎位不正两月，下腹部阵痛三小时"于2012年2月6日至××卫生院住院。入院诊断：（1）G_3P_1，妊娠40周，临产，LSA；（2）臀位。完善相关检查后于当日在联合麻醉下行子宫下段剖宫产术，徒手娩出一女性活婴，手术顺利，予补液、抗炎、促宫缩等对症治疗。2月7日产后第一天，患者诉下腹部阵发性疼痛，T 37.4℃。2月8日下腹部阵发性疼痛较前减轻，T 36.5℃。2月9日诉下腹部隐痛，T 36.6℃。2月9日诉下腹部持续性隐痛伴下身疼痛，不剧烈，T 37.5℃。2月10日患者诉下腹部疼痛不明显，下身疼痛消失，T 37.4℃，予出院。2月12日患者因"剖宫产术后六天，伴腹胀一天"至××三级医院就诊，查体：T 36.6℃，HR 140次/分，R 26次/分，BP130/90mmHg，血常规WBC $9.1×10^9$/L，中性粒细胞0.933，腹部CT：剖宫产术后改变，腹盆腔积液，腹盆腔絮状渗出改变，考虑感染，部分小肠肠壁水肿，升结肠近端环形异常高密影。初步诊断：（1）急性弥漫性腹膜炎；（2）腹盆腔积液；（3）剖宫产术后。患者家属拒绝手术（见医患沟通记录），暂予抗感染、补液治疗。2月13日妇产科会诊：剖宫产术后，感染性休克，予告病危。上午9：57患者突发心跳、呼吸骤停，心电监护示：SPO_2 71%—82%，

HR 43 次/分，R 34 次/分，BP 62/30mmHg，予气管插管，心外按压、肾上腺素、阿托品注射，10：18 病情好转，SPO_2 81%，HR 165 次/分，R 35 次/分，BP 112/80mmHg，转 ICU 继续治疗。当日下午在全麻下行剖腹探查术，术中见：探查腹腔内肠管广泛粘连，脓苔附着，腹腔内淡黄色脓液2000 毫升。探查胃、小肠、阑尾及结肠未见明显穿孔。子宫及双侧附件未见异常，术中诊断弥漫性腹膜炎，感染性休克。术后转 ICU 监护治疗。予呼吸机辅助呼吸、升压、抗感染、抗休克、化痰、抑酸、补充电解质、维持水电平衡等治疗，20：30 患者高热，T 39℃，呼吸较促，予抽血送血培养，物理降温等处理。2 月 14 日血常规 WBC $27.9×10^9$/L，中性粒细胞 96.7%，Hb 82g/L，PLT $180×10^9$/L，CRP > 160mg/L，提示严重感染。2 月 19 日血压再次下降，予去甲肾上腺素抗休克治疗，2 月 25 日 10：10 血压再次下降，并解暗红色大便，考虑消化道出血，予抢救。2 月 26 日 7：00 开始血压下降至测不出，8：45 心率下降约 35 次/分，9：02 患者心脏停跳，启动心肺复苏，予肾上腺素、阿托品注射，加大去甲肾上腺素微泵应用剂量，半小时后患者心率未恢复，瞳孔散大，对光反射消失，心电图呈一直线，9：32 患者死亡。

争议焦点

患方认为：（1）××卫生院在对患者施行剖宫产手术过程中存在重大过错，因手术操作不当，或是因为手术器械消毒不严，引起患者弥漫性腹膜炎；（2）卫生院术后对患者检查不到位，患者出院前存在发热、下腹部隐痛，卫生院草率处理，未做进一步检查，作出出院处理，导致患者盆腔及腹腔感染没能及时发现，错过了最佳的抢救时机；

（3）××三级医院对患者的治疗方案存在明显过错。患者住院后，医方对患者病情未予重视，没有及时有效的治疗措施，没有及时进行手术，及时查明感染原因，延误治疗时机。

××三级医院认为：导致患者死亡的原因系因为患者及其家属拒绝入院后的立即手术治疗，以致延误病情，以及患者本身的疾病性质，××三级医院对产妇的诊断明确，治疗的选择和时机及时恰当，符合规定的诊疗常规，不存在重大过错。

××卫生院认为：医院对患者的医疗行为没有违反卫生管理法律，法规和医疗诊疗常规。

鉴定意见

医方的医疗过错行为与患者的人身损害后果之间存在一定因果关系。参照《医疗事故分级标准（试行）》，患者死亡，医方的医疗过错行为在产生患者人身损害过程中的原因力为次要因素，其中卫生院承担60%，××三级医院承担40%。

分析评论

1. 产妇臀位，宫口开全，估计胎儿体重>3500g，卫生院予行剖宫产术，有手术指征。三级医院明确诊断为急性弥漫性腹膜炎，有急诊剖腹探查指征，后发生感染性休克，终因抢救无效死亡，医方的诊疗符合常规。

2. 急性弥漫性腹膜炎是严重的腹腔感染，如不及时手术，很快会导致感染性休克，危及生命。患者家属在××三级医院明确诊断为急性弥漫性腹膜炎，需要急诊手术，医方告知不及时手术有可能导致危及生命的严重后果的情况下，患方仍签字拒绝手术，从而错失最佳治疗时间，对死亡结果承担主要责任。

3. ××卫生院在产妇剖宫产术后，未考虑足先露、胎膜破裂、血糖异常等感染高危因素，仅予以常规抗感染治疗，对术后"低热、腹痛"等病情未予正确及时评估，即予以出院。××三级医院在患者入院后的前8小时内，在患者家属不同意手术的情况下，抗感染、抗休克措施不够有力。医方的以上医疗行为存在过错，其医疗过错行为在患者人身损害后果中的原因力为次要因素。

4. 医方的医疗过错责任程度中，卫生院承担60%，三级医院承担40%。

经验启示：

1. 加强高危妊娠的管理。目前，对于高危妊娠采取五色评分，每次产检都对检查结果进行评估，识别高危类型，明确收治范围，一旦高危风险超出收治范围，即应及时转入上级医院诊治。臀位是比较常见的胎位异常，臀位尤其是足先露者，因其形状不规则，对前羊膜囊压力不均匀，到妊娠晚期易发生胎膜早破、脐带脱垂、胎儿窘迫，甚至胎儿死亡；临产后，因臀先露无法紧贴宫颈，会造成宫缩乏力、产程延长、产后出血、胎头娩出困难、产伤，甚至死产，因此母婴风险较大，临床上应严密观察，积极处理，在孕36—38周时，即应对患者情况进行综合评估，提出分娩方式建议，对需要手术终止妊娠的产妇手术，预产期前即可择期行剖宫产终止妊娠，而不应等到出现状况后再去行紧急剖宫产，加大手术风险。

2. 严格执行报告制度。当发生严重危及医疗质量与安全的事件时，必须及时向院领导或有关部门请示或者报告。本例在医生认为需要紧急手术，否则危及生命，病人不予配合，拒绝手术的情况下，没有汇报，擅自仅给予"暂予抗感染、补液治疗"。

3. 抗感染措施不及时到位。感染性休克（septic shock），亦称脓毒性休克，是指由微生物及其毒素等产物所引起的脓毒症综合征（sepsis syndrome）伴休克，组织细胞缺血缺氧、代谢紊乱、功能障碍，甚至多器官功能衰竭。主要死亡原因为多器官功能衰竭，其死亡率达40%—70%。因此，需重视重症感染的早期识别：（1）发热、体温不稳定（>38℃或<36℃）；（2）心动过速（>110次/分）；（3）呼吸过频（>24次/分）；（4）发汗皮肤潮湿或斑驳；（5）恶心呕吐；（6）精神状态（混乱，警觉降低）；（7）疼痛（基于感染部位的位置）；（8）器官功能障碍：无法解释的低氧血症；低血压或休克少尿或无尿改变；凝血功能异常；血小板减少；高胆红素血症；乳酸升高；C反应蛋白及钙素原增高。一旦出现异常需高度重视，积极治疗。

大量经验证明，在感染性休克发生的第一时间内所采取的治疗及时程度以及采取的措施会在很大程度上影响患者的预后。疾病预后决于下列因素：（1）治疗反应，如治疗后患者神志清醒安静、四肢温暖、紫绀消失、尿量增多、血压回升、脉压增宽，则预后良好；（2）原发感染灶能彻底清除或控制者预后较好；（3）伴严重酸中毒和高乳酸血症者预后多恶劣，并发DIC或是器官功能衰竭者病死率亦高；（4）有严重原发基础疾病，如白血病、淋巴瘤或其他恶性肿瘤者休克多难以逆转；夹杂其他疾病，如糖尿病、肝硬化、心脏病等者预后亦差。因此，严密观察患者病情变化，仔细评估患者的休克程度，选择合适的手术时机，采取合理的手术方式，配合其他抗休克治疗是提高外科感染性休克抢救成功率的关键。

本例使用抗生素的剂量为常规剂量，并没有考虑严重感染需要手术治疗而加大剂量。使用时机也不及时。该病人是21：30到该三级医院，直到第二天的凌晨3：07，近六个小时才将第一瓶抗生素用上，第二瓶抗生素于凌晨4：50用上。

4. 善于与依从性差病人及家属沟通。该例三级医院的病历记录"请二值班主任某某看过后认为，患者有急性弥漫性腹膜炎，需急诊手术治疗，否则有生命危险，但是患者由于经济问题拒绝手术治疗，告知不及时手术后果严重，有生命危险，但反复劝说无效。签字为证"。患者和家属是因为经济问题而不做手术，医生并没有反复告知，保守治疗未必省钱；告知"危及生命"，没有发病重或者病危的通知，更没有告知导致"死亡"；当时病人自己是清醒的，可以患者自己签字手术，而仅因为在入院时已经签了授权协议书，就一直是由家属签字不愿手术；在病人家属签字拒绝手术决定后，二值班没有再次沟通或者与病人本人沟通，整篇没有看到有反复沟通的记录。

（徐智慧）

No.30 违反无菌操作致新生儿死亡、产妇子宫全切除一例

▎案情介绍

产妇郭某某,21 岁,初产妇,2010 年 11 月 19 日 9:25 因"停经 38^{+3} 周,阵腹痛 16 小时余"入住某社区卫生服务中心分娩。产检:宫高 29cm,腹围 90cm,规律宫缩 40—50″/2—3′,胎心 140 次/分,先露头,固定。肛诊:宫口开大 3cm,先露头 LOT、S-2。B 超示:单胎头位,胎盘成熟度 Ⅲ⁻ 级,羊水偏少。血常规:WBC17.67 × 10^9/L,N91.9%,Hb103g/L。诊断:G_1P_0,孕 38^{+3} 周,临产 LOT,宫内感染?12:30 宫口开全,先露头 LOT、S=0。13:30 查体:宫缩 30—40″/3—5′,胎心 130 次/分,先露头 LOT、S=0。14:25 在腰硬联合麻醉下行子宫下段剖宫产术,术中见羊水 Ⅲ 度,黏稠,胎头 LOT 位,深入盆腔,取头困难,于子宫体部行倒"T"字切口,仍不能徒手取出胎头,自阴道上推儿头,困难取出一男活婴(周某某),体重 2900g,Apgar 评分 1 分钟 3 分,(四肢青紫,心率 112 次/分),即清理呼吸道,刺激足底,面罩正压通气、胸外心脏按压,Apgar 评分 5 分钟 10 分。胎盘娩出完整,宫腔残留部分胎膜呈淡黄色碎片状,干纱布拭清后,见宫内膜轻浅脱落呈淡黄色烂肉样改变,予对症处理。术后诊断:持续性枕横位,G_1P_0,孕 38^{+3} 周,LOT,已产,新生儿重度窒息,足月活婴,胎头下降阻滞,宫内感染。予禁食、保留导尿、缩

No.30 违反无菌操作致新生儿死亡、产妇子宫全切除一例

宫素促宫缩、抗炎等治疗。16：00周某某出生后查体：T 36.9℃，面色稍青紫，哭声畅，吸吮可，双肺呼吸音粗，四肢活动自如。予维生素K_1+青霉素肌注。郭某某11月20日13：00测T 39.4℃，血常规：WBC $19.72×10^9$/L，N 90.5%，Hb 68g/L。予物理降温、抗炎等治疗。11月22日测T 39.8℃，B超示：剖宫产后子宫，宫腔内强回声光带及液性暗区。腹部平片未见异常。11月23日主诉：发热、腹胀。查体：T 40.3℃，BP 105/70mmHg，面色潮红，腹膨隆，轻压痛，切口两处少许渗出，子宫收缩欠佳，宫底脐下二指，阴道少许血性恶露。建议转上级医院治疗。11月23日周某某查体：面色红润，哭声畅，四肢活动自如。当日随同产妇郭某某至上级三级综合性医院。

  周某某入住上级三级综合性医院后查体：T 38℃（肛），P 148次/分，R 50次/分，BP 68/46mmHg，反应一般，哭声尚可，无青紫，右侧颜面可见数个充血性皮疹。前囟平软，双肺听诊呼吸音粗，啰音不明显。四肢肌张力可，肢端偏凉，原始反射可引出。经皮血氧饱和度：98%，经皮胆红素测定：11mg/dl。初步诊断：新生儿感染。予抗炎、预防出血等治疗。11月26日脑脊液常规：颜色淡黄色，透明度微浑，潘氏试验阴性，WBC $12×10^9$/L，单个核细胞45%。脑脊液生化：葡萄糖3.72mmol/L，氯111.6mmol/L，脑脊液蛋白0.670g/l。眼科会诊：考虑新生儿结膜炎，予对症治疗。眼分泌物涂片：未见肾形双球菌。中段尿培养：溶血葡萄球菌。11月29日患儿呕吐咖啡样物，有腹胀，腹壁可见静脉，全身皮肤苍白明显。11月30日床边胸片示：左肺呈白肺。眼分泌物培养：金黄色葡萄球菌。肝功能：TBIL 101.9umol/L，DBIL 45.2umol/L，IBIL 56.7umol/L，ALT 1365U/L，AST 7935U/L。出现上肢小抽搐，氧饱和度

85%，且时有下降，最低 80% 左右，伴有心率增快 180 次/分。予纠正心衰、加用 CPAP 辅助通气等治疗。12 月 1 日予气管插管，插管过程中见气道内较多粉红色泡沫样液体，给予机械通气。于 0：00 开始出现心率及经皮氧饱和度下降，心率低于 80 次/分，经皮血氧饱和度低于 80%，且气管插管另一侧鼻腔见血性物喷出，予抢救治疗后于 0：30 患儿心率降至 0 次/分，至 1：00 仍无心跳和自主呼吸，行床边心电图呈直线。产妇周某某入住上级三级综合医院，查体：T 38.3℃，P 116 次/分，R 17 次/分，BP 110/70mmHg，腹膨隆，下腹部正中见一纵行切口长约 12cm，全腹有明显压痛、反跳痛，肝、脾触诊不满意，叩诊全腹鼓音，移动性浊音未能叩出。妇科检查：（1）阴道：畅，黏膜略充血，多量污秽、暗红色恶露，有恶臭。（2）宫颈：宫口松、呈裙边状，表面全部被覆淡黄色脓苔，未见裂伤，举痛明显。（3）宫体：宫底脐平，质中，有明显压痛。（4）附件：有压痛，因腹胀触诊不满意。初步诊断：产褥感染，子宫复旧不良，剖宫产术后，中度贫血。入院后予抗炎、催产素促进子宫收缩等治疗。腹部平片：不全肠梗阻可能。告病危。予宫腔置入三腔管行宫腔引流，阴道内冲洗，予对症治疗。胸片及腹部平片示：左下肺感染，肠梗阻。予胃肠减压。11 月 26 日宫腔分泌物培养及中段尿培养见大肠埃希菌生长。C 反应蛋白 97.0mg/L。膀胱测压 41cmH$_2$O。经该市多位专家多次会诊后决定在全麻下行剖腹探查＋子宫全切除术，术中见脓性腹水 2000ml，腹腔脏器表面均被覆脓苔，大网膜呈饼状，子宫增大如孕 3 月余，子宫切口见脓液，切口愈合不良，予行子宫全切除术＋部分大网膜切除术。术后诊断：产褥感染（腹壁切口、子宫切口、子宫腔、盆腹腔感染）；脓毒血症；子宫复旧不良；子宫切口裂开；剖宫产术后。送 ICU 病室，予呼吸机辅助呼吸、盆腹腔引流、抗炎、抑酸、维持水电解质平衡、保护重要脏器功能等治疗。12 月 8 日转产科继续治疗。12 月 9 日予拆线，腹壁伤口完全裂开。予换药。中段尿培养见白假丝酵母。B 超示：胆泥沉积，盆腔内结构紊乱（考虑盆腔内积脓），腹水（少量）。12 月 11 日查体：腹膨隆，伤口全部开放，腹带包扎中，可见肠管外露水肿，少许渗血，盐水纱布湿敷，肠鸣音正常存在。12 月 12 日省级医院会诊，12 月 15 日转省级医院进一步治疗。入院诊断：肠外瘘、腹腔感染、腹壁切口裂开、子宫全切除术后。2011 年 1 月 13 日行腹部植皮术。2 月 25 日，植皮处上部皮肤已覆盖肠管，原切口处可见一瘘口，造口袋内可见黄色肠液。于 3 月 23 日出院。3 月 24 日因"腹部术后，肠（回肠远端）造瘘"至外院住院。于 8 月 19 日出院。同日再次至省级医院住院，8 月 29 日行肠粘连松解、部分肠切除肠吻合、肠排列术。10 月 3 日出院。

争议焦点

患方认为：

1. 社区卫生服务中心：（1）在生产过程中，产房中温度过低，患者多次要求提供合适的温度，但医生对此置之不理。（2）在生产过程中，虽然做了麻醉，但患者依然感觉很痛，向医生提出，医生对此未做任何处理，对患者的要求置之不理。（3）从产房进入病房后，当日病房温度较低，多次要求到晚上 12：30 护士才将空调打开。麻醉不到位就动手术，温度低，产妇虚弱，引发感染。（4）医院未对产妇、新生儿给予及时全面的观察、检查，导致感染加剧。

2. 三级综合医院：（1）未及时对新生儿诊断，延误了对新生儿的抢救时间。（2）未对新生儿与产妇隔离，使新生儿受感染加剧。（3）自身医疗水平不足，却未及时通知家属，也未作出转院的决定，致使新生儿抢救无效死亡。（4）对郭某某是否有必要进行子宫全摘。（5）子宫摘除手术是否存在医疗过错，是否符合医疗规范。（6）子宫摘除手术后的护理过程是否符合级别制度，是否符合医疗规定，是否存在过错和失误。（7）子宫摘除手术后引发肠感染穿孔是否及时进行治疗，是否及时转院，是否符合医疗处理程序的规范。未确定是否子宫摘除，未全面检查就进行手术，手术中存在过错，导致感染扩大，加重病情，护理不到位，术后监察不到位，未及时转院，导致伤害进一步扩大。

两医院未及时全面对新生儿的身体状况进行监控，未将新生儿与产妇隔离，未及时转院、抢救，才导致刚出生的孩子在免疫力低、抵抗力低的情况，因感染而死亡。

医方认为：

1. 社区卫生服务中心：（1）整个生产过程操作符合规范。（2）考虑入院血常规白细胞计数与中性粒细胞高提示产妇在产前可能已有感染存在。（3）术后产妇发热，一直给予积极处理，加强抗炎静滴治疗，病情无好转，考虑产褥感染，及时转院。（4）婴儿出生时虽然有窒息抢救，但产后数天之内一直情况良好，直至出院。

2. 三级综合医院：该患儿诊断明确，入院后救治措施及时和到位，无违反医疗原则和医疗规范。患儿救治无效，属病情转归。郭某某入院诊断明确，入院后抢救措施及时到位，医疗过程规范，因患者本身病情危重，尽管进行了积极、正确的救治，仍发生子宫切除，肠瘘等并发症，但最终成功抢救了患者生命。

鉴定意见

（1）社区卫生服务中心在郭某某分娩过程中，存在医疗过失行为，与郭某某的人身损害后果之间有因果关系，原因力为直接因素。参照《医疗事故分级标准（试行）》，郭某某功能障碍的残疾等级为三级。（2）三级综合医院在郭某某的整个医疗过程中，未违反诊疗规范，与郭某某的人身损害后果之间无因果关系。（3）在周某某的诊治过程中，医方的过失行为是导致周某某死亡的主要因素，患方也应负一定责任。其中，社区卫生服务中心为主要因素，三级综合医院为次要因素。

分析评论

1. 社区卫生服务中心在郭某某的分娩过程中，存在以下医疗过失行为：（1）在剖宫产手术操作过程中，先行子宫体部倒"T"字切口，后手术者下台上推胎头；子宫切口二层连续缝合（子宫肌层纵切口应二层间断缝合，浆肌层一层连续缝合）；违反手术操作规程。（2）手术者下台上推胎头，违反无菌操作规范。（3）术前产妇 Hb 103g/L，术后 Hb 仅 68g/L，医方认为术中出血 200ml，出血量评估不足，并未给予相应积极支持治疗。（4）该剖宫产术为困难手术，术中有感染的高危因素存在，术后有发热，医方予头孢呋辛、甲硝唑及青霉素每日一次使用，抗感染治疗不力，抗生素使用不规范。以上过失行为是产妇发生产后严重产褥感染，行子宫全切除术及发生肠瘘等人身损害的直接因素。参照《医疗事故分级标准（试行）》，未育妇女子宫缺失，患者功能障碍的残疾等级为三级。

2. 三级综合医院在接诊郭某某后，给予抗炎等积极保守治疗、多次会诊后行子宫全切除术,术后入 ICU 监护治疗,出现伤口裂开、肠瘘等并发症,予相应对症治疗,积极转诊至上级医院,整个医疗过程未违反诊疗规范,与产妇的人身损害后果之间无因果关系。社区卫生服务中心在周某某出生时 Apgar 评分 1 分钟 3 分,评估是新生儿重度窒息,应由新生儿科诊治,未给予积极的医学观察和及时转诊,违反诊疗规范。

三级综合医院在对周某某的治疗过程中,对疾病的严重程度预计不足,入院后只按普通新生儿感染处理,从而延误了最佳抢救时机。以上医方的过失行为是导致周某某死亡的主要因素。其中,社区卫生服务中心为主要因素,三级综合医院为次要因素。郭某某家属未及时签署剖宫产手术同意书,致剖宫产手术延迟,与周某某患重度窒息有一定关系;周某某的监护人未及时发现其有发热等症状,以及本身又存在先天性免疫缺陷(IgA 缺乏)的可能性。上述因素也是导致周某某严重感染致死的原因之一,患方对此应负一定责任。

本例因为违反无菌操作导致新生儿死亡、产妇产后严重产褥感染、行子宫全切除术及发生肠瘘等严重后果,值得吸取教训。

一是在阴道分娩,胎头位置已深,急行剖宫产,手术台上无法托出胎儿,手术者是不能下台上推胎头的。应当另有其他人,穿上无菌衣服戴上手套,上推胎头,上推后随即离开手术室。本例是由手术者本人下手术台上推胎头,之后又回到手术台,继续手术,这期间是否更换手套和手术衣,不得知晓。因此,医务人员要时刻警惕和牢记无菌操作的概念。

二是在进行非常规的操作后,应该认真严密观察产妇和新生儿的发热情况，本例手术者下台上推胎头，违反无菌操作规范，周某某出生时 Apgar 评分 1 分钟 3 分，评估是新生儿重度窒息，应由新生儿科诊治，未给予积极的医学观察和及时转诊，违反诊疗规范。三级综合医院在对周某某的治疗过程中，对疾病的严重程度预计不足，入院后只按普通新生儿感染处理，从而延误了最佳抢救时机。以上医方的过失行为是导致周某某死亡的主要因素

（徐智慧）

No.31 无脑儿足月分娩致产妇子宫破裂行全子宫+双侧附件切除一例

案情介绍

经产妇××,33岁,因"孕足月,腹痛9小时,阴道流水1小时"于2006年8月26日5:00入住某一级医院。该产妇末次月经记不清,查B超示无脑儿,羊水过多。曾建议其到上级医院复诊。入院查体:宫高30cm,腹围88cm,LOA,胎心70次/分,先露头,入盆,胎膜已破,羊水清,宫口开2cm。B超:无脑儿可能性大。诊断:(1) G_3P_2,孕足月,LOA,临产;(2)胎儿宫内窘迫;(3)畸形儿;(4)胎膜早破。7:00始静脉输液。8:00宫口开全,有血性羊水排出,胎心消失。9:10患者无明显正规宫缩,BP 130/80mmHg,患者面色较萎黄。10:40在全麻下行子宫下段剖宫产术,术中见腹腔积血约1300ml,子宫下段横切口长约10cm,徒手托出一死男婴,无脑畸形。术中见子宫下段宫颈部位向左侧侧腹膜处裂开约3cm×3cm大小,与家属谈话后行子宫全切除术,术中发现左侧附件区淤血明显,遂行左侧附件切除术。腹膜外置引流管一根。术后诊断:G_3P_3,孕足月,LOA,死胎,无脑儿,子宫破裂,羊水过多,失血性休克。术后予抗炎止血治疗。19:00患者BP降至60/40mmHg,P 138次/分,诉头晕、口渴、恶心,予以输入血制品。19:20患者BP 105/80mmHg,P 110次/分,心电图示窦性心动过速。19:40请上级三级综合医院会诊,于

20：00行腹腔止血术。因患者喉头水肿，故22：00行气管切开术。23：15腹腔引流管内流出血性液体约160ml。与家属谈话后立即转上级三级综合性医院行腹膜后血肿清除术＋右附件切除术。

争议焦点

患方认为：由于医院手术操作失误，切除了患者的子宫，引起输卵管大出血，进一步将输卵管切除，导致肺上积水。对患者的身体造成伤害。

医方认为：医院在对患者的诊疗过程中，未违反医疗原则，不存在医疗事故

鉴定意见

医院在对该经产妇的诊治过程中，违反了《省医院手术分级管理规范》及《省临床各科室手术分类》的相关规定；违反了诊疗护理操作常规及规范，未严密观察产程、采取相应的检查措施以明确诊断；术中切除左附件依据不足，止血不彻底，导致第二、第三次手术及双侧附件切除的后果。属于二级乙等医疗事故，医方承担主要责任。

分析评论

1. 该医院为一级医疗机构，没有行剖宫产手术的资质，更没有行子宫全切除术＋附件切除术资质。在发生子宫破裂紧急情况时，没有第一时间请"急会诊"。"10：40在全麻下行子宫下段剖宫产术，术中见腹腔积血约1300ml，子宫下段宫颈部位向左侧侧腹膜处裂开约3cm×3cm大小"，术中明确子宫破裂后，自行"与家属谈话后行子宫全切除术"，并未考虑请急会诊。当"术中发现左侧附件区淤血明

显"时，即行左侧附件切除术。19：00 患者 BP 降至 60/40mmHg，P 138 次/分，此时仍然予以只输入血制品的处理。直到 19：40 才请上级医院会诊，距离 10：40 行子宫下段剖宫产术，已经过去 9 个小时。

2. 整个产程，未予严密观察。经产妇"5：00 入院，宫口开 2cm，7：00 始静脉输液。8：00 宫口开全，有血性羊水排出，胎心消失。"，7：00 至 8：00 之间的宫缩、宫口检查、产妇精神状况等，没有记录，静脉输液是否使用"催产素"，也没有记录。从病历记载中，没有看到发生"血性羊水排出"的原因和具体情况。直接就发生"血性羊水排出"，即子宫破裂。

3. 术中切除左附件依据不足。刚发生子宫破裂，打开腹腔，发现"子宫下段宫颈部位向左侧侧腹膜处裂开""左侧附件区淤血明显"，即行左侧附件切除术，过于草率，没有仔细检查看看，是否有挽救左侧附件的可能性，没有描述。

4. 术中手术粗糙止血不彻底。该医院和医务人员没有行子宫下段剖宫产术、子宫全切除术、附件切除术的资质，却一意孤行，执意手术，手忙脚乱，止血不彻底，再次进腹，以致使产妇的对侧附件也无法挽救，失去了女性关键器官——双侧附件，加重对产妇的伤害。

经验启示：

一般孕期正规产前检查，在孕 28 周之前即可发现无脑儿重度畸形，发现后予以中期妊娠引产即可。即使在足月发现无脑儿，该例是经产妇、无脑儿足月分娩致子宫破裂，最终行子宫全切除术+双侧附件切除术，后果严重。从该例应当吸取如下教训：

1. 经产妇也要规范产前检查。国家提倡可以生二胎后，经产妇增多了,按照惯性思维,前次顺产胎儿正常,想当然认为本次妊娠也会顺产和胎儿正常,不再进行产前检查。本例就是真实案例,未行正常的产前检查,无脑儿到妊娠28周以后才发现,丧失了中期妊娠引产的机会。

2. 医院和医务人员没有资质做的手术一定不能做,即使出现紧急情况,也要做好准备,一边抢救,一边请急会诊。

3. 畸形儿足月分娩也需严密观察产程。不能因为是无脑儿、畸形儿,即使分娩出来,也可以放弃,而疏忽了产程的观察,直到有血性羊水流出才发现问题,紧急处理。

(徐智慧)

No.32　产后大出血致产妇死亡一例

案情介绍

患者××因"停经36^{+2}周,阴道流水1小时"于2015年2月22日至某医院入院。产科检查：宫高33cm,腹围95cm,胎方位LOA,胎心率140次/分,估计胎儿大小3000g,胎心位置：左下腹；强度：强；先露：头,位置：0-3；衔接：入盆；胎膜：已破；宫颈质地：软；宫颈位置：中；宫颈扩张：8cm；宫缩：40″/2—3′。骨盆测量：髂前上棘间径24cm,髂嵴间径26cm,骶耻外径19cm,出口横径9cm,人流2次,共评分5分。入院诊断：（1）G_3P_0,孕36^{+2}周,临产,LOA；（2）早产临产。入院后完善相关检查,8：35阴道分娩一男婴。8：45宫缩乏力,出血约500ml,立即予缩宫素20U静滴,口服米索前列醇600ug,以及按摩子宫,按压宫底,阵发性阴道出血500ml,立即予肌注欣母沛250ug。产后血压105/60mmHg,呼吸20次/分,心率90次/分,9：30返回病房,予补液,心电监护,抗感染等处理。10：05产妇呕吐两次,为胃内容物。10：35出现胸闷气急,心率155次/分,血压94/58mmHg,氧饱和度99%,内科会诊考虑低血容量,予加快补液,强心等对症治疗。11：00产妇心率155—160次/分,胸闷气急明显,血压93/60mmHg,心率157次/分,予保留导尿,尿量20ml,色黄。11：10时出现烦躁,予平衡液静脉滴注加快补液速度,11：20阴道掏出血块300ml,宫底脐下一指。质硬。11：25 准备气管插管，同时予胸外心脏按压。11：30 血氧饱和度 55%，血压 64/40mmHg，心率 43 次/分，产妇口角有白色泡沫状分泌物，考虑"羊水栓塞"可能。予抗过敏、补充血容量、升压、纠酸等治疗，查凝血五项，抽下腔静脉血寻找羊水成分，外院检查结果提示外周血浆中找到脂肪颗粒成分。12：48 宣布产妇死亡。

争议焦点

患方认为：（1）患者产后出现持续性出血，医方存在对出血原因查找不仔细，未能及时诊断出血原因，导致后期治疗无任何针对性，增加了产后出血量，加剧失血的严重程度；（2）医方对于患者的出血量及危险情况估计不足，在患者产后出现血压下降、低血容量、血红蛋白的情况后输血等相关治疗措施不及时，向患方的告知及防范措施不充分；（3）子宫收缩乏力引起的产后出血，经按摩子宫、应用缩宫素等处理，阴道出血仍未得到控制，应及时向上级医生和院领导汇报，组织全院抢救等，或者请上级医院急会诊或转上级医院，采取子宫次全切除术，切断产后出血的源头；（4）在患者产后出血不止的情况下，进行大速率的液体复苏，反而稀释血液中的凝血因子，导致 DIC 增加失血加重失血性休克；（5）医方在应用缩宫素方面存在大剂量、过度使用，同时存在运用缩宫素的同时运用米索前列醇、欣母沛等行为，违反了相关规定，增加了患者产生子宫破裂或（和）宫颈撕裂、出血的概率，被陈述人方在运用上述药前和用药时未尽到相关检查及监护义务包括子宫收缩的频率、持续时间及程度；（6）医方在患者出现病情危急的情况下未尽到相关转诊，导致患者丧失了最终的抢救机会；（7）患者肝功能异常，较易发生产后出血，医方在产前没有采取任何预防宫缩乏力性产后出血的措施，直至出血宫缩乏力性出血时才开始采用缩宫药物。

医方认为：医院在对患者的诊治过程中相关诊疗行为均符合医疗管理法律、法规和诊疗常规，主观上不存在过错。患者死亡与医院的医疗行为没有直接的因果关系。患者死亡属于无法预见、无法克服的客观事件。

鉴定意见

参照《医疗事故分级标准（试行）》，医方的医疗行为存在过错，与患者死亡损害后果之间有因果关系，原因力为主要因素。

分析评论

产妇因"停经 36^{+2} 周，阴道流水 1 小时"待产入院，入院诊断：（1） G_3P_0，孕 36^{+2} 周，临产，LOA；（2）早产临产。入院后完善相关检查，8:35 会阴侧切＋胎吸助娩一活婴。胎盘娩出后，阴道出血 1000ml。医方对产后出血不够重视，没有及时查找产后出血原因，观察、处理及启动应急预案的过程不及时，延误诊治，存在过错，与产妇的死亡有因果关系。（3）羊水栓塞是一种病情凶险，死亡率高的分娩期并发症。根据产妇病情的发生发展及外院检查结果提示，外周血浆中找到脂肪颗粒成分，羊水栓塞诊断成立。因此，医方的医疗过错行为在产妇死亡后果中的原因力为主要因素。

羊水栓塞，是指孕妇分娩过程中羊水突然进入母体血液循环引起的分娩期并发症，这样的发病是非常突然，迅速和凶险的，医生经常难以及时进行处理，从而导致极高的死亡率，因此如果能做出一定的预防，将会更有效地避免羊水栓塞的危害。

1. 应严格把握胎吸指征，杜绝不必要的产科干预。胎吸助产是利用负压作用使胎头吸引器吸附在胎头上，通过牵引吸引器，协助娩出胎儿的过程，选用胎吸助产必须严格掌握其手术指征：产妇有妊娠合并症或并发症，需缩短第二产程；因持续性枕横位或枕后位、宫缩乏力等因素，导致第二产程延长；持续性枕横位或枕后位胎头内旋转受阻，徒手旋转不成功，需旋转牵出胎头；在第二产程胎儿窘迫，需尽快娩出胎儿者。胎吸助产属于产科难产的一种，对母婴都可能会造成某种程度的产伤。因此，应严格把握胎吸指征，杜绝不必要的产科干预。

2. 严格掌握指征，合理使用缩宫素，防止宫缩过强。使用缩宫素时应专人看护，严密观察。对死胎及胎膜早破者更应谨慎。必要时应小剂量起始使用，避免剂量过大，增加羊水栓塞发生概率。

3. 不过多干扰产程的自然进程，不宜随便行扩张宫颈及人工剥膜。人工破膜要在宫缩间歇时进行。人工破膜时不兼行剥膜，以减少子宫颈管的小血管破损。

4. 对孕妇做阴道及宫颈检查或操作时，一定要动作轻柔，准确避免产道损伤、子宫破裂等。

5. 对有诱发因素者，严密观察警惕本病的发生，如胎膜早破、死胎、剖宫产、前置胎盘等，应严密监测至产后。

6. 严格掌握剖宫产指征，切开子宫下段时切口宜先小，术中刺破羊膜前保护好子宫切口上的开放性血管，尽量吸出羊水以防止其进入子宫血窦，然后扩大切口，迅速协助胎儿娩出。

（徐智慧）

No.33 产前检查不仔细致先心病儿（单腔心）不利出生一例

案情介绍

孕妇符某某，末次月经 2011 年 11 月 18 日，预产期 2012 年 8 月 25 日。怀孕期间，在外院行多次产前检查。2012 年 2 月 22 日外院 B 超示：中期妊娠（单胎）。4 月 20 日签署了××医院超声检查协议书。予彩色 B 超示：（1）单胎中孕；（2）胎儿部分已筛查，潜在异常待排除。6 月 19 日外院 B 超示：中期妊娠（单胎头位），提示胎儿脐带绕颈。7 月 21 日外院 B 超示：晚期妊娠（单胎头位）。8 月 26 日在外院行腰硬麻下子宫下段剖宫产术，按头位分娩机转顺娩一女婴，体重 3200g，Apgar 评分 10 分钟 10 分。8 月 29 日查房进听诊心脏杂音明显，至上级医院行彩色超声心动图检查报告示：右位心，房间隔缺损，单心室（左室型），大动脉异位，肺动脉狭窄。

争议焦点

患方认为：医院的产前超声报告与产后的 4 份超声报告结论迥然不同，由于医院的错误产前超声报告，导致患者在不得知胎儿是否正常的情况下产下陈某某，给符某某和陈某某及整个家庭造成了无法挽回的严重后果。

医方认为：尽管医院对符某某的诊疗过程符合规范，但鉴于当前超声检查技术局限性等原因，符某某胎儿的

No.33 产前检查不仔细致先心病儿（单腔心）不利出生一例

"单腔心"未能通过产前超声检查手段检出。"单腔心"为先天性疾病，原因是胎儿自身发育不良，与医院的产前超声检查的行为无直接因果关系。

鉴定意见

医方的医疗行为存在医疗过错，医方的医疗过错行为在患方的知情及胎儿娩出的选择中原因力为次要因素。

分析评论

1. 根据卫生部《产前诊断技术管理办法》（卫基妇发〔2002〕307号），初步筛查六大类畸形：无脑儿、严重脑膨出、严重开放性脊柱裂、严重胸腹壁缺损伴内脏外翻、单腔心、致死性软骨发育不良。医方在孕妇系统产前超声检查时机（孕20—24周）内，未能尽到注意义务，未能发现心脏先天畸形（右位心、单腔心），检测报告示"胎儿部分已筛查，潜在异常待排除"。医方存在医疗过错，侵犯了患方的知情权及胎儿娩出的选择权。

2. 孕妇系统产前超声检查是孕妇在一定孕期内，对胎儿进行解剖结构的系统筛查，胎儿的主要解剖结构通过上述各切面得以观察与显示，其本身存在很多不确定因素及风险，很多阳性率到晚孕才能发现，有一定局限性，孕妇在系统产前超声检查前，医方已告知，并由孕妇家属签署"××医院超声检查协议书"。孕妇在孕中期及后期，未继续至该院行进一步的产前检查，随访跟踪，失去了进一步发现胎儿畸形的机会。故医方的医疗过错行为在患方的知情及胎儿娩出的选择中原因力为次要因素。

3. 患儿目前的先天性心脏病属于先天性发育异常，与医方的医疗行为无因果关系。

针对产前检查只做一次 B 超筛查的孕妇，要重点强调正规系统进行产前检查。重点提示妇幼保健人员应对孕妇进行孕产知识的宣教，了解超声检查的优势及局限性，按不同孕期做超声检查，避免漏检。不同孕期注意超声筛查的重点：规范产前超声筛查至关重要。孕早期（孕 10—14 周）重点观察胎儿头颅、颈部、脑中线、脉络膜、四肢，测量颈部透明层厚度；孕中期（18—24 周）做系统超声检查，重点观察胎儿心脏、四肢及颜面部；孕晚期（32—34 周）主要进行胎儿畸形的补漏检查，重点观察颅内结构、双肾、脐孔及腹壁连续情况，测量胎儿各项生长发育指标和胎盘循环功能。一次超声无法将问题全部检查，所以不同时期的检查结合，方可达到较高的检出率，对保证产前超声筛查的质量起到重要作用。尽可能避免胎儿畸形的漏诊。

（徐智慧）

No.34 产前评估不到位致新生儿臂丛神经损伤一例

案情介绍

孕妇××，因"停经 39^{+6} 周，下腹痛 1 小时余"于 2016 年 11 月 10 日至某综合医院住院。末次月经 2016 年 2 月 4 日，预产期 2016 年 11 月 11 日，孕 12 周始建卡，不定期产检 6 次（其中在该院产检 5 次），糖筛查未查，唐氏筛查及排畸 B 超均未见异常。入院前一日开始有鼻塞等，至该院就诊，诊断"上呼吸道感染"，予"清开灵"口服治疗。入院产科检查：宫高 36cm，腹围 116cm，估计胎儿大小 4300g，胎方位 LOA，胎心 140 次/分，胎心位置：脐左下，强度：中，先露头，位置：-2，衔接入，胎膜破，宫颈质地软，宫颈位置中位，宫颈长度 0cm，宫颈扩张 3cm，宫缩 35″/3—4′。髂前上棘间径 25cm，髂嵴间径 27cm，骶耻外径 20cm，坐骨结节间径 9cm。血型：O 型，RH 阳性。B 超示：单胎妊娠头位，双顶径 92mm，羊水指数 140mm，胎盘Ⅲ级，S/D 2.2。诊断：（1）G_2P_0，孕 39^{+6} 周，LOA，临产。（2）轻度子痫前期；（3）巨大儿；（4）肥胖症；（5）上呼吸道感染。8：00 宫口开 10cm，于 9：43 EP 下娩一男活婴，重 5150g，分娩时因胎儿大，出现肩难产，Apgar 评分：1 分钟 3 分、5 分钟 9 分。胎盘位于子宫底部，胎盘胎膜自娩完整，子宫收缩好。产妇于 11 月 17 日出院。新生儿出生时一般情况差，全身皮肤苍白，无肌张力，无呼吸，吸痰时有少许喉反射动作，心率 120 次/分，律齐。诊断：巨大儿，新生儿窒息。出生后立即给予地塞米松静推、面罩给氧、保暖、维生素 K1 肌注等抢救治疗。后转上级医院进一步治疗，入院查体：T 36℃、P 155 次/分、R 55 次/分、BP 65/40mmHg、SPO_2 85%（未吸氧下），足月儿貌，反应易激惹，肤色有青紫，全身多处淤紫，哭声尚响，前囟平软，头顶部可及一 12cm×10cm 肿块，跨及骨缝，部分有波动感，边界不清，两瞳孔等大等圆，对光反射存在，双眼巩膜充血，呼吸稍促，有呻吟，轻度吸气三凹征，两肺呼吸音粗，对称，可闻及细湿啰音，腹部稍膨隆，脐部已包扎，右上肢松软，不能主动上抬，左上肢及双下肢肌力可，活动自如，原始反射不全引出，肢端尚暖。诊断：（1）新生儿窒息（重度）；（2）新生儿肺炎；（3）右侧臂丛神经损伤？（4）先锋头；（5）新生儿头颅血肿；（6）巨大儿。新生儿颅脑超声：两侧脑室形态变窄。心脏超声：卵圆孔未闭。左+右侧锁骨正位片：右锁骨局部骨皮质欠光整、密度欠均。头颅 MRI：左枕、右额、双侧侧脑室旁脑白质内及蛛网膜下腔出血。入院后予重症监护、告病危、置暖箱、鼻导管吸氧、抗感染、促进肺表面活性物质分泌、镇静、护脑、营养心肌细胞、预防出血、营养神经、维持内环境稳定等治疗。于 11 月 24 日出院。

争议焦点

患方认为：在生产过程中，由于医生对胎儿大小计算不精确，评估差距较大，导致肩难产，且在生产过程中，胎儿过大，在无法进行顺产的情况下，医生未采取有效措施，而是使用粗暴的行为对孕妇的腹部进行按压，强行将胎儿拉出，导致胎儿出生时头部变形，重度窒息、肺炎、右侧臂丛神经损伤、头颅血肿等严重现象,至今尚在治疗中,未完全康复。医院的治疗不当是造成本次事故的全部原因,要求其承担全部责任。

医方认为:该孕妇产程进展顺利,无剖宫产手术指征;超过 50% 的肩难产发生于正常体重的新生儿,且事先无法预测;肩难产时产妇的内在力量对胎儿不匀称的推力可能是造成臂丛神经损伤的主要原因,而非由助产造成;医方入院处理规范,而且入院时也告知了分娩过程中可能发生的情况,签署了"分娩知情同意书";观察产妇产程进展正常,肩难产处理规范;产妇产后未发生产后大出血、阴道裂伤、宫颈裂伤、膀胱麻痹、子宫破裂、产褥感染等并发症;产妇肥胖、B 超检查结果是干扰胎儿体重估计的重要因素;产妇没有进行完整的产前检查,回老家两个月,缺 OGTT 筛查,孕期没有控制好体重;巨大儿不是医生造成的,孕期最后一个月在医院门诊产科检查,产科医生一直在告知要低盐低脂饮食,控制体重。

鉴定意见

孕妇存在巨大儿、肥胖等分娩高危因素,医方未对此重点突出告知,如存在巨大儿导致肩难产及臂丛神经损伤的可能性,使患方丧失了选择的机会,存在医疗过错,侵犯了患方的知情同意选择权,与新生儿的人身损害后果之间有一定因果关系,医方的医疗过错在新生儿的人身损害后果中的原因力为次要因素。

分析评论

1. 孕妇产前检查不规范,未按期产检,孕期共产检 6 次,在该院产检 5 次,在孕 23^{+2}—36^{-1} 周共两月余时间内,未进行正常产前检查，无法掌握胎儿生长发育情况，丧失了及时纠正巨大儿的最佳时机。

2. 在明确患者肥胖症，有妊娠期糖尿病高危因素的情况下，孕期始终未进行妊娠期糖尿病筛查，对产妇的血糖及体重管理缺失，最终影响产前评估胎儿体重的准确性，以及巨大儿分娩方式的选择。

3. 孕妇存在巨大儿、肥胖等分娩高危因素，存在肩难产及臂丛神经损伤的潜在风险，医方未对此重点突出告知，存在医疗过错，侵犯了患方的知情同意选择权，使患方丧失了选择的机会。

4. 入院后查体宫高36cm，腹围116cm，估计胎儿大小4300g，而B超检查胎儿双顶径仅92mm，最终分娩新生儿体重达5150g，胎儿体重评估偏差过大，影响阴道试产指征的把控，分娩时因胎儿大，出现肩难产，导致胎儿出生时新生儿重度窒息、新生儿肺炎、右侧锁骨骨折、头皮血肿、左枕、右额、双侧侧脑室旁脑白质内及蛛网膜下腔出血等严重现象。

（徐智慧）

No.35 妊娠期糖尿病管理不规范致新生儿臂丛神经损伤一例

案情介绍

产妇张××，因"停经40^{+5}周，阴道流液半小时"于2016年3月20日22:35至某综合医院住院。末次月经：2015年6月8日，预产期：2016年3月15日，孕期在该院产检6次，孕6月行OGTT示4.8mmol/L、11.0mmol/L、8.1mmol/L①，考虑妊娠期糖尿病，予饮食控制。入院产科检查：宫高40cm，腹围108cm，估计胎儿体重3900g，胎方位LOA，胎心150次/分，胎心位置左下腹，先露头，入盆，宫颈长度0.5cm，宫口未开，胎膜已破。骨盆外测量：髂前上棘间径23cm，髂嵴间径26cm，骶耻外径19cm，出口横径9cm。高危因素：妊娠期糖尿病（不需用药者）5分，妊娠合并乙肝病毒携带者5分，胎膜早破5分。B超示：单胎头位，双顶径9.3cm，胎心143次/分，胎盘附着于子宫后壁，成熟度Ⅱ—Ⅲ级，羊水深度6.0cm，脐带绕颈1周。诊断：胎膜早破，妊娠期糖尿病，轻度贫血，妊娠合并乙肝小三阳，G_2P_1，妊娠40^{+5}周，LOA，待产。3月21日4:00出现规律宫缩，10:00宫口开全，10:25娩一女婴（朱某某），重4500g，Apgar评分10分钟10分。3月22日查新生儿左上肢不能主动外展及上举。3月23日外科会

---

① 即空腹血糖、口服葡萄糖1小时后血糖、口服葡萄糖2小时后血糖。

诊，暂时不考虑锁骨骨折及臂丛神经损伤，嘱家属局部按摩新生儿左上肢，局部刺激。产妇产后耻骨联合触痛，予骨盆正位片示：考虑耻骨联合分离。3月28日产妇及新生儿出院。7月7日上级医院肌电图示：左上肢臂丛神经损害电生理表现，主要累及上中干，副神经功能正常。7月24日因"左侧臂丛神经损伤"至上级医院住院，查体：左上肢肌力Ⅳ⁻级，卧位左上肢能上举，站立位左上肢不能上举，肘关节和手指活动尚可，与健侧比较灵活度略差。7月26日行左臂丛神经探查，神经移植移位术，于7月28日出院。11月1日上级医院肌电图示：左上肢臂丛神经损害电生理表现，主要累及上中干（较前次肌电图有好转）。2017年7月10日外院肌电图示：左臂丛神经支配肌未见明显自发电活动，轻收缩时上、中干部分支配肌MUP时限偏宽，主动募集反应减弱，左臂丛神经上、中干支配肌CMAP潜伏期在正常范围，部分肌CMAP波幅偏低，正中、尺、桡神经MNCV及CMAP均在正常范围。

争议焦点

患方认为：医方产前检查存在不足，未适时提出分娩意见；助产师未在产房中检查新生儿，加重患儿病情；医方未护送患儿转院；医院违反医疗卫生管理法律、法规和诊疗规范、常规，未对患儿进行基础治疗，既未采取积极的治疗措施，又未尽到必要的告知义务，直接导致患儿的病情逐步恶化，其过错与患儿的损害后果有因果关系，直接导致目前的损害后果，应承担全部责任。

医方认为：医院治疗过程符合规范无过错。产妇入院时无任何剖宫产指征，完全符合阴道分娩的条件；生产过程医方操作规范，无过错；臂丛神经损伤是巨大儿分娩时可能出现的并发症；目前朱某某经过治疗，左上肢外展及上举功能不受限，功能良好。

鉴定意见

1. 该产妇孕6个月起产检发现妊娠期糖尿病，医方仅嘱饮食控制，未按妊娠期糖尿病规范管理；入院后，也未按妊娠期糖尿病规范管理，如糖尿病饮食、监测血糖等。

2. 根据该产妇入院时产科检查：宫高40cm，腹围108cm，应考虑为巨大儿，选择经阴道分娩存在巨大儿导致肩难产及臂丛神经损伤的可能，医方对胎儿体重估计不足，以致未与家属充分沟通分娩方式，使患方丧失了选择的机会，侵犯了患方的知情同意选择权。

3. 医方的以上过错与患儿臂丛神经损伤的后果之间存在因果关系。

该产妇在孕期间，未正规产前检查，也未按医嘱控制饮食，与巨大儿的发生有一定因果关系。

综上所述，医方的过错行为在患儿臂丛神经损伤后果中的原因力为主要原因。

分析评论

1. 医方产前妊娠期糖尿病管理不规范。该产妇孕6月起产检发现妊娠期糖尿病，医方仅嘱饮食控制，未按妊娠期糖尿病规范管理，随访检测血糖情况，控制孕妇及胎儿体重；入院后，也未按妊娠期糖尿病规范管理，如糖尿病饮食、监测血糖等。

2. 医方对胎儿体重评估不足。根据该产妇入院时产科检查：宫高40cm，腹围108cm，应考虑为巨大儿，结合患者妊娠期糖尿病，存在肩难产导致臂丛神经损伤的可能，但盲目参照 B 超检查胎儿双顶径仅 9.3cm，因此，综合估计胎儿体重 3900g，选择经阴道分娩，医方对胎儿体重估计不足，以致未与家属充分沟通分娩方式，使患方丧失了选择的机会，侵犯了患方的知情同意选择权。

3. 产后对新生儿体检不严谨，诊疗技术不得力。产后当天未发现新生儿左上肢异常，产后第一天体检发现新生儿左上肢不能主动外展及上举，产后第二天请外科会诊，暂时不考虑锁骨骨折及臂丛神经损伤，嘱家属局部按摩新生儿左上肢，局部刺激，未对患儿进行基础治疗，因漏诊，又未尽到必要的告知义务，三月余后，外院确诊新生儿左上肢臂丛神经损害，累及上中干，最终行左臂丛神经探查，神经移植移位术。

（徐智慧）

No.36 肩难产处理不规范致新生儿臂丛神经损伤一例

案情介绍

产妇××，27岁，2004年5月4日7：45因"停经40^{+2}周，腹痛4小时，阴道流水1小时"入住某三级综合医院。平时月经规律，末次月经：2003年7月25日，预产期：2004年5月2日。孕期正规产检，入院B超提示：胎儿双顶径92mm，腹径103mm，股骨长75mm，羊水指数85mm，胎盘成熟度$Ⅲ^+$级，胎儿颈部见U型压迹。查体：血压120/80mmHg。宫高34cm，腹围94cm，LOA，胎心142次/分，胎膜已破，羊水清，宫口开指尖。入院诊断：G_1P_0，孕40^{+2}周，LOA。产妇于15：00宫口开全，15：10因枕横位手转胎方位，15：50 EP助产分娩一女婴，前肩娩出困难，体重4050g，Apgar评分1分钟7分、5分钟9分，胎盘自娩、完整，会阴裂伤较深，外缝6针。5月5日查体发现该新生儿左上肢肌张力低下，活动受限，院内外会诊后，考虑臂丛神经损伤，属上干型，予功能锻炼，5月31日母儿出院。

争议焦点

患方认为：医方产前对胎儿情况预计不足，导致分娩时措手不及；医方发现新生儿手臂不能活动后，一直未予积极组织会诊，未能进行早期诊断、早期治疗，延误了新生儿治疗的最佳时机；医疗过失行为与新生儿的损害后果具有因果关系。

医方认为：医院对孕妇的分娩方式没有错误；目前尚缺乏精确估计胎儿体重的方法；医护人员在接产过程中无违反诊疗操作规程的行为；该病例属阴道分娩过程中较难避免的并发症。故医院在诊疗过程中不存在过失，不构成医疗事故。

鉴定意见

1. 医方在发现肩难产后，由助产师进行肩难产助产操作，违反了"省医院手术分级管理规范及江苏省临床各科室手术分类操作"的规定，与臂丛神经损伤有一定因果关系。

2. 患儿系巨大胎儿且持续性枕横位，是肩难产的主要原因，肩难产较容易引起臂丛神经损伤。医方对胎儿产前情况预计不足，操作不规范，是臂丛神经损伤的次要原因。

3. 目前患儿左上肢功能正在恢复期间，结果尚未稳定，暂定四级。

分析评论

1. 医方产前对胎儿体重评估不足，没有预计到巨大儿、持续性枕横位发生肩难产的风险。

2. 医方肩难产处理的应急管理及培训不到位，导致分娩过程中发生肩难产时措手不及。

3. 在发现肩难产后，医方违反"省医院手术分级管理规范及江苏省临床各科室手术分类操作"的规定，由助产师进行肩难产助产操作，操作不规范。

4. 医方产后未能在第一时间发现新生儿左上肢异常；发现新生儿左上肢肌张力低下，活动受限后，未能积极组织会诊，尽早进行诊断及治疗。

（徐智慧）

No.37 无指征剖宫产且娩胎头用力不当致新生儿颅骨骨折一例

案情介绍

孕妇××，因"停经9月"于2005年10月26日至某三级综合医院待产。末次月经：2005年1月19日，生育史：$G_2P_0A_2L_0$；产检：宫高32cm，腹围108cm，先露头浮，胎心140次/分；肛查：宫口未开，胎膜未破；诊断：G_3P_0，孕40周，ROA，待产。入院后患者要求剖宫产并签字。于13：10在硬麻下行子宫下段剖宫产术，术中见羊水清，量约800ml，以头ROT位转到ROA位时觉左顶骨部向内凹陷，托头容易，托出一女婴，体重3100g，Apgar评分1分钟8分、5分钟9分，胎盘完整娩出。术后予对症治疗。术后查新生儿左颞顶部有一3cm×2cm凹陷，头皮无血肿，诊断：新生儿左顶骨凹陷。10月29日摄CT示：左侧顶骨向内凹陷1cm，颅内脑实质未见明显异常密度影，头皮未见明显血肿。11月2日母女出院。11月10日在外院会诊，意见：左颞顶凹陷性骨折诊断明确，先予观察，2个月左右复查CT，若凹陷性骨折无明显变化，则考虑外科手术干预，如好转，则继续观察至3个月左右。

争议焦点

患方认为：医院在本次诊治过程中存在严重的过错，未能有效地保障新生儿的身体不受伤害。在剖宫产手术过程中未尽到谨慎义务，是造成此次伤害的最直接原因。

医方认为：医院的经治医师具备相应的医师执业证书、资格证书及手术权限，手术医师长期从事妇产科工作，有丰富的临床操作经验，整个操作符合操作规程，不存在违规行为。

鉴定意见

医院在行剖宫产手术中因转胎头用力不当造成胎儿损伤，该医疗过失行为与左顶骨凹陷性骨折有因果关系。

分析评论

1. 剖宫产指征掌握不严格。孕妇无任何剖宫产指征要求剖宫产入院。入院后，未进行胎儿及骨盆方面情况的评估，直接因人情等因素，于当天在硬麻下行子宫下段剖宫产术。

2. 沟通告知不到位。入院后，未充分告知剖宫产手术风险和利弊，建议患方慎重考虑、知情选择恰当的分娩方式。

3. 在剖宫产手术中，评估切口高低及大小、胎方位不到位，导致胎儿娩出前，旋转胎头用力不当，造成胎儿损伤。

（徐智慧）

No.38 助产技术欠妥致新生儿肱骨骨折一例

▌案情介绍

产妇××，因"停经40周，下腹痛三小时余"于2011年3月23日至某社区卫生服务中心住院。查体：T 37.3℃，P 80次/分，R 20次/分，BP 120/85mmHg。末次月经：2010年6月16日，预产期：2011年3月23日，产检：宫高34cm，腹围100cm，估计胎儿重3400g，胎方位LOA，胎心130次/分，先露头，入盆，胎膜未破、宫口开1.5cm。B超示：宫内单活胎，头位，双顶径89mm，羊水指数113mm，胎盘成熟度Ⅲ$^+$级。诊断：G_3P_0，孕40周，LOA，临产。3月23日7：00宫缩开始，21：20破膜，22：00宫口开全，23：15徒手转胎头，23：50阴道检查：阴道通畅，坐骨棘间径约10cm，坐骨切迹容两横指，耻骨弓角度约90度，骶骨弧度正常，尾骨不翘，先露头，S+3，可及3cm×4cm产瘤，LOT。因持续性左枕横位予会阴左侧切开行胎吸，胎头娩出，因前肩娩出困难，产妇予屈髋，予牵后臂娩后肩法，娩出后肩再前肩娩出，0：20娩出一女婴，体重3500g，Apgar评分：1分钟4分、5分钟7分。总产程17时25分，第一产程15时0分，第二产程2时20分，第三产程0时5分。产后诊断：G_3P_1，孕40^{+1}周，LOT，已产，持续性左枕横位，第二产程延长，肩难产，足月活婴，新生儿窒息。因新生儿窒息立即转外院进一步治疗。在外院诊断为右肱骨中段骨折，臂丛神经根性损伤。

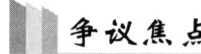 争议焦点

患方认为：医方在产妇分娩过程中存在的种种过错与患者骨折、右臂臂丛神经严重损伤结果之间存在因果关系；由于医院及其医务人员对患者态度消极，严重侵犯了患者的健康利益，对患儿的后果有着不可推卸的责任；医方的医疗行为违反了产科诊疗常规，有过失行为，产妇阵痛十几个小时，医方未加重视和充分评估产妇的宫高和腹围、身高、体重、产程图，选择的分娩方式不当，剥夺了产妇及家属选择剖宫产的要求；产前产妇及家属多次建议剖宫产，医方没有考虑更没有做相应的准备；医方对胎儿体重估计不足，差距太大，之前医生估计胎儿体重3400g，孩子生下来3500g，更没结合产妇的身高做考虑；医方在产妇即将分娩时后勤保障不到位，23日19：00到22：00，包括产妇进入产房后多次停电，妨碍了有效地监听胎心，同时也极大地影响了产妇的情绪；在生产过程中院方运用胎吸，开始的一台机器还是坏的，然后又找了一台，充分证明医护人员准备不充分，严重失职；医方医务人员擅离职守，责任心不强，作风不严，纪律不严明，在产妇剧烈疼痛的时候只有一名医生在，并且穿着拖鞋，没有将患者的生命安全放在第一位，更不明白自己的责任与任务就是保障患者的生命安全。后来打电话叫来另一名医生后才将孕妇送入产房，耽误了最佳时间，使产妇的气力消耗过多，导致了事故的发生；医方未尽告知义务，产前没有说明需要侧切与胎吸，在产程过程中医方让家属签字，也没有交代可能出现的严重后果，误导了家属，产妇及家属在此时是惶恐和无助的，因此根本不可能是家属选择，而是家属无奈同意医生选择。故不能因为家属签了字医方就没有过错了，

且在患者转院时也没有告知家属及医务人员患者右臂被拉断，医方存在隐瞒病情行为；医方会利用自己的专业优势，以及对医案纠纷的充分了解，做好充分的准备，所以患方处于弱势，医方应该按照医疗事故举证倒置的原则进行举证；孕妇即使真的存在肩难产，医方如果处理得当，完全可以避免右臂丛神经损伤。

医方认为：医方对患者病情采取了积极救治的态度，系其家属拒绝手术治疗。

鉴定意见

1. 医方未按照产科技术操作常规，未及时发现产程中出现的异常情况，如潜伏期胎头持续在-3、宫口开全先露0、第二产程延长，未及时予以更改分娩方式；医方接产时未按分娩机转进行操作，处置不当，导致右侧臂丛神经损伤和右肱骨骨折。

2. 胎儿娩出后，医方未按常规检查，发现新生儿产伤。

3. 产妇分娩在过程中，情况复杂，存在一定风险。因此医方承担主要责任。

分析评论

1. 医方助产技术水平不高影响对产程中出现的异常情况的判断，如潜伏期胎头持续在-3、宫口开全先露0、第二产程延长趋势等未能及时识别与重视，无充分评估产妇的宫高、腹围、身高、体重、产程进展、胎儿及产道情况，未能及时就是否更改分娩方式与患方沟通。接产时未按分娩机转进行操作，处置不当，导致右侧臂丛神经损伤和右肱骨骨折。

2. 医方后勤保障不到位，在产妇分娩过程中多次停电，妨碍了有效地监测胎心，同时也极大地影响了产妇的情绪，加剧了产妇的不安全感。

3. 器械、设备未保证随时在功能状态，在分娩过程中使用胎吸助产，开始的一台机器故障无法启动，只能再找一台。

4. 产后未在第一时间发现新生儿产伤，因新生儿窒息转外院，在外院诊断为右肱骨中段骨折、臂丛神经根性损伤，转运途中对患肢未进行必要的固定及保护。

（徐智慧）

No.39 疤痕子宫剖宫产处理不当致新生儿颅脑损伤一例

案情介绍

患者××,因"停经 38^{+6} 周,阴道流液1小时余"于2016年10月18日至某三级医院住院。孕期在该院定期产检。查体:体温37℃,脉搏87次/分,呼吸18次/分,血压125/66mmHg,身高164cm,体重71.5kg。心肺体检无异常。产科检查:宫高34cm,腹围99cm,估计胎儿重3400g。胎方位:LOA,胎心:145次/分,胎心位置:脐左下,强度:中,先露:头,位置:耻上,衔接:固,胎膜:可见少量羊水流出,色清,宫缩:可及。查宫口未开。B超示(2016年10月17日本院):单胎、LOA,羊水指数100mm,双顶径93mm,EFW:3402±350g,胎儿颈周见一组脐血流显示,子宫前壁下段肌层厚约3mm。OGTT(2016年7月13日本院):4.24mmol/L、11.19mmol/L、9.64mmol/L。诊断:G_2P_1,孕 38^{+6} 周,LOA,待产,胎膜早破,疤痕子宫,妊娠期糖尿病。10月19日在腰硬联合麻醉下行子宫下段剖宫产术。LOA位产钳助娩一活女婴,出头困难,重3870g,脐带绕颈一周,Apgar评分1分钟7分、5分钟10分。10月20日儿科医师查房发现患儿双下肢抽动,持续约1分钟后缓解,随即以"新生儿惊厥,颅内出血?"转入NICU。入室后患儿即出现左侧上下肢同时抽动,予鲁米那静推后缓解,查体:右侧头面部可见散在淤紫,右侧头顶部可触及一3cm×3cm大小包块，波动感明显，前囟平软，诊断：新生儿惊厥，颅内出血？头颅血肿。头颅CT：（1）右侧顶部硬膜下血肿，双侧脑挫裂伤；（2）蛛网膜下腔出血；（3）右枕骨骨折，双侧顶部头皮下血肿。当日予转上级医院进一步治疗。10月26日出院。

争议焦点

患方认为：医院医生的行为严重违反相关医疗卫生管理法律、行政法规、部门规章和诊疗护理规范、常规，造成患儿危及生命的人身损害事实，其行为已经构成医疗事故。

医方认为：医院医务人员在诊疗活动中，未违反诊疗常规，尽到了相应的诊疗义务和告知义务，故医院不应当承担赔偿责任。

鉴定意见

1. 医方诊断明确，行子宫下段剖宫产术有手术指征，但术前评估不到位、剖宫产时机的把控欠缺；术中胎头娩出困难，行产钳助娩，有手术适应征，但术中操作不当；新生儿娩出后，医方予相应观察、诊治，后转上级医院进一步治疗，医方的以上医疗行为未违反诊疗规范常规。

2. 该新生儿产伤，包括头颅右侧顶部硬膜下血肿、双侧脑挫裂伤、蛛网膜下腔出血、右枕骨骨折、双侧顶部头皮下血肿，考虑与产钳位置不当有一定关系，医方存在过失。

3. 产妇为经产妇，有疤痕子宫，妊娠期糖尿病，胎儿体重3870g，术中见腹腔粘连致密，子宫疤痕僵硬，胎儿呈OP位，头位不正，胎头娩出困难，增加了产钳助娩的难度，即使产钳位置正确，也存在造成新生儿产伤的风险。

综上所述，医方的医疗行为存在过失，与患儿产伤之间存在一定因果关系。

分析评论

1. 剖宫产时机的把控欠缺，患者孕足月，疤痕子宫，胎膜早破，妊娠期糖尿病，脐带绕颈，子宫前壁下段肌层厚约3mm，未在入院当天进行手术终止妊娠，羊水过少，子宫不协调收缩，感染风险越大。

2. 瘢痕子宫术前评估不到位，产妇为经产妇，有疤痕子宫，妊娠期糖尿病，胎儿体重3870g，应预见腹腔粘连致密，子宫疤痕僵硬，胎头娩出困难风险，做好应急预案。

3. 术中操作不当，该新生儿产伤，包括头颅右侧顶部硬膜下血肿、双侧脑挫裂伤、蛛网膜下腔出血、右枕骨骨折、双侧顶部头皮下血肿，考虑与产钳位置不当有一定关系。

（徐智慧）

No.40 剖宫产术中臀位助产操作不当致新生儿股骨骨折一例

案情介绍

产妇××，2012年5月6日因"停经39周，胎位不正一月余，规律腹痛三小时"至某二级医院住院。既往史：患者15岁时因"双侧臀大肌坏死"手术，生育史 G_1P_0（2011年5月因"孕7月余死胎"引产）、末次月经2011年8月6日。入院查体：T 36.1℃、P 94次/分、R 20次/分、BP 125/75mmHg、身高163cm、体重65Kg。宫高33cm，腹围98cm，估计胎儿3500g，胎位LSA，先露足，入盆，胎心136次/分，肛查宫口开9.0cm，胎膜未破。髂前上棘间径23cm，髂嵴间径26cm，骶耻外径19cm，出口横径9cm。B超（5月4日）示：宫内单胎存活（臀位、双顶径9.1cm，羊水指数右下3.6cm，右上4.1cm，左上3.5cm，左下0cm，胎心搏动140次/分，胎盘成熟度Ⅲ级）；胎儿脐带绕颈。入院诊断：G_2P_1，妊娠39周，LSA，临产；臀位足先露；妊娠合并轻度贫血。高危评分30分。入院后在腰硬联合麻醉下行腹膜内子宫下段剖宫产术，术中见子宫下段形成良好，双附件正常，羊水清，量约800ml，以足牵引娩出一活男婴，重2600g，Apgar评分1分钟8分、5分钟10分，胎盘胎膜娩出完整。术后予以补液抗炎促宫缩治疗，5月8日因新生儿左大腿肿胀，触摸哭闹，X片示左股骨中段骨折，转至外院治疗。

No.40　剖宫产术中臀位助产操作不当致新生儿股骨骨折一例

争议焦点

患方认为：患儿左股骨中段骨折是医生接生时拉断的。

医方认为：孕妇在医院生产过程中，妇产科医护人员操作规范，无过错行为。

鉴定意见

1. 根据以下因素综合判断该新生儿的股骨骨折是由医方剖宫产时操作不当所致：（1）医方在该产妇为经产妇，臀位足先露，宫口开9cm的情况下行剖宫产术，极易导致新生儿骨折；（2）发现患儿腿肿胀的时间与新生儿产时骨折的病理过程相符；（3）产后母婴同室，家属诉新生儿每次换尿布时哭闹；产后医患双方均未提供外伤史。

2. 该产妇为臀位足先露，臀位剖宫产的新生儿骨折发生率较头位剖宫产发生率高。

分析评论

（1）患者高危评分已达30分，已超出二级医院收治范围，孕期未及时向上级医院转诊；（2）入院产检宫高33cm，腹围98cm，入院前两天B超示：宫内单胎存活，臀位，双顶径9.1cm，估计胎儿3500g，但娩出胎儿实际体重仅2900g，对入院时宫口已开9cm的经产妇孕足月臀位，立即选择剖宫产还是先进行阴道检查，评估骨盆情况、排除有无脐带先露，决定是否阴道分娩，有待商榷；（3）臀位助产技术有待提高，临产并宫口近开全的足位，下肢已进入骨盆，娩出时容易损伤，另外，臀位娩出旋转时，双手应握住胎儿的胯部，如果手位过低，也容易造成胎儿下肢骨折；（4）新生儿出生后体检观察不仔细。新生儿臀位，足

213

牵引娩出，存在产伤风险，产后母婴同室，家属反映新生儿每次换尿布时哭闹情况，对此特殊高危儿医方均未重视，直至产后两天因新生儿左大腿肿胀，触摸哭闹，X片示左股骨中段骨折，才转至外院治疗。

（徐智慧）

No.41 产前产时评估不到位致新生儿臂丛神经损伤一例

案情介绍

产妇××，因"停经 40^{+1} 周，发现羊水过少、脐带绕颈半天"于 2011 年 1 月 17 日"至某卫生服务中心住院。查体：T 36.4℃，P 80 次/分，R 18 次/分，BP 120/80mmHg，末次月经：2010 年 4 月 9 日，预产期：2011 年 1 月 26 日。孕期在该中心建卡，共产检 7 次。入院产检：宫高 35cm，腹围 100cm，估计胎儿体重 3500g，胎方位 LOA，胎心 140 次/分，先露头、浮，胎膜未破，未及宫缩，肛查：宫颈质软、前位、长 1cm，宫口较松，可容一指。B 超示：宫内单胎头位，胎儿 BPD 87mm，胎盘成熟度Ⅲ级，胎儿颈部探及 U 型脐带压迹，羊水指数 70mm，S/D=2，诊断：G_2P_1、孕 40^{+1} 周、LOA、待产、羊水过少、脐带绕颈。1 月 20 日行 NST 检查结果示：有反应性，胎心率基线波动型，胎心率 120—160 次/分。行阴道检查：宫颈质软、前位、长 0.5cm，宫口较松，可容一指，可触及羊膜囊，先露头，S-3，骶骨岬未及，骶耻内径＞12.5cm，骶凹中弧形，骶尾关节活动度好，尾骨不翘，坐骨棘不突出，坐骨棘间径＞10cm，骶棘韧带可容三指，耻骨弓角度＞90 度。予催产素应用。14:20 阴道助娩一男活婴，胎头娩出后，产妇极力不配合，导致胎肩娩出困难，经助手协助下胎肩娩出，重 3900g，Apgar 评分 1 分钟 8 分，5 分钟 10 分，脐带绕颈一周，羊水色清，量约 200ml，胎盘自娩完整。予抗炎、止血等治疗。1 月 22 日诉：新生儿左手前臂上抬困难，母乳喂养时有哭闹。查：左手前臂上抬困难，被动活动哭闹，手可握拳。请外科会诊后认为：左手活动正常，左上肢无明显畸形，左肩、肘无脱位。建议：进一步检查以排除骨折可能。予放射科透视结果未见明显异常。1 月 24 日上级医院 X 片示：左锁骨中段骨折可能。1 月 24 日出院。4 月 18 日上级医院肌电图示：左臂丛神经较严重损伤。7 月 19 日因"生后左上肢活动受限至今"至外院住院，查体：左上肢肩外展 30°，肩外旋、前臂旋后不能，屈肘 30°，伸肘不能，伸腕不能，屈拇可。肌电图示：左侧臂丛神经部分损伤之电生理表现，累及上中下干，副神经功能可。诊断：左产瘫。于 7 月 21 日全麻下行左侧臂丛神经探查修复术。于 7 月 25 日出院。11 月 1 日外院肌电图示：左臂丛神经损伤术后，臂丛神经所检支配肌募集反应明显增加，诱发之 CMAP 改善。

争议焦点

患方认为：由于医院的不负责任导致新生儿的伤残，以致影响患儿以后的生活及人生道路。

医方认为：产妇在入院时医院产科医生对其进行了详细的医患沟通及病情评估，同时对胎儿在自然分娩过程中可能出现的新生儿吸入性肺炎、新生儿窒息、新生儿骨折等一系列意外进行了明确告知，该产妇表示理解并签字认可；在产妇分娩过程中，医院产科医生严格按照相关的操作常规执行；在意外发生后，及时组织相关科室会诊，同时积极联系上级医院为其进一步诊治，保证了该患儿能得到及时有效的治疗。医院认为该事件的发生完全是自然分娩过程中由于出现难产而导致的意外。

鉴定意见

1. 医方对产妇产前评估不到位，虽有阴道试产指征，但发生肩难产时，对肩难产的病情估计不足，未及时汇报医生，未按照肩难产的分娩机制进行操作，违反肩难产分娩操作常规，直接导致新生儿左臂丛神经损伤及锁骨骨折，医方的医疗过失行为与患儿的人身损害后果之间有直接因果关系。

2. 医方未按照新生儿体检操作常规对新生儿进行检查，延误新生儿产伤诊断，存在过失，但与患儿的人身损害后果无因果关系。

分析评论

1. 医方对产妇产前评估不到位。入院时估计胎儿体重3500g，实际出生体重达3900g，两者出入较大。

2. 产时应急救治流程掌握不熟练。发生肩难产时，对肩难产的病情估计不足，未及时呼救、汇报，以组成肩难产抢救团队，未按照肩难产的救治流程进行操作，违反肩难产分娩操作常规，导致新生儿左臂丛神经损伤及锁骨骨折。

3. 产后新生儿检查不到位。新生儿产伤是肩难产导致的常见并发症，且种类较多，事件发生后，院方未能有足够重视，未按照新生儿体检操作常规进行排查，检查、观察不到位，直至产后两天，家长反映新生儿左手前臂上抬困难，母乳喂养时有哭闹，才安排进一步检查，延误新生儿产伤诊断和处理。

（徐智慧）

No.42 围产期管理不到位致新生儿病理性骨折未及时发现一例

案情介绍

产妇××因"孕足月,下腹阵痛4小时余"于2012年6月21日至某二级医院住院。查体:T 36.7℃,P 80次/分,R 18次/分,BP 125/75mmHg,末次月经:不详,预产期:不详。孕期未建卡,外院门诊自检3次。入院产检:宫高35cm,腹围99cm,估计胎儿体重3500g,胎方位LOA,胎心142次/分,先露头,浮,胎膜未破,宫颈展平,宫口开6cm。诊断:G_3P_2,孕足月,LOA,待产。13:27平产分娩一男婴,重3550g,Apgar评分1分钟8分、5分钟10分,四肢活动自如。患儿出生后第三天出现哭闹异常(在鉴定会现场医患双方所述)。予6月24日出院。一年后数家外院X片示:左胫腓骨中下段陈旧性骨折(畸形愈合)。

争议焦点

患方认为:医院违反部门规章和治疗护理规范,存在过失,过失造成患儿的人身损害,请鉴定专家给予医学专业鉴定和权威解释,给予患者恢复享有同等的权益和人生的权利。

医方认为:医院在诊疗过程中不存在过失,不构成医疗事故。

No.42　围产期管理不到位致新生儿病理性骨折未及时发现一例

鉴定意见

1. 先天性胫骨假关节是骨关节发育不良类疾病的一种，多见于胫骨中下 1/3 交界处，男性发病率略高于女性，多为单侧，同侧腓骨也可累及。少数患者有遗传史。临床特点小腿短缩、瘦细，中下段呈成角畸形，容易发生骨折，经治疗不愈合而形成假关节，也可在出生时即骨折。患儿局部一般无肿胀、疼痛、不适感，全身皮肤常有散在浅棕色斑。发病原因不明，在整个生长年龄中，即使出现骨性连接，也还会出现假关节。

2. 该患儿的病理性骨折系在先天性胫骨假关节疾病的基础上轻微外力即可引起。患儿出生后第三天出现哭闹异常，第四天发现左小腿皮肤瘀斑，提示出生后第三天发生左胫腓骨中下段病理性骨折。医方在新生儿住院期间观察和记录不规范，存在过错；在发生骨折后未能及时发现、检查和处理，导致目前双下肢长度相差 5cm，左小腿畸形、假关节形成。医方的医疗过错致患儿病理性骨折的诊治不及时，与目前的损害后果之间有一定的因果关系；但患儿的骨折属病理性骨折，且外院予以外固定后，家属自行取除，故医方承担轻微责任。

分析评论

1. 围产期管理不到位。经产妇本人对产检不够重视，孕期未建围产保健册，产前检查仅 3 次，医务人员未按孕期保健管理规范对其进行正规管理，产前检查不到位，孕产期风险筛查、评估不到位，末次月经、预产期均不详，既往病史了解不清，有无遗传病史不详。

2. 基础知识掌握欠缺。患儿出生后第三天出现异常哭闹，第四天发现左小腿皮肤瘀斑，新生儿已出现异常表现，医方无意识到新生儿左小腿有发生骨折可能，更不可能去寻找病理性骨折原因、告知患儿家长有关观察、护理及后期诊治的注意事项。

3. 患儿病理性骨折的诊治不及时。医方在新生儿住院期间观察和记录不规范，新生儿出现异常表现，未能加以必要的关注及进行进一步检查，以明确原因，以致未能在早期发现新生儿骨折并予及时以处理，延误患儿诊治，最终导致患儿双下肢长度相差 5cm，左小腿畸形、假关节形成，造成患儿的人身损害。

（徐智慧）

No.43 双胎胎儿窘迫手术室等台致一胎死亡一例

案情介绍

产妇××，30岁，因"停经34^{+6}周，腹阵痛3小时"于2018年4月4日8：11入××市妇幼保健院，查体：腹围115cm，宫高35cm，胎心140/80—130次/分，胎儿估重2200—2300g，宫口开大2cm，胎膜未破。2018年3月29日××区人民医院超声示双胎妊娠，头位/横位，左前壁/后壁。入院诊断：胎儿窘迫（其一胎儿）；早产；双胎妊娠；横位（其一胎儿）；G_4P_2，妊娠34^{+6}周，LOA/RScA。于入院当日8：30将产妇送至手术室，9：45行"腰硬联合麻醉"，10：01剖宫产娩出第一女婴，Apgar评分1分钟7分、5分钟10分，转新生儿科；10：03娩出第二女婴，Apgar 1分钟1分，经紧急抢救30分钟无效死亡。产妇胎盘早剥，子宫卒中，累计出血量2100ml，给予输血等治疗。2018年4月11日产妇出院。出院诊断：胎盘早剥；子宫胎盘卒中；产后出血；DIC；新生儿重度窒息（小女）；早产；双胎妊娠；横位（其一胎儿）；妊娠期高血压病。

争议焦点

患方认为：（1）医务人员检查说马上手术，紧急的情况下还让产妇等了1个小时40多分钟；（2）在产妇后面来的人先进了手术室，认为医院的医务人员有严重的渎职行为；（3）作为一个三甲医院，在紧急的情况下没有预备方案；（4）医生做手术造成了严重的后果。故患方认为孩子死亡系医院医务人员严重的医疗过错耽误了孩子最佳的生育时间，导致孩子出生抢救十几分钟无效死亡。

医方认为：鉴定专家组分析意见"产妇在手术室等待时间较长（8：40 手术室接病人，9：45 行"腰硬联合麻醉"），院方也未采取有效应急预案，其间发生窘迫的胎儿胎心减慢明显，到麻醉前该胎儿胎心为 20 次/分，是新生儿死亡因素之一"不符合事实，医院认为孕妇属于外院转诊，未在该院正规产检，重度子痫前期导致的突发重度胎盘早剥是新生儿死亡的主要原因，故此对专家组鉴定意见"属于一级甲医疗事故，医方承担主要责任"不认可。

鉴定意见

首次鉴定意见为一级甲等医疗事故，医方承担主要责任。医方对首次鉴定意见不认可，申请省医学会对该案进行再次医疗事故鉴定，再次鉴定结论同首次鉴定结论。

分析评论

根据医患双方提供的资料、陈述、答辩及专家提问，专家鉴定组综合分析认为：

1. 产妇因"停经 34^{+6} 周，腹阵痛 3 小时"入医方，医方对"胎儿窘迫（其一胎儿）、早产、双胎妊娠"等诊断明确，具备急症手术指征。

2. 产妇 8：30 被送至手术室，9：45 给予"腰硬联合麻醉"，10：03 行剖宫产娩出患儿，Apgar 评分 1 分钟 1 分，抢救无效死亡。医方对产妇的病情严重性估计不足，急危重症病人应急预案不到位，致手术不及时，存在医疗过失。

3. 患儿死亡主要与医方医疗过失行为存在因果关系，产妇子痫前期（重度）、胎盘早剥、子宫卒中，病情重，发展快，亦与患儿死亡有一定因果关系。

根据《医疗事故处理条例》第2条、第4条规定，参照《医疗事故分级标准（试行）》《医疗事故技术鉴定暂行办法》第36条，本病例属于一级甲等医疗事故，医方承担主要责任。

（徐　筱）

No.44 经阴分娩子宫破裂母子双亡一例

案情介绍

产妇××,34 岁,因"停经 40^{+5} 周、下腹部阵发性疼痛约 3 小时,已见红、未破水"于 2008 年 10 月 28 日 2:30 入住××市××中心卫生院,产科检查:宫高 30cm,腹围 127cm,估计胎儿体重 4000g,髂前上棘间径 25cm,髂棘间径 23cm,骶耻外径 19cm,出口横径 9cm,胎位 ROA,胎心 145 次/分,宫口开大 2cm,宫缩 40″/3—5′。初步诊断:$G_2P_1A_0L_1$,妊娠 40^{+5} 周,ROA,临产。4:05 给予缩宫素静滴,4:10 胎心降至 80 次/分,4:20 产妇突然抽搐、双眼上翻、牙关紧闭、四肢僵直、呼吸困难,同时胎心音消失,立即给予抢救并拨打 120 急救电话。同时行会阴侧切及产钳助产,娩出一男婴,无呼吸心跳,经抢救仍无呼吸心跳。胎儿娩出后,产妇阴道流出暗红色血液,约 1000ml,给予宫底注射缩宫素 20u,同时给予氨甲苯酸 0.3、5% GS 500ml 静滴等抢救,产妇症状无好转,5:20 转上级医院。

产妇因"产后约半小时,突然呼吸困难"于 2008 年 10 月 28 日 5:45 转入××市人民医院,查体:血压 50/20mmHg,心率约 150 次/分,呼吸浅慢,口唇紫绀,双肺呼吸音弱,宫底平脐,宫缩尚好,阴道流血不多,有血块。诊断:急性羊水栓塞。给予吸氧、心肺复苏、输血、人工呼吸、胸外心脏按压、气管插管等抢救,7:15 产妇无自主呼吸,心率逐渐减慢、瞳孔散大、固定,病情危重,预后较差,再次向家属交待，家属放弃治疗。

争议焦点

患方认为：病历中的分娩记录、产前观察表及医嘱记录明显与事实不符；患者入院后，××市××中心卫生院严重违反产程操作规定，未做必要的辅助检查，只是进行了简单的象征性的检查。生产过程中，接生的医生始终采取不间断对腹部用力挤压措施，造成子宫破裂大出血，使胎儿窒息死亡；××市人民医院误诊误治，使患者错过治疗的最佳时机，导致患者死亡。故构成医疗事故，两家医疗机构应在本事故中承担全部责任。

医方认为：（1）××市××中心卫生院认为，医方住院病历不存在虚假的记载，且诊断正确，用药合理，治疗原则正确，抢救措施正确，治疗过程中无违法违规的事实，不构成医疗事故。

（2）××市人民医院认为，医务人员诊断明确，抢救措施及方案均符合操作规程及医疗操作常规，不应承担任何责任。

鉴定意见

首次鉴定意见为不属于医疗事故；患方对首次鉴定意见不认可，申请省医学会对该案进行再次医疗事故鉴定，再次鉴定意见为一级甲等医疗事故，医方××中心卫生院承担主要责任，××市人民医院不承担责任。

分析评论

根据医患双方提供的资料、陈述、答辩及专家现场提问，专家鉴定组综合分析认为：

1. 医方××中心卫生院存在以下过失：（1）缩宫素应用不当；（2）腹部加压助娩不当；（3）对患者子宫破裂未能及时作出正确诊断，且抢救措施不得力。

2. 医方××市人民医院接诊患者时，患者已病情危重，不具备手术及进行鉴别诊断的条件，医方采取稳定生命体征的抢救措施符合诊疗常规，不存在医疗过失。

3. 根据尸检报告，患者死亡系子宫破裂失血性休克所致，胎儿在分娩过程中死亡系产妇子宫破裂所致，与医方××中心卫生院的医疗过失行为有关。

4. 分娩过程中发现羊水污染情况后，患方拒绝剖宫产手术，也应承担一定责任。

根据《医疗事故处理条例》第2条、第4条规定，参照《医疗事故分级标准（试行）》《医疗事故技术鉴定暂行办法》第36条，本病例属于一级甲等医疗事故，医方××中心卫生院承担主要责任，××市人民医院不承担责任。

（徐　筱）

No.45 产后迟发型羊水栓塞死亡一例

案情介绍

患者××，33岁，因"停经9⁺月，见红伴下腹痛1⁺小时"于2010年2月14日10：20入住××县人民医院，产科查体：腹围103cm，宫底34cm，髂前上棘间径24cm，髂嵴间径26cm，骶耻外径19cm，出口横径8.5cm，宫缩不规律，胎心146次/分，胎位LOA，宫口开大2cm，胎膜未破，印象：（1）妊娠39⁺⁶周；（2）骨盆正常；（3）脐带绕颈2周。19：30患者宫颈开全，19：45娩出一女婴，体重3500g。2月15日1：30产妇感上腹部不适，查体见腹部膨隆，叩诊呈鼓音，嘱其用开塞露、吗丁啉治疗，患者未用药即于2：00出现意识不清，烦躁，口唇及手、足部皮肤苍白，血压158/88mmHg，腹胀，宫底脐下二指，宫缩好，常规消毒行会阴清宫术，未清出宫腔积血。同时给予吸氧、心电监护等处理，2：05出现四肢僵硬，肌张力亢进，2：10出现深大呼吸，约5分钟呼吸、心跳停止，血压、脉搏测不到，急行气管插管、胸外心脏按压等抢救，3：40患者临床死亡。

争议焦点

患方认为：同意首次鉴定意见（一级甲等医疗事故，医方承担次要责任）。

医方认为：患者系产后6小时突发昏迷，呼吸心跳骤停，无任何迟发型羊水栓塞的典型临床表现；因纠纷发生时，患者家属拒绝尸检，尸体中度腐败，仅靠尸检中有类胎粪样物质，诊断羊水栓塞依据不足，不构成医疗事故。

鉴定意见

首次鉴定意见为一级甲等医疗事故，医方承担次要责任，医方对首次鉴定意见不认可，申请省医学会对该案进行再次医疗事故鉴定，再次鉴定意见为一级甲等医疗事故，医方承担轻微责任。

分析评论

根据医患双方提供的资料、陈述、答辩及专家现场提问、阅读尸检病理切片，专家鉴定组综合分析认为：

1. 患者因 39^{+6} 周妊娠、$G_3P_1A_0L_1$、脐带绕颈、羊水过少入院待产，医方对患者产程的观察处理符合产科诊疗常规。

2. 专家现场阅读尸检病理切片示：肺泡壁毛细血管腔内有少量上皮样细胞及胎粪样物质，提示肺泡内有羊水成分，较符合羊水栓塞的诊断。

3. 患者产后出现上腹部不适、烦躁、意识不清等症状，直至呼吸心跳停止，医方进行了积极心肺复苏抢救，但未考虑到不典型羊水栓塞的可能，存在一定医疗过失。

4. 患者死亡系迟发型、不典型羊水栓塞所致，该病发病急、病情凶险、死亡率高，故医方承担轻微责任。

根据《医疗事故处理条例》第 2 条、第 4 条规定，参照《医疗事故分级标准（试行）》《医疗事故技术鉴定暂行办法》第 36 条，本病例属于一级甲等医疗事故，医方承担轻微责任。

（徐 筱）

No.46 新生儿窒息致脑瘫一例

案情介绍

产妇××，31岁，因"停经9⁺月，腹阵痛2天"于2006年9月27日10：50入××县人民医院产科。查体：胎位LOA，胎心138次/分，宫高37cm，腹围130cm，宫缩不规，宫口开大容指松，胎膜未破。根据彩超及其他辅助检查，入院诊断：（1）符合足月妊娠；（2）$G_2P_1A_0L_1$，LOA；（3）巨大儿？（4）脐绕颈1周。当日11：45开始静滴催产素，宫缩渐规，16：00人工破膜，16：15宫口开全，17：36行会阴侧切+胎头吸引术助娩一男婴。患儿脐带绕颈一周紧，羊水Ⅲ度污染，Apgar评分1分钟3分，经清理呼吸道、人工呼吸、吸氧等抢救，Apgar评分5分钟6分、10分钟8分，患儿于17：55转入该院儿科。诊断：（1）新生儿窒息；（2）新生儿缺氧缺血性脑病。经抗感染及支持疗法、降颅压等治疗后患儿于2006年10月2日出院。

争议焦点

患方认为：医方滥用催产素，对产程估计不足，医生使用吸胎器操作不当，工作中玩忽职守，存在过失，已构成医疗事故。

医方认为：医方的整个诊疗过程符合医疗常规，不存在过失，不构成医疗事故。

鉴定意见

首次鉴定意见为一级乙等医疗事故,医方承担次要责任,患方对首次鉴定意见不认可,申请省医学会对该案进行再次医疗事故鉴定,再次鉴定意见同首次鉴定意见。

分析评论

根据医患双方提供的资料、陈述、答辩及专家现场查体、提问,专家鉴定组综合分析认为:

1. 医方在对产妇的诊疗过程中存在以下过失:(1)产妇入院后行静滴缩宫素引产,缩宫素应用不规范;(2)产妇出现规律宫缩后胎头下降缓慢,第二产程延长,医方未及时行阴道检查以明确胎方位、骨产道情况。

2. 新生儿脑瘫病因复杂,与宫内缺氧、感染等产前、产时、产后多种因素有关,患儿脑瘫与产妇及家属拒绝剖宫产手术有一定因果关系,亦不能排除与医方的医疗过失行为存在一定因果关系。

根据《医疗事故处理条例》第2条、第4条规定,参照《医疗事故分级标准(试行)》《医疗事故技术鉴定暂行办法》第36条,本病例属于一级乙等医疗事故,医方承担次要责任。

(徐 筱)

No.47 产程观察不细致脑瘫一例

■ 案情介绍

产妇（患儿之母）××，25岁，因"停经9⁺月，见红3小时"于2014年3月12日9：52入××市人民医院待产。专科检查：宫高32cm，腹围98cm，髂嵴间径27cm，髂棘间径25cm，出口横径9cm，骶耻外径19cm，胎位LOA，胎心142次/分，胎膜未破，宫颈容受50%，宫口未开，S-3。2月28日超声检查提示：晚妊，脐带绕颈2周。入院诊断：妊娠40周，$G_2P_0A_1L_0$，LOA。3月13日6：50宫口全开，7：26胎心60—101次/分，吸氧后恢复正常；8：05经阴检查发现胎位LOT，宫缩乏力，给予静脉滴注缩宫素和体位纠正；8：25胎心瞬时突降至65次/分，持续20秒后恢复正常，急行会阴阻滞麻醉+会阴侧切术；8：28瞬时胎心再次降至62次/分，持续近10秒后恢复正常。8：32娩出一女婴，胎头娩出后见脐带绕颈两周、极紧，于颈部断脐后仍无法松解脐带，发现左侧颈部下方有一脐带真结，紧连真结处有3.5cm×3cm假结，给予松解真结，胎儿娩出，羊水清；新生儿Apgar评分1分钟2分，经相应抢救处理后，Apgar评分5分钟5分、10分钟7分。

3月13日9：21新生儿转入医方NICU治疗，入院诊断：新生儿窒息，新生儿缺氧缺血性脑病，新生儿呼吸窘迫综合征。住院行对症支持治疗，5月12日患儿出院，出院诊断：新生儿窒息，新生儿缺氧缺血性脑病，卵圆孔未关闭，脑功能损害，卵状病毒肠炎。

争议焦点

患方认为：医方未对产妇（患儿母亲）入院后进行必要的检查，未能及时发现胎位不正；医方对产程观察不详细，胎儿脐带绕颈2周时，未能及时告知患方经阴分娩的危险性，影响患方对分娩方式的选择；胎心异常、产妇宫缩乏力，提示胎儿窘迫时，医方未及时采取妥当措施，未及时采取剖宫产手术。由于以上原因，导致胎儿出现重度窒息、缺氧缺血性脑病等后果，对胎儿身体造成严重损害，也给患方家庭造成巨大的精神痛苦和经济损失，医方应对此承担一切后果。对市级医疗事故鉴定结论不认可。

医方认为：医院诊疗行为得当，没有过失。

鉴定意见

首次鉴定意见为二级丁等医疗事故，医方承担轻微责任，患方对首次鉴定意见不认可，申请省医学会对该案进行再次医疗事故鉴定，再次鉴定意见为二级乙等医疗事故，医方承担次要责任。

分析评论

根据医患双方提供的资料、陈述、答辩及专家现场查体、提问，专家鉴定组综合分析认为：

1. 产妇（患儿之母）因"停经9^+月，见红3小时"入住医方医院，医方诊断为"脐带绕颈2周"明确，给予经阴分娩方式无不当，但无证据证明已向产妇及其家属告知可能存在的风险；进入产程后，自2:20起有1小时40分钟缺少产程观察记录，医方对产妇产程观察不细致；待产过程中，胎儿胎心异常时医方未足够重视，未及时与产妇沟通以采取相应措施，存在医疗过失。

2. 脑瘫可能与多种因素有关，如先天发育异常、宫内感染、分娩过程中缺氧缺血等。该患儿存在重度窒息病史，且存在脐带绕颈和脐带真结，考虑其脑瘫的发生与其自身因素有关，亦与医方的医疗过失行为存在一定因果关系，医方承担次要责任。

3. 患儿未行规范的康复治疗和护理，不利于其生长发育和脑瘫病情的恢复，对其病情转归存在不利影响。

根据《医疗事故处理条例》第2条、第4条规定，参照《医疗事故分级标准（试行）》《医疗事故技术鉴定暂行办法》第36条，本病例属于二级乙等医疗事故，医方承担次要责任。

（徐　筱）

No.48 胎盘早剥致胎死宫内、子宫切除一例

案情介绍

患者××，28岁，因"停经9月余，下腹坠痛4小时"于2010年4月26日21：20入××县妇幼保健院，查体：宫高34cm，腹围99cm，髂脊间径27cm，髂棘间径26cm，出口横径8.5cm，入口前后径21cm，胎位LOA，胎心140次/分，宫颈软，宫口开大2cm，先露位置S-O。诊断：G_1P_0，妊娠39^{+3}周，LOA；胎盘早剥？22：25彩超示：死胎；胎盘早剥？22：50在局麻+静脉麻醉下行"子宫下段剖宫取胎术"，23：15娩出一死亡女婴，胎盘伴随大量血块娩出，胎盘早剥面积达2/3。见子宫收缩差，给予静滴缩宫素等处理后，子宫仍不收缩，出血多且不凝，行"子宫次全切除术"。4月27日4：19转入××医学院附属医院，检验提示血红蛋白进行性下降，彩超提示腹腔内有大量积液，考虑腹腔内活动性出血，19：45行"腹腔积血清除+右侧阔韧带血管缝扎术"，2010年5月5日患者出院。

争议焦点

患方认为：医方应负完全责任。

医方认为：医疗行为无过失。

鉴定意见

首次鉴定意见为二级乙等医疗事故，医方承担次要责

任,患方对首次鉴定意见不认可,申请省医学会对该案进行再次医疗事故鉴定,再次鉴定意见为二级乙等医疗事故,医方承担主要责任。

分析评论

根据医患双方提供的资料、陈述、答辩及专家提问,专家鉴定组综合分析认为:

1. 医方在对患者的诊疗过程中存在以下过失:(1)患者入院后,医方对患者诊断为重度胎盘早剥,鉴于医方的诊疗条件所限,应立即转上级医院救治,但病历中未体现建议患者转院;(2)医方在对患者的整个诊治、抢救过程中,各环节衔接不到位;(3)医方在未行相关血液指标检查、保守治疗观察不充分的情况下行子宫切除术,手术指征不明确。

2. 患者子宫切除主要与医方的上述医疗过失行为有关。患者孕期未进行系统的产前保健;未及时发现子痫前期,胎盘早剥是子痫前期的严重并发症,易发生子宫卒中、大出血,故亦与其自身发生胎盘早剥存在一定因果关系。

根据《医疗事故处理条例》第2条、第4条规定,参照《医疗事故分级标准(试行)》《医疗事故技术鉴定暂行办法》第36条,本病例属于二级乙等医疗事故,医方承担主要责任。

(徐　筱)

No.49　产后迟发型羊水栓塞大出血死亡一例

■ 案情介绍

患者××，31岁，因"停经38^{+2}周，无产兆"于2010年4月20日9：00入××县人民医院，查体：宫高35cm，腹围120cm，无宫缩，胎心140次/分，骨盆外测量正常，宫口未开，胎膜未破。诊断：$G_2P_1L_1$，妊娠38^{+2}周，LOA；左侧卵巢囊肿。10：10在腰硬联合麻醉下行"子宫下段剖宫产术加左侧卵巢囊肿剥除术加双侧输卵管结扎术"。患者手术后回病房时自述头痛，伴寒颤、胸闷等症状，对症治疗后症状减轻。17：40突然出现意识丧失，随即出现心跳呼吸骤停，给予气管插管、心脏胸外按压、静推付肾素、呼吸机辅助呼吸等处理，院内会诊考虑肺栓塞。4月21日1：30患者又出现心跳骤停，给予胸外心脏按压、静推阿托品、副肾素、地塞米松等抢救措施，2010年4月21日3：10抢救无效患者死亡。

■ 争议焦点

患方认为：本病例属于一级甲等医疗事故，医方应承担完全责任。

医方认为：在对患者的整个诊疗过程中，不存在任何医疗过失，无任何过错。

■ 鉴定意见

首次鉴定意见为一级甲等医疗事故，医方承担轻微责任，患方对首次鉴定意见不认可，申请省医学会对该案进行再次医疗事故鉴定，再次鉴定意见同首次鉴定意见。

分析评论

根据医患双方提供的资料、陈述、答辩及专家提问，专家鉴定组综合分析认为：

1. 因患者死亡后未行尸检，确切死因无法明确，根据患者分娩后的临床表现及辅助检查结果，专家组分析认为，患者死亡原因为迟发型羊水栓塞可能性大。

2. 羊水栓塞是产科难以完全避免的并发症，病情凶险，死亡率高，是导致患者死亡的直接原因。

3. 医方在患者术后出现病情变化后，观察处理不及时，2010年4月20日14：30至17：40无血压及病情变化的相关记录，患者术后一级护理不到位，亦无相应记录，存在医疗过失。

4. 患者死亡主要系产后并发羊水栓塞所致，医方的医疗过失行为影响了羊水栓塞的诊断及治疗，亦与患者死亡存在一定因果关系。

根据《医疗事故处理条例》第2条、第4条规定，参照《医疗事故分级标准（试行）》《医疗事故技术鉴定暂行办法》第36条，本病例属于一级甲等医疗事故，医方承担轻微责任。

（徐 筱）

№.50 新生儿臂丛神经损伤一例

案情介绍

产妇××，28岁，因停经39^{+2}周于2012年3月3日入院待产。查体：腹膨隆，宫高31cm，腹围98cm，胎儿体重估计3300g，出口横径9cm，入口前后径11cm，胎位LOA，先露头，胎心140次/分。初步诊断：$G_1P_0L_0$，妊娠39^{+2}周。3月15日彩超示：双顶径约9.25cm，股骨长约7.19cm。21日0：00在局麻下行会阴侧切开术，0：11分娩一女婴，身长55cm，体重4000g，心跳>100次，皮肤青紫，肌张力稍差，呼吸不规则，Apgar评分1分钟7分，给予吸氧、保暖、清理呼吸道，Apgar评分5分钟9分。会诊后建议转儿科观察。

2012年3月21日0：50患儿因出生后青紫、哭声弱10分钟转入儿科。查体：体温不升，P 143次/分，R 36次/分，反应差，呻吟，面色稍发绀，唇樱桃红、紫绀，皮肤青紫，双肺可闻及细湿啰音。肌张力减弱，右上肢较左侧明显活动差，原始反应减弱。初步诊断：（1）新生儿HIE[①]？（2）新生儿颅内出血？（3）右上肢臂丛神经损伤；（4）右锁骨骨折？（5）新生儿肺炎？（6）新生儿窒息。予以抗感染、脱水、营养神经对症支持治疗。3月30日出院。

2012年5月2日患儿因右侧上肢活动欠佳1月余入××

---

① 新生儿缺氧缺血脑病。

大学××医院诊治，诊断为右侧上臂丛神经损伤，后到多家医院诊治。

争议焦点

患方认为：新生儿臂丛神经损伤造成的残疾，医院应承担全部责任。

医方认为：（1）市医学会认为医院产时缩宫素用量过大，事实上医院产时用量为缩宫素2.5u；（2）市医学会认为医院对产妇重视不够，告知不充分，事实上医院多次当面通知、电话告知产妇，而产妇作为本院护士，一直不在病房待产，且没有做过一次正规的产前检查；（3）市医学会认为医院病历书写不规范，事实上医院严格按照病历规范书写，且治疗过程也符合规范，不构成医疗事故。

鉴定意见

首次鉴定意见为三级丙等医疗事故，医方承担主要责任，医方对首次鉴定意见不认可，申请省医学会对该案进行再次医疗事故鉴定，再次鉴定意见同首次鉴定意见。

分析评论

根据医患双方提供的资料、陈述、答辩及专家现场查体、提问，专家鉴定组综合分析认为：

1. 医方在对产妇的诊疗过程中存在以下过失：（1）产妇无入院待产指征，医方给予静滴缩宫素处理无观察表，且未按规定观察产程；（2）分娩记录中无处理肩难产记录，无法认定其处理肩难产措施正确，且无新生儿臂丛神经损伤情况的书面记录；（3）新生儿臂丛神经损伤后，医方未向患儿家属充分告知病情，告知义务履行不充分。

2. 患儿臂丛神经损伤与医方上述医疗过失行为、巨大儿等因素有关，医方承担主要责任。

根据《医疗事故处理条例》第 2 条、第 4 条规定，参照《医疗事故分级标准（试行）》《医疗事故技术鉴定暂行办法》第 36 条，本病例属于三级丙等医疗事故，医方承担主要责任。

（徐　筱）

No.51 剖宫产后出血致子宫切除一例

案情介绍

患者××，41岁，因"停经40^{+5}周，阴道流水2小时"于2009年11月18日入××县××镇卫生院。入院诊断：$G_3P_2L_2$；妊娠40^{+5}周；胎膜早破；高危妊娠。7：20因脐带绕颈、羊水混浊、胎膜早破，医方建议行剖宫产，患方未同意，并要求经阴分娩。10：30予以0.5%缩宫素静滴；13：00宫口开全，发现头盆不称；13：20在腰硬联合麻醉下行子宫下段剖宫产术，助娩一女婴，Apgar评分1分钟10分，术中子宫切口撕裂向右下延伸3cm，给予缩宫素40u子宫肌内注射，米索前列醇400mg含化。11月19日患者阴道流血量多，色红，感轻微头晕，血常规Hb 49g/L，给予浓缩红细胞4u静滴。11月20日患者明显腹胀、阴道流血量少，感轻微头晕，查Hb 44g/L，B超示：宫体宫颈前方混合回声团，腹、盆腔积液，经治疗后不见好转，于当日16：20转入××市人民医院。入院诊断：产后出血；失血性贫血；盆腔包块；剖宫产术后。11月25日12：40在腰硬联合麻醉下行剖腹探查+子宫大部切除术，术中见原子宫切口左侧角陈旧性下延裂口约4cm处，有活动性出血，子宫切口周围大面积血性浸润，左侧原切口原裂处未愈合，行子宫大部切除术。2009年12月9日患者出院。

争议焦点

患方认为：医方严重违反卫生行政管理法律法规对患

者进行助产工作,且在诊疗过程中存在重大过错,导致患者产后大出血、子宫被切除的严重后果,医方医疗行为已侵犯了患者的身体健康权。

医方认为:医方对患者的诊疗过程未违反诊疗常规和操作规程,不构成医疗事故。

鉴定意见

首次鉴定意见为三级丙等医疗事故,医方承担主要责任,医方对首次鉴定意见不认可,申请省医学会对该案进行再次医疗事故鉴定,再次鉴定意见同首次鉴定意见。

分析评论

根据医患双方提供的资料、陈述、答辩及专家现场提问,专家鉴定组综合分析认为:

1. 患者因"40^{+5}周妊娠、阴道流水2小时"到医院就诊,经阴试产后行剖宫产术,术后患者出现阴道流血,转外院后行子宫次全切除术,医方在对患者的诊疗过程中存在以下过失:(1)对子宫切口延裂部分处理欠妥,未有效处理活动性出血;(2)对患者术后病情观察不严密,未及时明确出血原因并转院,是造成患者产后出血、子宫切除的主要原因。

2. 患者多次妊娠,可造成子宫肌层的损伤、慢性炎症,以及试产导致子宫下段变薄、水肿、质脆等因素,也是造成患者子宫下段切口延伸、产后出血、子宫切除的原因。

3. 患者子宫切除主要与医方的医疗过失行为有关,也与其自身因素有一定因果关系。

根据《医疗事故处理条例》第2条、第4条规定,参照《医疗事故分级标准（试行）》《医疗事故技术鉴定暂行办法》第36条，本病例属于三级丙等医疗事故，医方承担主要责任。

（徐　筱）

No.52　胎儿宫内死亡一例

■ 案情介绍

患者××，30岁，"孕37^{+6}周妊娠"于2014年5月1日到××市第一人民医院就诊，B超检查示：胎儿双顶径约8.27cm，股骨长约6.29cm，胎儿脊柱规整，胎心波动规律，156次/分，胎盘位于子宫后壁。成熟度Ⅰ级。羊水指数分别为0cm、0cm、5.40cm、4.20cm。胎儿颈部见"U"形脐带绕颈压迹，提示晚孕单活胎，头位，脐带绕颈一周。医方给予吸氧30分钟，吸氧后患者离院。患者述，5月4日见红，遂再次到该院检查，但当日诊疗情况在孕期保健手册或门诊病历中无记录。5月8日患者因下腹痛到医方就诊，彩超检查示：死胎。当晚转入××市中医医院，初步诊断为"死胎，羊水过少，子痫前期（重度），脐带绕颈一周"。5月10日行引产术，娩一死胎，后行清宫术。2014年5月11日患者出院。后行胎儿尸检，提示胎儿系胎粪吸入综合征，导致急性呼吸、循环衰竭死亡。现患者一般情况好。

■ 争议焦点

患方认为：医方未按诊疗常规进行相关项目检查，与胎儿宫内窘迫存在因果关系。

医方认为：患方未遵医嘱住院观察，且胎死宫内发生在院外，与医方诊疗行为没有因果关系，医方诊疗行为得当，无违法违规事实。

鉴定意见

首次鉴定意见为四级医疗事故，医方承担次要责任，患方对首次鉴定意见不认可，申请省医学会对该案进行再次医疗事故鉴定，再次鉴定意见同首次鉴定意见。

分析评论

根据医患双方提供的资料、陈述、答辩及专家现场提问，专家鉴定组综合分析认为：

1. 2014年2月19日超声检查提示"胎儿双顶径6.6cm"，5月1日患者行B超检查时提示胎儿"双顶径约8.27cm，股骨长约6.29cm"，均说明胎儿存在宫内生长受限的情况。医方产前检查不规范，对患者子痫前期及胎儿宫内生长受限等情况未引起足够重视并给予相应处理，未向患方履行充分的告知义务，存在过失。

2. 胎儿宫内死亡原因复杂。患者曾有不良孕产史，且本次妊娠期间出现胎儿生长受限、宫内慢性缺氧及子痫前期等情况，结合尸检结果综合分析认为，胎儿死亡与患者自身因素有直接因果关系，与医方医疗过失行为亦存在一定因果关系，医方承担次要责任。

根据《医疗事故处理条例》第2条、第4条规定，参照《医疗事故分级标准（试行）》《医疗事故技术鉴定暂行办法》第36条，本病例属于四级医疗事故，医方承担次要责任。

（徐 筱）

No.53 脐带真结致宫内死胎一例

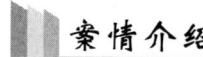
案情介绍

患者××，1981年3月出生，平素月经规律，周期30天，经期4天，末次月经：2017年4月15日。生育史：$G_1P_0A_1L_1$。2017年7月10日××医院早孕B超检查示"宫内早孕，如孕12^+周，头臀长69mm"，推算预产期为：2018年1月22日。孕期社区建卡，××医院定期产检，羊水穿刺结果未见异常，系统B超检查未见明显异常，OGTT阴性。2018年1月4日11∶18患者主诉"孕37^{+3}周"就诊××医院产科高危妊娠门诊，予计胎动、NST、听胎心、产前检查、胎儿心率电子监测等处理。查血压135/75mmHg，体重81.25kg，宫高37cm，腹围103cm，胎心145次/分，胎方位LOA。初步诊断：妊娠状态。超声提示：宫内单活胎，晚妊。

1月5日16∶26患者自诉胎动减少1天再次就诊××医院，处理意见：（1）无下腹痛，无阴道流血流液，予查NST提示反应型。2018年1月4日B超未见明显异常。嘱孕妇回家后继续注意胎动情况，不适及时就诊。（2）予产前检查、多普勒听胎心、胎儿心率电子监测等检查。根据患方陈述材料记载"当天夜晚患者仍感觉胎动明显减少"，并于当日23∶04再次复诊，予产前检查、听胎心、胎儿心率电子监测、宫颈内口探查术等处理。

1月7日14∶46患者因"停经37^{+5}周，自觉胎动减少1

天"再次就诊××医院产科门诊，超声所见：宫腔内见一胎儿回声，未见胎心搏动和胎动。初步诊断：宫内死胎；妊娠状态，收住院。入院实验室检查，予产科B群链球菌筛查，菌名：无乳链球菌。初步诊断：G_3P_1、孕38周、LOA、宫内死胎、无乳链球菌定植。入院排除禁忌症后，予米非司酮＋利凡诺尔羊膜腔注射方案引产，产妇于2018年1月11日00：45经阴道娩出一死胎，体重3410克，Apgar评分1分钟0分、5分钟0分，距离脐带根部20cm处见一真结，脐带绕颈一周、紧、水肿明显，胎盘胎膜自落完整。1月12日患者出院。

争议焦点

患方观点：医方存在漏诊。患者1月5日同一天不到8小时两次急诊均自诉胎动突然明显减少，医方只做了胎心监护，没有分析查找造成胎动减少的原因，未予B超检查，使胎儿脐带绕颈没有在1月5日被及时发现，错过最佳抢救时机；医方推卸责任，一味强调胎儿死于真结，绝口不提脐带绕颈情况；医方在患者8小时内两次就诊的情况下，对胎动突然减少缺乏足够的重视，未履行合理注意义务；医方1月5日23：04门诊病历书写不规范，违反了《病历书写基本规范》。综上，医方过错与患者的损害后果之间存在直接因果关系，应负有全部责任。

医方观点：医方处理符合诊疗规范，脐带真结导致胎儿胎死宫内难以做到产前预防和产前明确诊断，故不存在医疗过错。

鉴定意见

医院在对患者的诊治过程中存在医疗过错；医疗过错与

患者损害后果之间存在因果关系，原因力大小为轻微原因。

 分析评论

根据患者2018年1月5日16：26就诊时主诉"胎动减少1天"，××医院予产前检查、多普勒听胎心、胎儿心率电子监测等处置得当。胎心监护提示反应型，结合1月4日超声检查未见明显异常，××医院嘱患者回家后继续注意胎动情况、不适及时就诊，其处置符合产科诊疗规范。当日23：04患者仍自觉胎动明显减少并再次复诊，予产前检查、听胎心、胎儿心率电子监测、宫颈内口探查术等处理规范，根据胎心监护情况，当时无必须行超声检查的指征。但结合患者为足月经产妇、一天内两次主诉胎动减少、23：05胎心监护提示有不规则宫缩等，××医院对患者胎动减少的主诉重视程度不够，处理欠积极（可收住院进一步监测胎心、胎动及宫缩情况），存在过错。1月7日患者因"停经37^{+5}周，自觉胎动减少1天"再次就诊××医院产科门诊，结合超声检查初步诊断"宫内死胎"予收住院，并于1月11日经阴道引产娩出一死胎，其处置符合规范。

因本例未行尸检，胎儿确切死因难以明确，根据鉴定材料所载，患者阴道娩出一死胎，距离脐带根部20cm处见一真结，脐带绕颈一周、紧、水肿明显。专家组分析认为：患者宫内死胎考虑为脐带真结所致，即脐带在宫腔内形成环套，胎儿活动穿越环套，在胎头下降的过程中脐带抽紧，影响胎儿血循环致胎儿突然死亡。脐带真结临床上较罕见，以目前的产科检查及超声检查技术难以做到产前预防和产前明确诊断，多在分娩后确诊。脐带绕颈是产科常见现象，本例患者引产后见胎儿脐带绕颈一周，专家组认为不考虑其为宫内死胎的原因。

综上，患者自身存在临床上罕见的脐带真结是导致其宫内死胎的主要原因。医方在患者1月5日23：04就诊过程中存在处理欠积极的过错，与患者宫内死胎存在一定的因果关系，考虑到即使患者被收住院进行监测也无法完全避免脐带真结导致的宫内死胎，故鉴定组综合认定：××医院过错在造成患者宫内死胎损害后果中的原因力大小为轻微原因。

（张　坚）

No. 54 产时管理及产后抢救不规范致脑瘫一例

案情介绍

患者××，女，2014年7月4日出生；患者母亲，2014年6月30日因"停经39^{+4}周，胎心监护异常半天"入住××医院，初步诊断：胎儿宫内窘迫？G_1P_0，妊娠39^{+4}周，头位待产。7月4日8：45病程记录：孕妇不规则腹痛，无阴道流血流液，因入院以来胎心监护反应型，排除"胎儿宫内窘迫"，修正诊断"G_1P_0，妊娠40^{+1}周，头位先兆临产"。当日11：00宫缩开始，17：00宫口开全。17：59顺产一女婴（即本例患儿），重3550g，分娩时羊水Ⅲ度污染，Apgar评分1分钟2分。新生儿科19：00记录：Apgar评分1分钟2分（心率2分，余均0分），5分钟3分（心率2分，肤色1分，余均0分），10分钟4分（心率2分，肤色2分，余均0分）；母羊水粪染，小儿生后反应差，无自主呼吸，肤色苍白，四肢松软，予清理呼吸道，吸出黄绿色混浊液体，无自主呼吸，听诊心率120次/分，予空氧混合仪给氧，随即给予3号气管插管，接胎粪吸氧管吸引，反复插管、吸引4次，其间配合正压给氧，共吸引出黄绿色液体10ml多，后行气管插管+空氧混合仪正压给氧，生理盐水30ml推注；在生后3—4分钟起肤色渐转红润，监测脉搏血氧饱和度95%左右，听诊心率120—130次/分，约18：35出现自主呼吸，18：40有肌张力但低下，向家长交待病情，并经其同意由120转院。根据院前急救病历，患儿气管插管中，无明显自主呼吸，予吸氧、心电监护及皮囊通气。19：15送达上级医院治疗。后患儿诊断：脑性瘫痪。在多家医院诊治。

争议焦点

患方观点：医院忽视或者隐瞒胎儿宫内缺氧情况；对新生儿娩出后发生窒息的抢救措施不当；在患儿病情未稳定的情况下，无专业医护人员陪护转诊，严重违反转诊制度，导致新生儿在转院过程中持续缺氧或者供氧不足，致缺血缺氧性脑病的不可逆转。

医院观点：医院在对该孕产妇及患儿的诊治过程中诊断明确、治疗及时、抢救规范、措施正确，不存在过错。

鉴定意见

××医院在对患者及患儿的诊治过程中存在医疗过错；医疗过错与患儿损害后果之间存在因果关系，原因力大小为主要原因。

分析评论

根据孕产妇的主诉、病史、查体及辅助检查，医方诊断"胎儿宫内窘迫？G_1P_0，妊娠39^{+4}周，头位待产"成立，入院后每日NST或CST（有刺激胎心监护）均未提示宫内窘迫，排除"胎儿宫内窘迫"，采取阴道试产的分娩方式合理。但在孕妇临产及产程中未见产时的胎心监护，无法评估胎儿的产时状态，不符合产科诊疗规范，结合分娩时新生儿低评分及口鼻吸出黄绿色液体（粪染羊水）等，考虑存在胎儿产时宫内窘迫未及时发现的可能。患儿出生时胎粪污染无活力，新生儿窒息诊断明确。根据新生儿复苏现场抢救记录表，××医院复苏流程不规范（未先行气管插管清理呼吸道），导致抢救效果不佳（Apgar 评分 10 分钟 4 分、20 分钟 5 分）。

在患儿转院前，医院仅对患儿父亲进行口头告知，未书面告知签字，存在不足。转送过程中有急救医生随同并有简易球囊辅助通气等，到达外院时患儿 SPO_2 91%，未见明确的缺氧表现，故转送过程不存在过错。医院的告知不足与患儿目前损害后果无相关性。

综上，医院在产时胎心监护及新生儿复苏抢救方面存在的过错，与患儿预后（新生儿窒息致脑损伤）存在因果关系。考虑到本例孕产妇患有 GDM（妊娠期糖尿病），存在胎儿肺成熟较慢等原发因素，该因素与患儿窒息致脑损伤也有相关性，故专家组综合认定，医方承担原因力大小为主要原因。

（张　坚）

No.55 剖宫产麻醉药物致产妇神经损伤一例

案情介绍

患者××，女，1985年1月出生，2016年4月11日因"停经39^{+3}周，不规则腹痛1小时半"入住××医院。当日B超提示头位、单活胎，初步诊断：G_1P_0，孕39^{+3}周，头位待产。入院后患者选择阴道生产方式待产，后对阴道分娩失去信心，强烈要求行剖宫产术终止妊娠。医方告知手术相关风险及并发症，患者签字同意后于当日腰硬联合麻醉下行"子宫下段剖宫产术"，术后予硬膜外导管镇痛，出院记录中记载：4月11日23:00患者诉双下肢麻木、无力，以左下肢为主，予夹闭硬膜外镇痛置管。护理记录中记载：4月12日（术后第一天）0:00至9:00双下肢活动好，略感麻木；16:00肛门未排气，双下肢活动好，无麻木，硬膜外镇痛泵固定在位；23:30小便未解，予夹闭硬膜外镇痛泵。13日（术后第二天）患者肛门未排气，拔除导尿管小便不能自解。诉双腿、臀部麻木，双下肢不能自如移动。予拔除镇痛泵、地塞米松等治疗。当日行腰椎MRI检查未见异常。神经科会诊：神清，精神可，右下肢肌力3级，左下肢肌力2级，双下肢深、浅感觉减退，双下肢膝反射、踝反射减退，病理征未引出，感觉平面未引出。予复方甘露醇针静滴。4月14日（术后第三天）查体：双下肢肌张力低，双侧膝腱反射、踝反射消失。4月15日患者肛门仍未排气，下肢麻木、乏力较昨无明显好转。神经内科会诊后予地塞米松、甲钴胺针治疗，当日患者出院。后至多家外院治疗、康复。4月21日市医疗中心东部医院脑脊液微量蛋白138mg/dl。5月6日××市××区××医院脑脊液蛋白2.1g/L。患者自诉目前仍存在双下肢肌肉萎缩、肌力差、大小便功能障碍等症状。

争议焦点

患方观点：医方行腰麻时损伤患者脊髓；患者在术后2小时即出现脊髓损伤症状，医方未予重视，未行脊髓方面的检查，未及时采取治疗措施，导致患者丧失最佳治疗时间；医方治疗方案不合理，4月13日下午才使用激素、甘露醇，但未使用营养神经的药物，14日停用所有改善神经损害的治疗，再次耽误病情；术前医方未告知术后可能出现双下肢麻木、无力及大小便功能障碍的风险。综上，医方诊疗过程中存在的过错导致患者双下肢麻木乏力、肌肉萎缩、大小便功能障碍等损害后果，医方应承担全部责任。

医院观点：麻醉引起神经损伤的可能性较小，患者神经损伤多系自身免疫系统疾病引起。

鉴定意见

1. 医院在对患者的诊治过程中存在医疗过错；医疗过错与患者损害后果之间存在因果关系，医方承担次要原因；

2. 参照《医疗事故分级标准（试行）》，本例损害后果为三级乙等（七级伤残）。

分析评论

根据患者入院时的主诉、查体及辅助检查，医方诊断"G_1P_0，孕39^{+3}周，头位待产"明确。医方告知剖宫产及麻醉的相关风险和并发症（使用各类麻药后病人出现神经毒性反应等）并经患者签字同意。据病历资料记载，腰硬联合麻醉方式选择正确，麻醉药物罗哌卡因及其剂量选择合理，麻醉操作未见违规，麻醉及手术过程顺利。术后予硬膜外导管镇痛符合诊疗常规。

根据鉴定材料专家分析认为，患者术后出现双下肢及臀部麻木、大小便功能障碍等神经损害症状与术中麻醉（包括术后镇痛）药物所致的神经毒性反应有关，系麻醉并发症，临床上难以完全避免，是造成患者目前损害后果的主要原因。

本例医方对麻醉（包括术后镇痛）药物所致的神经毒性反应并发症认识不足，治疗欠规范（激素剂量偏小、未及时应用营养神经药物、仅用脱水剂且疗程偏短有中断），存在过错，与患者目前损害后果也有一定的相关性，故医方承担次要责任。

医方病历记录欠规范，专家组根据病历资料难以判断患者术后出现神经损害及夹闭硬膜外镇痛泵的确切时间。本例患者既往无风湿免疫性疾病史，脑脊液蛋白含量高无特异性，患者目前损害与自身免疫性疾病相关性的证据不足。

根据患者现场体检情况及《医疗事故分级标准（试行）》，本例损害后果为三级乙等（七级伤残）。

（张　坚）

No.56 孕期服用阿司匹林不能排除致新生儿右耳畸形一例

案情介绍

患儿××，女，2015年7月出生；患儿母亲，1984年6月出生，2014年11月18日因"停经36天，伴腰酸5天"入住××中医院（医方）。既往有"大三阳"病史，2013年12月14日难免流产行清宫术。患者孕酮较前有所降低，并有1次难免流产史，故门诊收住入院。初步诊断：中医诊断：（1）胎动不安，肾虚型；（2）异位妊娠？西医诊断：（1）先兆流产；（2）异位妊娠？入院后完善相关检查，予中药补肾安胎治疗，黄体酮针、地屈孕酮片保胎治疗。11月20日子宫动脉超声检查：左侧子宫动脉PSV：55.9cm/s，右侧子宫动脉PSV：71.6cm/s。12月1日子宫动脉超声检查：左侧子宫动脉PSV：48cm/s，右侧子宫动脉PSV：22cm/s，舒张期血流缺失，两侧不对称。超声诊断：子宫动脉高阻力状态，建议短期复查。12月2日D-二聚体260ug/L；血栓弹力图试验（TEG）-Angle 73.8°。12月4日病程记录：昨起与患者沟通后予阿司匹林肠溶片25mg每日两次口服改善子宫动脉血供。12月11日子宫附件B超：宫内早孕（约7^{+5}周）。子宫动脉超声检查：左侧子宫动脉PSV：65cm/s，右侧子宫动脉PSV：91cm/s，子宫动脉阻力指数增高。12月26日患者一般情况可，嘱继续口服地屈孕酮片，调整阿司匹林肠溶片25mg每日一次口服，嘱门诊随访,定期产检。当日出院。出院诊断：(1)中医：胎动不安,肾虚型；(2)西医：先兆流产。

2015年7月16日,患儿于××妇产科医院顺产出生,产科出院诊断：G_2P_1,孕39周,LOA,平产活婴,新生儿右耳畸形（耳道闭锁）,乙型病毒性肝炎病原携带者,胎膜早破,副胎盘。新生儿科出院诊断：新生儿高胆红素血症,先天性外耳道闭锁,先天性外耳畸形。新生儿听力筛查报告：(1)左耳：通过；(2)右耳：未通过。

争议焦点

患方观点：患儿母亲无使用阿司匹林的指征,医方未告知用药风险及用药时间；医方未尽告知义务,住院期间及出院时均未告知患儿母亲病情,亦未告知停用阿司匹林,导致患儿母亲长时间服用了致畸药物阿司匹林；患儿先天性外耳道闭锁外耳畸形与医方的过错存在因果关系,应承担相应责任。

医方观点：医方使用阿司匹林指征明确；该药品说明书及大量临床研究结果提示：孕期使用小剂量阿司匹林是安全的,医方对该患者治疗方案合理有效,医师在治疗过程已履行相应告知义务。

鉴定意见

医院在对患儿母亲的诊治过程中存在医疗过错,医疗过错与患儿损害后果之间存在因果关系,医方应承担轻微原因。

分析评论

根据入院主诉、病史、查体及辅助检查,患者子宫动脉血流阻力指数较高，既往有一次难免流产史，根据近年来流产保胎的大量研究文献和专家经验，阿司匹林用于妊娠早期改善微循环、血栓前状态，在妇产科临床应用较广泛。医方予阿司匹林改善子宫动脉血流，有用药指征，药物剂量合理。

根据法院提供的患者所服用阿司匹林厂家的药品说明书，怀孕前3个月使用阿司匹林可能与畸形（腭裂、心脏畸形）危险性升高有关。但对一项32000对母子参与的前瞻性研究中未显示畸形的危险性升高。专家组亦未查到阿司匹林引起耳畸形的相关报道。故该患儿右耳畸形与服用阿司匹林的相关性依据不足。

但药物说明书指出阿司匹林确有致畸风险（腭裂、心脏畸形），故亦不能排除患儿耳畸形与阿司匹林有关。

耳畸形的病因复杂，目前尚未明确，一般认为是环境和遗传因素共同作用的结果。医方对阿司匹林具有致畸风险的告知不足，侵犯了患儿母亲的知情选择权，出院医嘱未明确阿司匹林停药时间，亦存在一定过错，与患儿右耳畸形存在一定的因果关系。综合考虑认为，医方应承担轻微责任。

（张　坚）

No.57 产前检查欠到位致臂丛神经损伤一例

案情介绍

孕产妇×××，1989年12月出生，2016年6月12日因"停经39⁺周，下腹痛3.5小时"入住××医院产科（医方），末次月经：2015年9月8日，预产期：2016年6月15日，孕期未产检。11天前因下腹坠胀在医方住院观察8天。本次入院查体：宫高36cm，腹围108cm，胎位LOA，胎心率140次/分，先露头，已衔接，宫缩规则，间歇4—5分、持续20—30秒，肛检已查、宫颈消退100%，扩张3.0cm、先露高低S-2、胎膜未破膜。诊断：单胎（G_2P_1，孕39⁺周，LOA，临产）。入院B超提示：单活胎，头位，BPD 95mm，FL 78mm，前壁胎盘二级，羊水量少，胎儿无脐带绕颈。脐动脉血供欠佳。患者有自然分娩意愿，目前估计胎儿体重3700—4000g。孕产妇签署平产分娩知情同意书。9：30胎膜自破，查羊水清，宫口开5.0cm，先露S-1.5，宫缩20—30″/3—4′，强度弱，胎心143次/分。11：30宫口开全，11：57会阴左侧切分娩一成熟女活婴，胎头娩出后娩肩困难，即呼叫产房助产士，产科医生，新生儿科医生，麻醉科医生，汇报总值班，做好新生儿抢救准备。即经屈大腿法、耻骨上加压和娩后肩法娩出新生儿，即予新生儿复苏抢救，Apgar评分1分钟0分、5分钟4分、10分钟6分，重5140g，后转入NICU。后羊水清，胎盘胎膜自娩完整，产妇6月17日出院。

患儿出生后全身青紫，无反应，无哭声，心率0次/分，立即予以保暖，经清理气道、皮囊加压给氧、胸外心脏按压、气管插管等处理，心率上升至130次/分，肤色渐转红，自主呼吸增加，反应好转，但肌张力仍偏低，Apgar评分15分钟7分。因"出生后无活力经抢救后肌张力低下23分钟"入住医方新生儿科，诊断：新生儿重度窒息，巨大儿。予相关检查、特级护理、新生儿监护、置暖箱、鼻导管吸氧、吸痰、洗胃对症、促排痰、镇静护脑、补液等治疗。6月13日补充诊断：新生儿高胆红素血症，予光疗退黄等治疗。6月15日因右上肢无自主活动、肌力0级请骨科会诊，诊断"臂丛神经损伤（右侧）"，建议观察。后病情平稳于6月21日出院。9月12日外院肌电图提示右臂丛神经严重损伤电生理表现，累及上、中、下干，失兴奋性、传导性。2017年10月25日外院肌电图提示右臂丛神经陈旧性损害（较严重）。

争议焦点

患方观点：医院预估胎儿体重3500g，与实际出生体重5140g差距太大；分娩困难时，未及时采取科学措施施救，接生方法不当，强行拉扯使胎儿右臂致残；未及时告知婴儿情况，延误最佳治疗时间，应承担责任。

医方观点：患儿臂丛神经损伤系肩难产的并发症，现有医学科学技术水平下尚不能完全避免；肩难产系生产过程中发生，无法预料，并非医院医疗行为造成；无依据证明本案例可以准确评估胎儿体重，故不构成医疗损害。

鉴定意见

1. 医院在对孕产妇及患儿的诊治过程中存在医疗过错；医疗过错与患儿损害后果之间存在因果关系，医方承担次要原因。

2. 参照《医疗事故分级标准（试行）》，本例损害后果为二级丁等（五级伤残）。

分析评论

医方在孕产妇两次住院期间，检查欠完善，评估欠综合。本例孕产妇无定期围产期保健，2016年4月6日孕30^+周建围产期保健卡时血糖记录5.77mmol/L，2016年6月1日第一次入住医方时尿糖（++），空腹血糖5.0 mmol/L，根据《妊娠合并糖尿病诊治指南》，医方应做进一步检查（如OGTT）以明确诊断。胎儿大小的评估应根据仔细的体格检查和超声检查，病历记录孕妇宫高36cm，腹围108cm，超声检查提示胎儿BPD 95mm，FL78mm，羊水指数75mm，提供胎儿腹围大小，按照《产前超声检查指南》中、晚孕期一般产前超声检查（Ⅰ级）内容包括胎儿腹围，以便临床医师综合评估胎儿体重，再结合孕妇血糖偏高、身高155cm，对分娩方式的选择有所帮助。

本例孕妇6月12日因G_2P_1、孕39^+周、LOA、临产入院，宫口开3cm，且系经产妇，第一产程进展顺利。胎儿娩出过程中发生肩难产，医方对肩难产的处置措施合理得当，新生儿复苏抢救亦符合规范。患儿右臂丛神经损伤系肩难产的并发症，考虑本例肩难产的根本原因系巨大儿。因目前尚无准确预测胎儿大小的方法，新生儿的体重评估确实是产科的难点，且本例孕妇在妊娠期间未作围产期保健，专家组综合认定医方承担次要责任。

根据现场体检情况，患儿右上肢存在严重功能障碍，参照《医疗事故分级标准（试行）》，损害后果为二级丁等。但因手术后时间尚短，还处于恢复期，也有待于进一步手术治疗，故患儿右上肢存在好转的可能。

（张　坚）

No.58 剖宫产术中管理不到位致产妇子宫全切除一例

案情介绍

患者×××,女,1986年3月出生,主诉因"停经39^{+1}周,下腹坠胀2天"于2018年8月3日入住××医院(医方)。既往:患者2002年行头皮裂伤缝合术及剖宫产手术。初步诊断:妊娠合并子宫瘢痕;妊娠合并轻度贫血;G$_3$P$_1$,孕39^{+1}周,头位待产。8月4日在硬膜外麻醉下行"二次剖宫产术",术中胎儿娩出时子宫切口左侧血窦开放,检查发现子宫切口左侧下裂2cm,立即给予钳夹止血,胎盘胎膜牵娩完整,清理宫腔后间断缝合子宫切口左侧裂伤处,周围血管较丰富,缝合后裂伤处无出血,再常规缝合子宫,查子宫切口无渗血,检查双附件外观无明显异常,反复检查切口均无出血。术后诊断:妊娠合并子宫瘢痕;选择性剖宫产分娩;G$_3$P$_2$,孕39^{+2}周,LOA,难产活婴;妊娠合并轻度贫血;念珠菌性阴道炎。8月6日查血红蛋白90.0g/L,8月10日无腹痛腹胀,复查B超提示:产后子宫,予腹部切口换药一次。8月11日患者出院。

8月12日患者诊断:产后出血、失血性休克、子宫切口愈合不良、疤痕子宫,入住外院,急诊行"经腹全子宫切除术",进入腹腔后发现:盆腔内见大量血性游离液体,色暗红,伴大量凝血块,约2500ml。拖出子宫检查见子宫左后壁峡部可见约2cm×3cm大小裂伤,裂伤内口深达穹窿顶，裂伤处组织坏死，表面见活动性出血，打开膀胱返折腹膜后检查：剖宫产切口左角部裂伤延续至左侧宫骶韧带，深达肌层，未达宫腔。子宫左峡部血管已断裂，未见活动性出血，其旁见5cm×4cm大小机化包块，质地偏硬，其内见活动性渗血，血管钳钳出血点近端组织后，活动性渗血减少。考虑子宫峡部裂伤范围达肌层，组织已坏死，术中与患者家属沟通，建议行子宫全切除术，遂行经腹全子宫切除术。8月17日术后病理（子宫体及部分宫颈管切除）：子宫产后改变；符合子宫切口裂伤。8月27日患者出院。

争议焦点

患方观点：2018年8月3日患者入住医方，并于8月4日进行二次剖宫手术。8月11日经医院诊断恢复良好并建议出院。出院10小时内发生失血性休克，进入外院治疗，经诊断系产后出血，子宫切口裂伤，8月12日行子宫全切除术。医方在剖宫产手术中存在医疗过失行为，并做出恢复良好的错误诊断，导致患者出院错过最佳治疗时期。

医方观点：患者在住院期间无明显不适症状，且术后B超复查无异常，腹腔内出血与患者出院后过度使用腹压、未注意休息有关；子宫切口愈合恢复情况与患者体质、营养状况及是否多次手术等有关；根据外院手术记录描述，出血部位并非原剖宫产手术部位，患者的急性出血与医方剖宫产术无直接因果关系；外院是否存在手术方式不合适有待商榷，故患者损害后果并非医方手术直接所致。

鉴定意见

医院对患者的诊治过程中存在医疗过错；医疗过错与患者损害后果之间存在因果关系，医疗过错在造成损害后果中的原因力大小为主要原因。

分析评论

根据患者的病史、查体及辅助检查，医方诊断"妊娠合并子宫瘢痕；妊娠合并轻度贫血；G_3P_1，孕 39^{+1} 周，头位待产"明确，存在剖宫产手术指征，术前已告知相关手术风险及并发症，患方知情同意并签字确认；医方行"二次剖宫产术"手术方式合理，术后予头孢呋辛预防感染及缩宫素、米索片促进子宫收缩等治疗符合诊疗规范。

8月11日患者出院，次日因腹腔内大出血就诊外院，并在急诊下行"经腹全子宫切除术"，术后诊断：产后子宫切口裂伤、失血性休克、瘢痕子宫，8月27日患者出院。根据外院术中描述"盆腔内见大量血性游离液体，色暗红，伴大量凝血块，约2500ml，子宫左后壁峡部可见约2cm×3cm大小裂伤，裂伤内口深达穹窿顶，裂伤处组织坏死，表面见活动性出血，剖宫产切口左角部裂伤延续至左侧宫骶韧带，深达肌层。子宫左峡部血管已断裂，其旁见5cm×4cm大小机化包块，其内见活动性渗血"及医方剖宫产时发现子宫切口左侧下裂2cm，行间断缝合。专家组分析认为，患者产后出血、失血性休克在外院行剖腹探查，术中发现盆腔内出血2500ml，为子宫切口裂伤所致。上述情况与医方剖宫产术中探查不全面、缝合不到位、术后观察不仔细及产后B超检查不到位有关，医方以上过错是导致患者子宫全切的主要原因。

患者自身存在轻度贫血，白蛋白偏低，可能对子宫切口裂伤愈合不良也有一定的影响，故专家组综合认定，医方过错在造成患者损害后果中的原因力大小为主要原因。

（张　坚）

No.59 产前监护不到位致死胎一例

案情介绍

患者×××,1989年12月出生。2017年11月14日因"停经40+周,胎动减少2时余"入住××医院。孕早期因"孕酮偏低"在外院治疗11天。现停经40^+周,当日18:00感胎动减少,未仔细数胎动,无腹痛,无阴道见红及阴道流液。胎心监护:胎心率115—130次/分,基线0-Ⅰ型NST(±)伴减速。B超:ROA,BPO 94mm,FL 74mm,羊水指数218mm,胎盘成熟度Ⅱ级。初步诊断:(1)G_3P_0,孕39^{+1}周(纠正后),单活胎,ROA待产;(2)胎窘?入院后完善各项必要检查,予吸氧、左侧卧位,密切监测胎心及胎心监护等情况。16日0:30胎心127次/分,6:40护士多普勒未及胎心,追问孕妇诉无腹痛、无阴道出血及流液,4:00至5:00自觉有胎动,予更换多普勒仍未及胎心,7:00带入待产室,予胎心监护,仍未及胎心,即呼叫急诊B超,并查宫体未及宫缩,子宫张力低,阴查宫口未开,未破膜。7:30 B超提示死胎。予小剂量米索前列醇片促宫颈成熟。18日4:20分宫口开全,自然破膜,羊水浅茶色,予嘱用腹压,穿颅后于5:04平产一女死胎,体重3200g,检查脐带共有3处扭转,扭转处发白、缺血,胎盘胎膜自娩、完整。产后予预防感染、促宫缩及回奶等对症治疗。2017年11月28日出院,出院诊断:G_3P_1、孕39^+周、平产死胎。

No.59 产前监护不到位致死胎一例

争议焦点

患方观点：患者入院后医方诊断怀疑胎窘，但未告知孕妇及家属原因及风险；医方未安排相应的检查和监护措施；医方未马上采取剖腹产，而是让签署顺产风险说明书；因医务人员的不负责任，没有履行告知义务，忽视孕妇要求剖宫产的请求，没有密切胎心监护，诊治过程混乱，导致胎儿死亡，医方应承担主要责任。

医院观点：孕妇入院后医方予以密切监护，结合胎动、胎心监护及生物物理评分，无胎窘情况，综合评估无剖宫产手术指征；发生死胎原因为脐带过度扭转。由于处于后半夜孕妇入睡的特殊时间段，不知此时胎动异常情况，不幸发生死胎。医方对患者的诊疗行为符合诊疗规范，无医疗过错。

鉴定意见

医院在对患者的诊治过程中存在医疗过错；医疗过错与患者死胎后果之间存在因果关系，医方承担同等原因。

分析评论

根据患者入院主诉、病史、查体及辅助检查，诊断"胎窘？"成立，根据病历，患者当时无急诊终止妊娠（剖宫产）指征，医方予住院观察，并予吸氧、左侧卧位、胎心监护等措施不违规。

根据孕产妇保健册及病历资料，患者因胎动减少入院，入院前十天及入院后1天余，胎心监护反复可疑，并时有减速出现。医方在诊疗过程中，存在如下过错：（1）在孕产妇自述胎动减少、反复胎心监护可疑的情况下，未予足够重视,未进一步鉴别"胎儿窘迫"(如行 OCT 检查);(2)16 日凌晨至早上期间(间隔 6—7 小时)未按常规予胎心监测,未加强监护,未能及时发现胎儿存在的宫内危险,亦未积极采取干预措施;(3)孕产妇入院后,医方对可能存在胎儿窘迫的病情(胎儿宫内风险等)告知欠充分,在一定程度上影响了患方的知情选择。医方上述过错与胎儿死亡的后果之间存在因果关系。

发生胎儿窘迫的原因可能与脐带、胎盘、胎儿自身等因素有关,而大多数脐带因素(脐带扭转等)、胎盘因素等在产前无法明确诊断。因本例未行尸检,胎儿确切死因难以明确。根据现有鉴定材料(胎儿娩出后照片等),医方引产时发现胎儿脐带扭转、极细,专家组分析认为胎儿死亡不排除脐带扭转的自身因素导致,亦不能排除其他自身因素。

综上,胎儿宫内死亡不排除与胎儿自身难以预料的脐带扭转因素有关,而医方过错导致胎儿失去了可能的救治机会,应承担同等责任。

(张　坚)

No.60 剖宫产术中髂外静脉裂伤致植物人一例

案情介绍

患者×××，2017年5月4日因"孕 39^{+6} 周，腹痛 12^+ 小时"入住××医院（医方）妇产科。初步诊断：G_5P_3，孕 39^{+6} 周，头位临产，妊娠期高血压，首次剖宫产术后。当日行"子宫下段剖宫产术"，14：06头位取出一活男婴，Apgar评分1分钟10分、5分钟10分，体重3100g。14：30缝合腹膜后发现右侧腹肌下有血肿形成，立即打开腹肌，清除血肿，探查见右侧髂窝处有活动性出血，用止血钳钳夹出血点，予4号丝线缝扎止血一针，出血汹涌，随即纱布填塞加压止血。备红细胞悬液、冷沉淀、血浆。输血后探查切口，见仍有大量血涌出，止血困难，再次纱布压迫止血。18：30外院妇产科主任上台探查后考虑右侧髂外静脉裂伤，19：35由120转至上级医院。20：25患者进入上级医院手术室，术中见右髂外静脉一处长约3.5cm纵向裂伤。22：40左右患者出现严重过敏反应，予抗过敏处理，23：20左右出现血压、心率进行性下降，予胸外按压，0：00左右恢复自主心率，后转至ICU。6月26日出院，出院诊断：创伤性髂静脉破裂（右）失血性休克、过敏性休克、心跳呼吸骤停缺氧缺血性脑病急性呼吸衰竭等。患者目前呈植物生存状态。

争议焦点

患方观点：医方手术操作不当，造成右髂静脉破裂致产妇大出血；医方补救措施不及时，预见性不足，应当立即转至上级医院抢救，但拖延了5小时，造成产妇不可逆的严重后果，医方应承担主要责任。

医方观点：医方对患者整个诊疗过程中遵守诊疗规范，出现并发症时及时发现，积极有效地进行抢救和治疗，适时转诊，保证产妇的生命安全；导致患者呈植物生存状态的直接原因是术后麻醉复苏室发生严重的过敏性休克、心跳呼吸骤停，长时间的心肺复苏导致的缺血缺氧性脑病。

鉴定意见

医院在对患者的诊治过程中存在医疗过错；医疗过错与患者损害后果之间存在因果关系，原因力大小为主要原因。

分析评论

根据患者入院时的主诉、查体及辅助检查，医方诊断"G_5P_3，孕39^{+6}周，头位临产，妊娠期高血压，首次剖宫产术后"明确，行"子宫下段剖宫产术"手术指征存在。专家组分析认为，术后患者右侧髂外静脉损伤属于术中非常见并发症，与医方手术操作不当有关，且医方对患者病情严重性认识不足、抢救措施不及时、处理欠规范：（1）在未明确出血点的情况下予缝扎止血欠规范；（2）对患者病情评估欠到位，术前患者 HGB 126g/L，16：03 HGB 46g/L，对出血量估计不足；（3）术前未备血，输血不及时；（4）抢救过程中缺少血气分析等客观检查；（5）未及时处理转院，患者等待转院时间过长。医方上述过错致患者右侧髂外静脉损伤出血未及时得到处理，是其发生失血性休克、过敏性休克导致心跳呼吸骤停继而发生缺氧缺血性脑病、植物生存状态的主要原因。

  本例患者系高龄产妇，且存在多次分娩史、妊娠期高血压、疤痕子宫等高危因素，临床上难以预料的意外也是导致其目前损害后果的原因之一。故鉴定组综合认定，医方过错在造成患者目前损害后果中的原因力大小为主要原因。

（张　坚）

No.61 新生儿睾丸扭转延误诊治一例

案情介绍

患儿××，男，2016年9月2日出生；其母，2016年9月2日03：02因"孕40^{+6}周，下腹痛伴阴道流液1^+小时"至医方就诊，诊断：G_1P_0，孕40^{+6}周，LOA，待产，胎膜早破。当日15：15胎儿娩出。出生体重4050g，Apgar评分10分。初入室体检记录：生殖器右侧阴囊肿胀，睾丸触及不满意，左侧无殊。9月2日15：10医嘱予浅表软组织彩色多普勒超声检查。9月3日16：48阴囊B超示：右侧睾丸偏大，右侧睾丸鞘膜积液，右侧睾丸鞘膜腔外液性暗区，两侧阴囊壁增厚，建议进一步检查。注意泌尿外科随访。9月4日13：00患儿因"生后发现睾丸肿大46小时"至上级医院住院。查睾丸B超示：右侧睾丸扭转可能（鞘膜内型）。9月4日行"右侧坏死睾丸切除+左侧睾丸固定术"。9月7日病理诊断报告示：右坏死睾丸出血性梗死。患儿于9月8日出院。

争议焦点

患方认为：医方9月2日下达医嘱，9月3日才执行，医嘱执行不及时，耽误近26小时，延误诊断和治疗；根据9月4日B超仍能显示右侧睾丸样结果，病理镜下未发现肉芽组织、含铁黄素等代谢陈旧性改变，说明睾丸扭转发生在出生时，是急性缺血缺氧性表现，及时救治完全有可能不会被切除；医方未及时诊治，也未及时告知家属阴囊肿胀的后果及手术治疗、转上级医院等情况，侵害患方知情选择权；医方将睾丸扭转误诊为睾丸鞘膜积液，没有考虑睾丸扭转的可能，认识不足，致错过最佳治疗时机；患儿为巨大儿、孕 40^{+6} 周生产均为剖宫产手术指征，医方选择自然分娩存在过错。医方上述过错导致患儿右侧睾丸坏死，应承担全部责任。首次鉴定存在的问题有：推定右侧睾丸扭转发生在妊娠期，没有依据；过分强调病例罕见。

医方认为：医院没有泌尿外科，对患儿该疾病认识不足，但是该疾病系患儿自身原因引起，其发病率低，临床诊断难度大，挽救时间短，成功率低，故不良结果与医院无直接关系。

鉴定意见

1. 医院在对患儿的诊治过程中存在医疗过错；医疗过错与患儿损害后果之间存在因果关系，原因力大小为同等原因。

2. 参照《医疗事故分级标准（试行）》，本例损害后果为三级丁等（九级伤残）。

分析评论

根据孕产妇入院时的主诉、查体及相关检查，医方诊断"G_1P_0，孕 40^{+6} 周，LOA，待产，胎膜早破"明确，孕产妇孕 40^{+6} 周、患儿巨大儿并非剖宫产的绝对指征，且孕产妇产程顺利，故医方予阴道分娩不存在过错。

关于损害后果，该患儿右侧睾丸扭转致坏死的诊断明确。睾丸扭转后坏死程度与睾丸扭转的程度、时间以及睾丸组织对缺血的耐受性等因素有关，本例右侧睾丸扭转及扭转后导致坏死的准确时间难以确定。患儿在外院的术后病理结果无法说明右侧睾丸扭转时间是在产时或产后发生。临床上睾丸扭转不会立即出现阴囊红肿。根据患方提供的产时患儿照片，患儿当时即发现右侧阴囊红肿，故推定右侧睾丸扭转发生的时间为围产期更为准确，患方认为右侧睾丸扭转发生在生产过程中无依据。因睾丸扭转最佳治疗时间为6小时内，根据目前资料仍难以确定患儿右侧睾丸扭转是否超过6小时。因此，医方即使急诊处理仍有可能难以挽救患儿右侧睾丸。

但医方对该病认识不足，未及时做B超检查，之后B超检查没有重点观察睾丸血供，亦未考虑到"睾丸扭转可能"，存在误诊；没有及时告知病情和请泌尿外科会诊，9月4日患儿去外院就诊时，医方延误疾病诊治超过6小时，存在过错。

因婴幼儿围产期睾丸扭转相对罕见，且医方没有小儿外科医生，给诊断带来一定难度，患儿右侧睾丸扭转准确时间难以确定。综合分析认为，患儿自身疾病的特殊性也是导致患儿右侧睾丸扭转致坏死，右侧睾丸被切除的因素之一；医方诊疗中的医疗过错行为延误了疾病诊治，与患儿右侧睾丸被切除的损害后果之间有关，造成患儿目前损害后果的原因力大小为同等原因。

患儿睾丸、附睾被切除，参照《医疗事故分级标准（试行）》，本例损害后果为三级丁等。

（张　坚）

No.62 产前超声检查判断错误致畸形儿出生一例

案情介绍

患儿××,男,2017年1月24日出生,其母2016年7月21日孕产妇至医方一产检,B超检查示:提示宫内孕单活胎,建议约三维B超,14周内上级医院NT检查。8月19日孕产妇至医方一产检,B超检查示:宫内孕单活胎。9月21日孕产妇再次到医方产检。10月27日(孕26^{+6}周)孕产妇至医方二进行胎儿详细系统检查(4D),其中超声检查所见:胎儿四肢,双侧上臂及其内的肱骨可见,双侧前臂及其内的尺、桡骨可见,双手呈握紧拳状。2016年12月2日、2017年1月13日、1月23日孕产妇在医方三行B超检查:宫内单胎存活。备注:(1)受胎儿生长发育变化、胎位、羊水、胎儿活动、胎儿骨骼声影等因素影响,孕期超声检查具有一定的局限性,检出率不可能达到100%,应进行必要的复查;(2)本次检查是孕期常规检查,不属于产前诊断。常规以外的项目(如胎儿系统检查、心脏、大血管等)未做检查。2017年1月24日孕产妇在医方三自然分娩一男活婴,重2620g,Apgar评分1分钟、5分钟均为10分,新生儿左上肢肱骨以下发育不良。

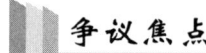 **争议焦点**

患方认为：医方一在对孕产妇诊疗过程中未尽到提示性义务；医方二在四维彩超检查时本应检出胎儿存在左上肢肱骨以下缺失的畸形情况而未检出；医方三在超声检查时责任心不强，未能在超声报告单上提示可能有胎儿畸形情形。三医方过错导致了孕产妇未能正确了解胎儿情况，对引产与否做出选择，侵害孕产妇知情选择权和优生优育权，导致畸形胎儿的不当出生，应承担主要责任。

医方一认为：孕产妇不属于高危人群，B超检查未见异常，且在超声报告上已有备注提示，医院对孕产妇进行产检尽到相关告知义务，符合诊疗规范；胎儿缺陷出生系其自身多种原因所致，与医院医疗措施无关。

医方二认为：医院对孕产妇进行针对性六大筛查，检查行为适当；孕产妇到医院行排畸检查时，孕 26^{+6} 周胎儿实际大小相当于 28 周，超过最佳检查期（18—24 周），孕产妇携带的保健册历次孕检未见异常，无明显指征必须行系统超声检查或超出常规的检查；产前超声检查胎儿畸形的检出率仅为 20%—64%，本身存在无法检出的风险；胎儿缺陷出生系其自身多种原因所致，与医院医疗措施无关。

医方三认为：孕产妇在医院建卡产检时已属于晚孕期，超过产前超声筛查适宜时间，晚孕期超声检查属于胎儿生长测量超声，主要对胎儿生长发育进行大致评估，不涉及胎儿畸形排查，且超声检查前已将晚孕期超声检查的风险在知情同意书中告知患方。

鉴定意见

1. 医方一在对患儿母亲的诊治过程中不存在医疗过错，

无医疗责任。

2. 医方二在对患儿母亲的诊治过程中存在医疗过错；医疗过错与患方丧失继续妊娠的知情选择权之间存在因果关系，医方承担主要责任。

3. 医方三在对患儿母亲的诊治过程中不存在医疗过错；无医疗损害责任。

4. 参照《医疗事故分级标准（试行）》，本例损害后果为四级。

分析评论

孕产妇在医方二行胎儿超声检查（4D），专家组查阅现有的医方二超声影像资料后认为，该超声检查报告单中提示"双侧前臂及其内的尺、桡骨可见，双手呈握紧拳状"，但医方二未能提供上述结构的超声图像资料，判断错误，未及时发现胎儿发育缺陷，存在过错。

医方一、医方三对孕产妇进行的检查属于Ⅰ级、Ⅱ级产前超声检查，该类产前超声检查主要对胎儿生长发育进行大致评估，胎儿四肢仅测量股骨长度，不涉及胎儿畸形排查。两医方在超声检查时已告知仅提供产前常规B超检查及该检查的主要内容及其局限性，检查均符合产前超声检查规范。孕产妇在医方一产检时，医方一已建议其约三维B超。医方三在超声检查报告单中已提示"胎儿部分肢体结构显示不清"，且书面告知应进行必要的复查或进一步检查。故两医方均尽到告知义务，在对孕产妇的诊疗过程中不存在过错。

专家组认为，根据国家及省内产前超声检查相关规定，在孕16—24周应诊断的致命畸形中不包括患儿所发生的左上肢畸形，且该孕产妇于孕26^{+6}周在医方二行超声检查时，不在胎儿畸形筛查的最佳孕周。超声检查胎儿畸形本身有一定的局限性，受胎儿在宫内活动度、体位、骨骼声影、羊水量等因素的影响，不能百分之百显示胎儿畸形。本例患儿畸形（左上肢肱骨以下缺失）系先天性发育异常所致，与三医方诊疗行为无关。医方二的过错导致患方丧失是否继续妊娠的知情选择权，应承担主要责任。

（张　坚）

No. 63 催产素使用不当造成患儿宫内缺氧、缺血性脑病一例

案情介绍

患儿××,男,2010年8月30日出生,其母于2010年8月25日15:10以"停经39^{+3}周,间歇性下腹坠痛1天"为主诉入住某省人民医院产科,经检查诊断"G_4P_1,孕39^{+3}周,ROA(枕右前)。产妇董某同意自然分娩。8月27日起,医院给予0.5%催产素诱发宫缩。因缩宫素引产失败,故产妇要求剖宫产。8月30日16:19剖宫产分娩一男活婴,体重3370g,Apgar评分1分钟10分,术后安返病房。患儿家属发现患儿手脚出现青紫,将患儿异常情况告知产科医师,产科值班医师给予清理呼吸道后请儿科会诊。于当日18:20由产科医师以"生后反应欠佳、皮肤青紫3小时"代为主诉转儿科,给予抗感染、防止出血等对症治疗。患儿于2010年9月10日出院,出院诊断"(1)新生儿轻度窒息;(2)高危儿;(3)新生儿特发性血小板减少性紫癜。后患儿于2011年3月23日至4月23日以"颅缝早闭"为诊断在某大学附属医院住院治疗。

争议焦点

患方观点:(1)患儿是剖宫产出生,阿氏评分满分,为何出生抱入病房后出现缺氧窒息、全身发紫等症状;(2)在患儿出现缺氧症状时,医方未予以重视并及时采取救治措

施；（3）产妇没有任何生产的迹象，医方却给产妇连续两天打催产针引产。

医方观点：（1）产妇入院后诊断明确，诊疗及手术指征明确；（2）新生儿出生后无明显异常，自手术室安全返回病区；（3）在产科病区患儿病情变化，及时发现并处理，通知儿科转科治疗，未耽误患儿病情；（4）在儿科诊断"新生儿血小板减少性紫癜"，行对症治疗后好转，出院随访中发现患儿有脑病。

鉴定意见

1. 孕妇孕 39^{+3} 周使用催产素引产无指征且使用剂量不当。

2. 新生儿出生后基本情况及抢救情况无记录，也无相应检查记录，不能说明患儿当时的健康或疾病状况及救治诊疗情况。

3. 新生儿在产房出现面部青紫时没有及时救治而转入病房，违反了诊疗常规。

医方的违规事实是导致患儿智力、言语、运动落后，继发性癫痫发作的直接因素，患儿先天性大脑发育异常也与患儿的目前状态存在一定的因果关系。本病例属于二级丁等医疗事故，医方承担主要责任。

分析评论

1. 催产素引产无指征。关于催产素引产指征问题是本案的判断难点，产科临床中，需要提前结束分娩的引产指征原则上强调两种情况：一是妊娠满 41 周以后可常规使用人工方法（如催产素等）引产；二是妊娠未满 41 周且伴有母婴异常情况可使用人工方法引产。就引产原则而言，本案产妇为经产妇，孕 39^{+3} 周未满 41 周，入院待产时无宫缩，胎膜未破，产科情况也未出现母儿有异常表现，与上述规定的引产指征不相符，没有绝对的催产素引产指征。

2. 院方产科病历书写不规范，不能说明患儿当时的健康或疾病状况及救治诊疗情况。根据儿科病历记载，患儿出生后以"生后反应欠佳，皮肤青紫 3 小时"转入儿科，而产科病历中未见上述描述，临产记录和手术记录记载患儿无窒息，Apgar 评分 10 分，提示患儿娩出后情况良好，无缺氧征象。两者之间存在记录出入，以儿科病历记载的患儿情况，产科病历存在患儿出生后记录不完整，未见对患儿出生后是否及时清理呼吸道及是否清理彻底的记录，病历书写欠规范，不能排除患儿出生后因此原因发生缺氧，亦不能证实院方及时给予患儿实施了必要的救治措施。

3. 病历资料是客观反映院方医疗行为的重要证据，客观、及时、准确书写病历资料是广大医务人员的法定职责所在。病历资料的完整性关系到整个案件的走向，因此医院应加强病历资料书写方面的常规管理。

（冯爱国　史　燕）

No.64 产前诊断不明致右前臂缺如一例

案情介绍

患儿××，女，2015年7月11日出生，其母于2015年1月7日起在甲医院进行相关检查，因该院无法做四维彩超系统筛查，故建议去外院进行系统筛查。2015年3月2日周某在乙医院（民营医院）进行妊娠中期胎儿四维筛查，提示宫内单活胎，双侧肱骨、尺桡骨、胫腓骨可见。产妇周某于2015年7月11日在甲医院自然分娩一活女婴即患儿陈某，出生后发现患儿先天性右前臂缺如。

争议焦点

患方观点：医院未尽到合理注意义务，进行系统筛查时，没有按照诊疗规范进行检查，尤其对四肢检查不充分，没有发现胎儿先天发育不足，使产妇丧失了生育健康子女的权利。

医方观点：

1. 乙民营医院认为：（1）医院按照诊疗常规检查，不存在过错；（2）产妇仅在医院进行了系统筛查，医院已经告知其来院复诊，但产妇未遵医嘱来医院复诊；（3）患儿右前臂缺失是其先天因素所致，与医院的医疗行为无因果关系。

2. 甲医院认为：（1）产妇周某孕期未按照规定进行产检，未做唐氏筛查，自身存在过错；（2）医院不具备系统筛查的条件，无法为产妇提供相关检查；（3）医院的医疗行为不存在过错。

鉴定意见

1. 患儿出生后右前臂缺如，乙民营医院于孕 21^{+3} 周做系统筛查时对四肢畸形未筛除；医院未按照国家规定安排具备产前畸形筛查资质的诊断医师从事超声产前筛查的诊断，且未在检查时按规定留存当时四维超声检查图像，其医学影像报告单中明确记录：双侧肱骨、尺桡骨、胫腓骨可见，但未按照常规留存胎儿当时尺桡骨发育图形。

2. 甲医院在孕中晚期共做了 3 次产前超声检查，均未按照《产前超声指南》的要求复查肱骨，未尽到相应的诊查义务。

3. 患儿目前右前臂缺失是由于胎儿自身发育所致。

4. 患儿母亲在做产前诊断时有两项检查没有做，NT、唐氏筛查（或做羊水穿刺、无创 DNA）。这两项遗传检查对诊断胎儿宫内畸形非常重要。

综合以上，患儿的残缺由其先天发育因素所致（直接因素）。产前筛查诊断未能发现患儿残疾，与畸形胎儿的出生有直接因果关系，应承担次要责任。其中，有两家医院未尽到诊查义务的责任，也有患儿母亲未做 NT、唐氏筛查两项重要的遗传检查责任。本病例构成四级医疗事故，在此诊疗责任的划分比例：患儿母亲有 50% 的因素，甲医院占 20% 的因素，乙民营医院占 30% 的因素。

分析评论

1. 患者在诊疗活动中受到损害，医疗机构及其医务人员具有过错的，由医疗机构承担赔偿责任。根据我国母婴保健及产前诊断技术相关法律规定，孕妇经产前检查，医师发现或者怀疑胎儿异常的，当及时如实告知孕妇或家属，建议孕妇进行产前诊断。

2. 由于缺陷出生的患儿一般均患有先天性疾病，该疾病并非基于医疗机构的医疗行为产生，而是来自父母的遗传基因或者本身的畸形所致。因此，不同于一般的医疗损害赔偿责任，缺陷出生类医疗损害赔偿责任的成立，在于医疗机构违反了应尽的注意义务，未能履行产前检查或者进行产前检查发现异常后，未能履行进一步的告知或诊断义务，侵犯了孕妇获得适当产前保健服务的权益，该权益具体包括孕妇得到医疗机构适当的产前医学意见、产前检查和产前诊断服务的权利，以及是否选择终止妊娠的权利。医院的行为侵害了孕妇选择生育健康子女的权利。

（史　燕　冯爱国）

No.65 胎盘早剥致胎死宫内一例

案情介绍

产妇××，1983年8月出生，于2015年4月26日6：00以"停经35^{+2}周，阵腹痛4小时，见红1次"为主诉入住某市第一人民医院产科，经检查诊断：（1）先兆早产不伴分娩（G_5P_1，孕35^{+2}周，LSA 骶左前）；（2）臀位；（3）慢性高血压合并妊娠。予以卧床保胎、观测胎心、胎动及宫缩情况。10：25胎心监测不到，经B超辅助检查后诊断：（1）胎盘早剥；（2）死胎。10：35行"子宫下段剖宫产术"，术娩一女死婴，重2900g。术中全子宫收缩乏力，保守治疗无效后，经与家属沟通，行"子宫次全切除术"。术后予以止血、扩容、抗炎、补液等对症处理。

争议焦点

患方观点：（1）产妇胎心音出现异常，医院未及时处理；（2）医院未及时发现胎儿在宫内死亡，存在过错，导致产妇子宫被切除的严重后果，医院的医疗行为构成医疗事故。

医方观点：（1）医院对产妇诊断明确，处理及时；（2）产妇产前检查不充分，且患有高血压病史，有胎盘早剥的诱发因素；（3）对产妇切除子宫系为挽救产妇生命所致。

鉴定意见

医方在诊疗过程中，没有违法行为，但存在违规事实：

1. 入院后，医方对产妇行B超检查，B超提示胎心仪92次/分，但医方未重视，未及时进行鉴别诊断寻找原因，也未对胎心进行复查及监护，加之胎儿为35^{+2}周，对宫内缺氧状态耐受性差，导致胎死宫内。

2. 医方对产妇行凝血功能检查，但没有及时汇报，追查结果，延误了治疗时间。

3. 孕妇在孕期未规范、定期检查，对自身疾病的危险重视不足。产妇既往有3次流产病史，此次入院前有慢性高血压病史两年，口服降压药，有发生胎盘早剥的病理基础。胎盘早剥是导致产妇胎死宫内的主要原因，医方违规行为与产妇胎死宫内存在间接的因果关系。本病例属于四级医疗事故，医方承担次要责任。

分析评论

1. 产妇入院后，医院已经发现胎心音异常，尤其是经B超提示胎心音异常，出现阴道流血症状。种种迹象表明，产妇已经有胎盘早剥的症状，这本应引起医院重视，但因产妇是凌晨6：00入院，值班医师怠于处理此异常症状，应请示上级医师而未请示，并抱有侥幸心理等早上交班后再处理、请示上级医师。

2. 医院的过错医疗行为对产妇子宫次全切除的损害后果有一定的因果关系。医院未尽到谨慎医疗注意义务，亦未及时完善相关检查，采取及时有效的治疗，存在诊疗措施不力，延误治疗的医疗过错。

（史燕　冯爱国）